超約 ヨーロッパの歴史

増補版

THE
SHORTEST
HISTORY
OF
EUROPE

JOHN HIRST

日本語版序文

大胆にして、なんだか面白いぞ、と興味を引き出してくれるような歴史の語りを聴講できたオーストラリアの学生たちは、幸せ者というべきだろう。本書（原題 *The Shortest Hisroty of Europe*）の元をなしたのは、著者ジョン・ハーストが約四十年にわたって教鞭をとったラ・トローブ大学での講義だという。それを土台にした一般読者向けの書き下ろし、長いヨーロッパ文明史の特徴を一冊の短編で語ってしまおうというのが、本書である。正直、面白い。著者の捉え方の基本は、リベラルな立場の歴史家が取るオーソドックスな枠組みからは外れず、議論すべきところはもちろん指摘できるだろう。しかし著者は、そんなことは承知で、敢えて大胆に書き下ろしているのだ。

ハースト先生は、専門性をおさえた上で初心者でも取りつきやすい「面白く読める」本を書くことに、大いなる才能を示した歴史家であるようだ。二〇一六年に、七三歳で逝去されているのが残念である。本書の冒頭2章の締めくくりにも登場する「なぜアボリジニは農民とはならなかったのか」についてであるとか、あるいは「流刑植民地であったオーストラリアは、どのようにして平和裡にデモクラシーへと移行できたのか」といったような率直な問いを立てて、一般読者が読める歴史書を書いてきた、オーストラリアを代表する歴史家の一人であったという。

本書は、ただ記述が巧みだとか、身近な関心をくすぐるような記述が興味をそそるというだけでなく、読者にもう一歩進んで考えることを促すという点でも、その大胆な構成と記述が、ウームと唸らせるような本である。

執筆の動機は、といえば、最近の学生たちはオーストラリアという自国の起源にも関わっていたイギリスや、そのイギリスが位置していたヨーロッパ世界の歴史について、あまりに知らなさすぎるのではないか、という著者の実感（危機感？）にあったらしい。日本の場合と照らして、何処も同様か、という思いを持つのは私一人でもあるまい。しかし、よしそれでは、と言って、こうした大胆な、小さな一冊で、基本的な知識と論点とを読ませてしまう本が書けるかといえば、それは簡単ではない。

しばらく前からの歴史記述の傾向には、大別して二種類あるように思われる。一方に、格好良くいえば「襞に分け入る」がごとくに細部にこだわって過去を記述してみようとする傾向がある。他方には、その対極として、歴史の展開を大局的に記述して、たとえば病気であるとか環境とか、食糧事情であるとか戦争であるとか、国や地域を限定せずにグローバルに論じる傾向である。どちらが優れているというわけではない。記述の狙いが別々だということで、どちらもありうるのだ。

いうまでもなく本書は後者である。古代ギリシャ・ローマの世界から現代のEUに至るまでの長期的なスパンを念頭に、ヨーロッパ文明の特徴とはなんであったのか、またその地域世界は、どのような可能性や問題点を人類社会に投げかけてきたのか、と問う本書には、読者に知識を与えると同時に、考えさせる記述が満ちている。EUが大きな曲がり角に直面して苦悩している今だからこそ、そしてまたヨーロッパだけでなく世界全体が、大きな文明史的曲がり角に直面しているかもしれないからこそ、日本でもこの本は読まれるに値する。

増補版への追記

本訳書刊行の数年後に、二〇一四年のクリミア略取だけでは満足しなかったプーチンが、かつてヒトラーのドイツが生存圏を主張して東方へ侵攻したのを反転したかのように、資源豊かな隣国ウクライナの東部へと侵略戦争を仕掛けるとは、なんたることだろう。戦術核をちらつかせ、市民を無差別攻撃させるプーチンは人類に対する犯罪者だが、他方ＥＵの政治指導者たちは、クリミア侵略以後どう対応していたのか。増補版後記は、原著者ハーストが提起していたＥＵの未来に関する楽観的で肯定的な面を評価しつつ、しかし直近のウクライナ情勢を正確に捉えるためにも、「ヨーロッパの命運は東方にあり」と主要論点を補足して興味深い。これを記したスラヴェスキは、オーストラリア国立大学で研究教育にあたる気鋭の東欧現代史家という。名前からして東欧系の出自を持つ方なのであろうが、冷静で透徹した眼力を備えた人のように思える。ヨーロッパの歴史や東欧への関心が深いとは言い難い日本で、本文と合わせ、一読熟考のきっかけになれば幸いである。

日本語版監修者　福井 憲彦

はじめに

もしも読者であるあなたが、本書を読み飛ばして結末を先に読みたいと思ったら、きっと驚かれるに違いない。本書の結末はただちに、冒頭部分へと戻るからだ。本書はヨーロッパの歴史を違った視点から六度論じている。

本書の内容は、大学の学生向けにヨーロッパの歴史を紹介した講義録が元になっている。私は、歴史をそのスタート地点から語り始め、ゴールに向かって進めるといった書き方をしていない。私は学生たちにまずひとつの概要を提示し、それから元に戻って細部を語るという方法を取った。

最初の二つの講義はヨーロッパの歴史の全体像を概説したものである。これが字義通りの最も短い歴史である。次の六つの講義は個々のテーマについて論じたものである。その目的は「最も短い歴史」に立ち返って理解をより深め、より深い部分にわたって検証することにある。

物語には、始まり・中間部・結末がある。その観点からすると、文明には筋書きがない。文明には必ず興隆と衰亡があると考えるとしたら、あまりにも物語にとらわれていることになる（もっとも文明は常になにがしかの結末をもつものだが）。私の目的はヨーロッパ文明の必須要素を捉えることであり、時の流れの中でヨーロッパの人々がいかに「再構成」し続けてきたかを知ることにある。つまり、古いものがいかに新しい姿を取るようになったか……、換言すれば、いかに古いものがしつこく生き延び、戻ってきたかを知ることでもある。

さまざまな出来事や人々を扱う歴史書が巷には溢れている。それが歴史のもつひとつの力であり、人生によく似ているとも言われる。しかしそれが何だと言うのだろう。本当に重要なものとは何だろうか。それが常に私の脳裏に去来する疑問だった。他の歴史書は多くの出来事や人々を取り上げているが、それらはほとんど本書では語られない。

ギリシャ・ローマの古典時代以後、本書が扱うのは主に西ヨーロッパの歴史である。ヨーロッパ文明を形成する上で、すべての部分が均質に重要であるとはいえない。イタリアのルネサンス、ドイツの宗教改革、イギリスの議会政治、フランスの革命的民主主義……、これらはポーランド分割よりもはるかに重要な意義をもつ。

私は主に歴史社会学者、ことにマイケル・マンとパトリシア・クローンの著作に多くを負っている。クローン教授はヨーロッパ史の専門家ではない。彼女の専門はイスラム文化である。彼女のさほど厚くない著書『産業化前の社会』の中に、「ヨーロッパの奇妙さ」という章がある。それはわずか三〇ページで全歴史を語る、まさしく偉業である。これは私の「最も短い歴史」とほぼ同じページ数である。この章の内容は、ヨーロッパという混合物の製造と再製造という概念を私にもたらし、それが本書の最初の二章となった。クローン女史は私にかくも多大なる恩恵をもたらしてくれたのである。

オーストラリア、メルボルンのラ・トローブ大学での在職中に、幸運にも私はエリック・ジョーンズ教授という同僚を数年の間得た。彼は歴史を大局的に捉える勇気を与えてくれた。本書は彼の著書『ヨーロッパの奇跡』に負うところが大きい。

私は本書において、この手法以外に訴えるべき独創性をもっていない。私はこの内容を最初にオーストラリアの大学生に向けて講義した。彼らはオーストラリアの歴史はよく学んでいるものの、はるかかなたの文明に関する知識がほとんどなかった。

なお、この版では初版から改定を行い、一九世紀と二〇世紀について論じた新たな二章を付け加えている。

ジョン・ハースト

目次

破壊的な諸力

超約ヨーロッパの歴史

SHORTEST HISTORY

第1章 ヨーロッパの誕生——三つの要素

ヨーロッパの文明はきわめて独特である。なぜなら、その文明をそれ以外の世界に強要してきたただひとつの文明だからである。征服と入植によって、あるいは経済の力か知の力によって、そして誰もが欲するモノの存在によって、「押し付け」は達成された。今日では地球上のすべての国が、ヨーロッパ文明から生まれた科学的発見とテクノロジーを用いている。そして科学とはヨーロッパの発明品なのであった。

ヨーロッパ文明は、その発端において以下の三要素で構成された。

一　古代ギリシャ・ローマの文化
二　ユダヤ教の一風変わった分家であるキリスト教
三　ローマ帝国に侵入したゲルマン戦士の文化

ヨーロッパ文明はひとつの混合物である。その重要性についてはおいおい明らかにしていくことにしよう。

第一の要素　古代ギリシャとローマ

哲学、芸術、文学、数学、科学、医学、政治思想――、これらすべての知的行為はその起源へと遡ると古代ギリシャに辿りつく。

ギリシャはその偉大なる栄光にあった時代、単一国家ではなかった。それは、現在の視点では都市国家と呼ばれる小国家の集合体だった。国といっても、規模はひとつの町とその周辺の土地にすぎず、その町は誰もが一日で歩き通すことができた。ギリシャ人は、我々がクラブに所属するのと同じ感覚で、国家に所属することを望んでいた。つまり同族意識をもっていたのである。そのうちの三つの小さな都市国家から、最初の民主主義が生まれた。ただし議会制民主主義ではなく、投票によって議員を選ぶシステムではなかった。すべての男性市民はある決まった場所に集まって、公的な事案について話し合い、法律を定めるため、または政治問題を解決するために投票を行った。

これらギリシャの都市国家では、人口が増加するにつれ、自国以外の地中海世界の地に植民市を作って人々を送り込むようになった。このギリシャ植民市は現在のトルコ、北アフリカ沿岸地域、スペイン、南フランス、南イタリアなどに建設された（図1）。イタリアにはローマ人がいた。当時彼らは小さな都市国家ローマとその周辺部に住む、まさに「後進地域の人々」であり、最初にギリシャ人と出会い、彼ら植民者から学んだのだった。

やがてローマ人はギリシャ本土やそのすべての植民市をも呑み込む巨大な帝国を打ち立てた。ライ

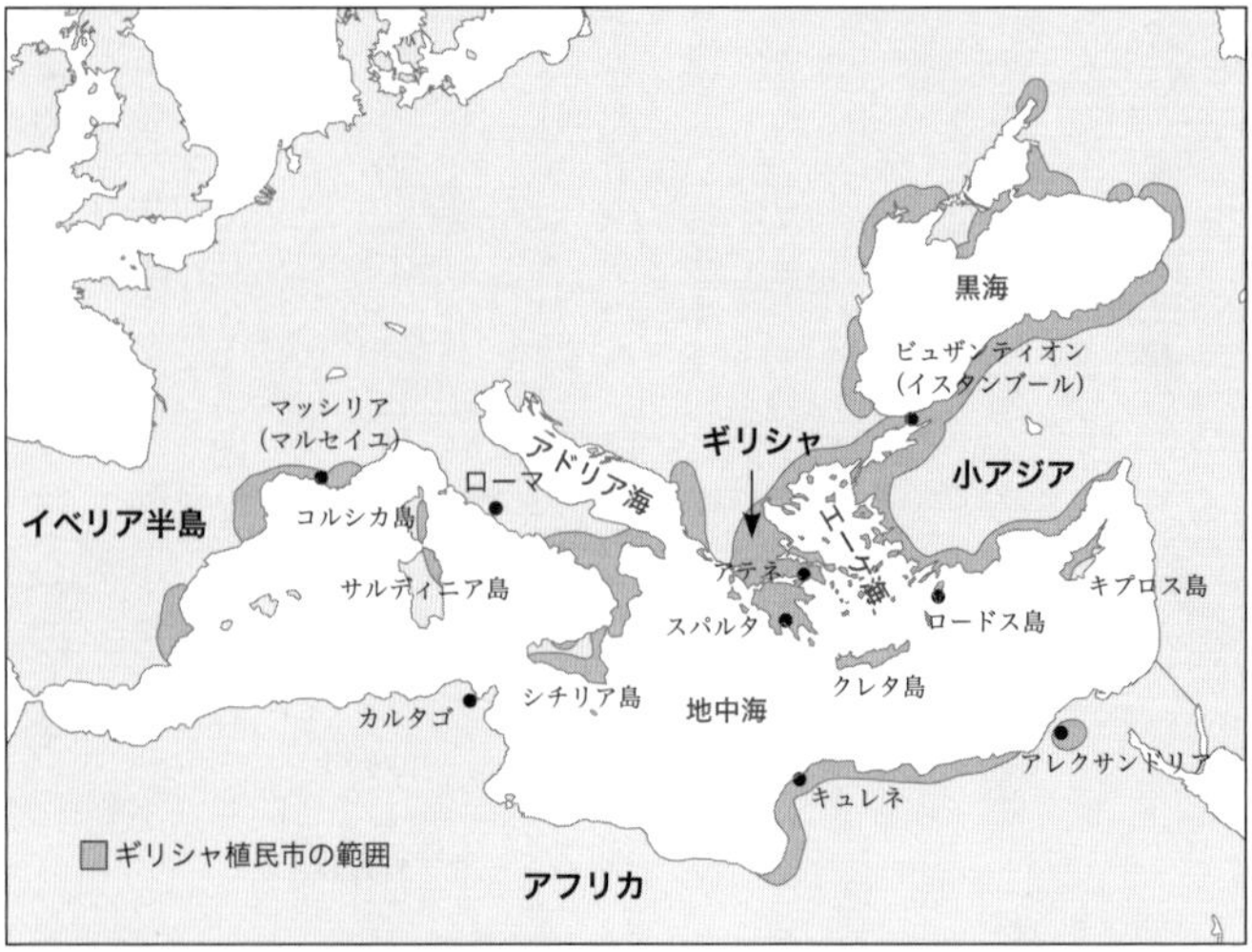

図１　古代ギリシャの都市国家と植民市。ギリシャ文明は、地中海と黒海周辺での交易と農業植民地によって繁栄した。

ン川とドナウ川という二本の大河が帝国の北の境界となったが、しばしばそれらを越えることもあった。帝国の西端は大西洋である。現在のイギリス・イングランドはローマ帝国の一部〔属州〕となったが、スコットランドとアイルランドは帝国には含まれなかった。南の境界は北アフリカの砂漠地帯である。ただし東の境界だけは他と違って明確ではない。そこには競合する帝国がいくつも存在していたからである。ローマ帝国は地中海をまるまる自国領内に抱え込んだ。ローマ帝国は、現在ヨーロッパと呼ばれるかなり広い地域のほか、さらにトルコ、中東、北アフリカなど非ヨーロッパ世界の国々も数多く含んでいた（図２）。

　ローマ人は戦闘において、先輩であるギリシャ人を凌駕した。また立法面でもギリシャ人を上回り、帝国内に法律を行き渡らせて支配した。さらに技術力でもギリシャ人に優り、戦争と帝国経営

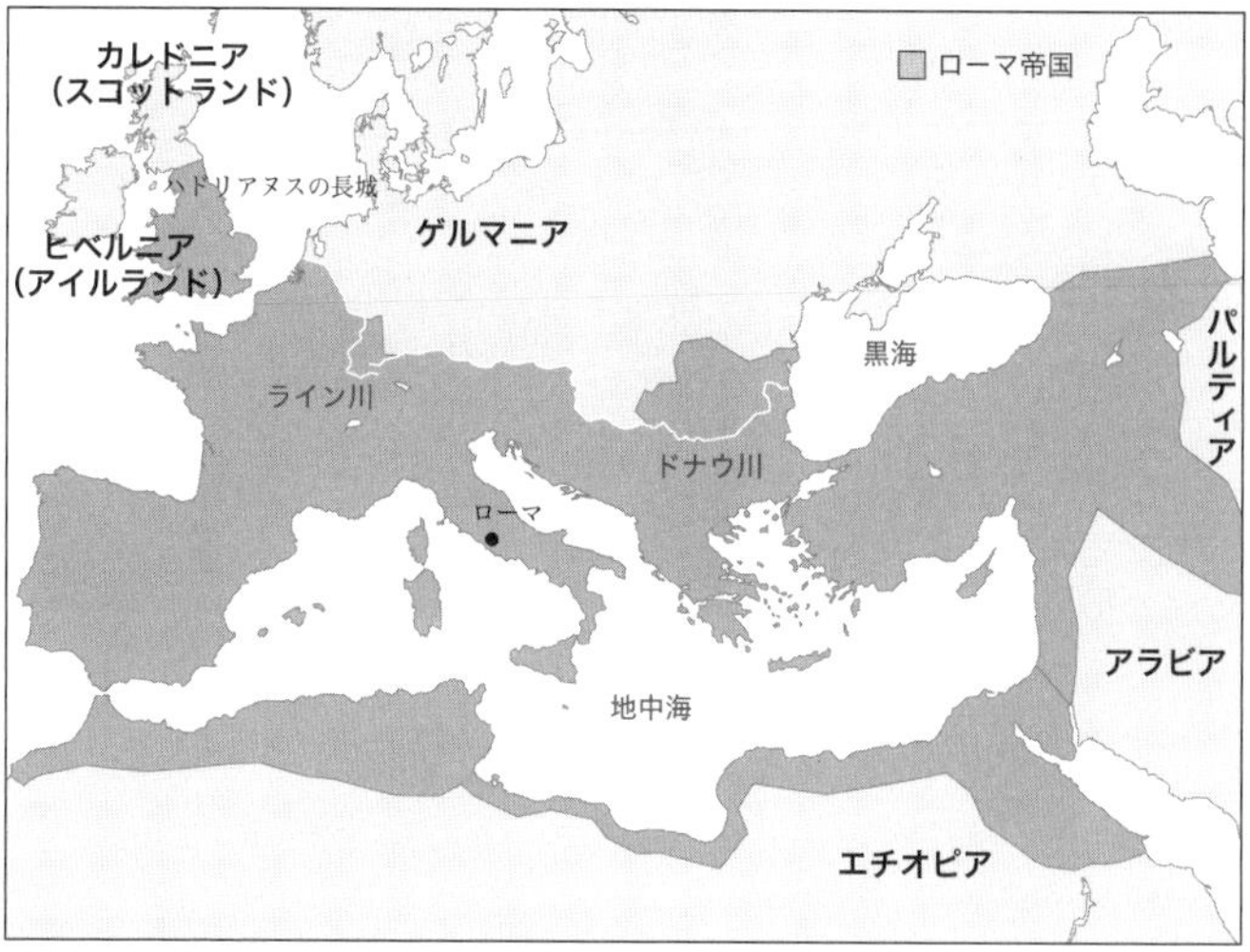

図２　２世紀頃のローマ帝国の広がり

の両面でいかんなくその力を発揮した。しかし何にもまして重要なことは、ギリシャ人は自分たちよりも優れていて、自分たちはただギリシャ人の真似をしているだけだと、ローマ人自身が認めていたことである。ローマ人のエリート階層は、自分たちの言語であるラテン語と同じくらい流暢にギリシャ語を話し、高度な教育を学ばせるためにアテネに子弟を送るか、家庭内で子どもの教育のため、ギリシャ人奴隷を教師として雇っていた。したがってローマ帝国の実体はグレコ＝ローマン文化〔「ギリシャとローマの」の意〕であり、またローマ人自身がそうありたいと願っていたからだった。

　ギリシャ人の優秀さを証明するわかりやすい例は幾何学である。ギリシャで幾何学は学校で教えられていた。ほとんどの人は忘れてしまっただろうから、まずはその基礎から始めてみよう。幾何学の仕組みは、数少ない基本定義とそれらの組み

ラファエロ「アテナイの学堂」1510頃

合わせでできている。最初は「点」である。ギリシャ人は「点」を「位置を示すのみで、大きさを持たないもの」と定義づけた。もちろん点には大きさがある。紙の上にごくわずかながら、ある大きさがあることで、我々の目にはそこに点があることが理解できる。しかし、幾何学とは一種の想像の世界ないし純粋世界なのである。次が「線」であり、線は「長さを持つが、広がりを持たない」。さらに「直線」は、「二つの点を結ぶ最短の線」とされる。この三つの定義から、我々は「円」を定義づけることができる。最初の段階で、円とは「一定の閉じられた空間を示す線」と定義づけられる。しかし、「丸さ」はどうやって表現したらよいのだろう。たしかに丸さは非常に定義しにくい。そこで、この形の内部にひとつの点があるものと考えよう。この点から引かれて、この形の輪郭線で止まる、いかなる直線もみな同じ長さだとしたらどうだろう。この点こそ円の中心である（図3）。

この円の考えから始めていくと、「平行線」とは「決して交わらない二本の直線」だと定義づけられる。こうした方法で、三角形・正方形・長方形などのほか、それ以外の基本形も定義づけることができる。線で形成される「もの」はすべて定義づけることができ、その性質が明らかになり、それらの交わりや重なりから生まれる可能性を詳しく探究できることになる。すべてのことがらは、すでに立証

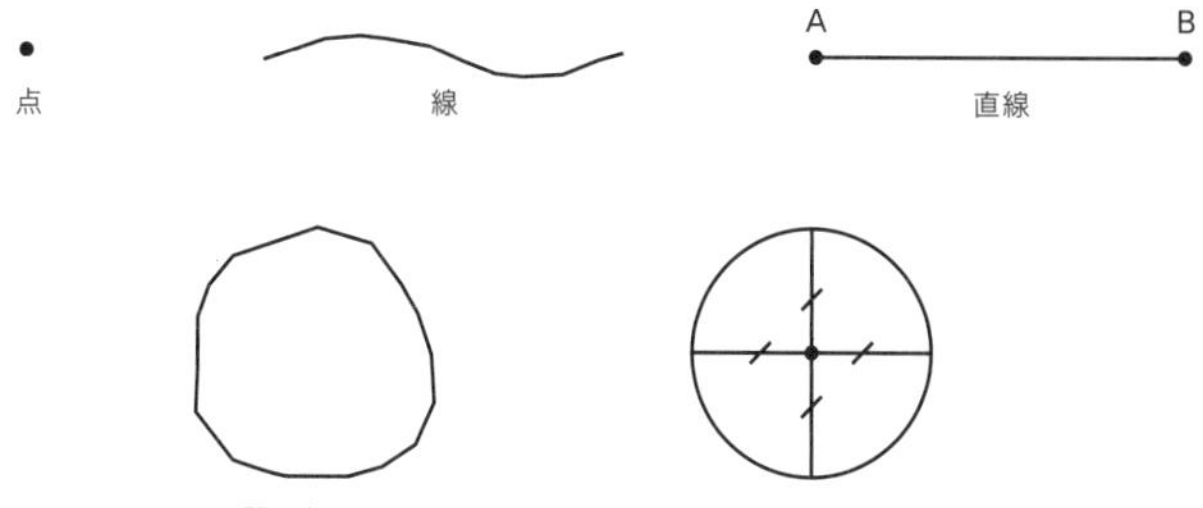

図３

されたものによって証明できる。一例として、平行線の定義を用いて三角形の内角の和が一八〇度になることを証明してみよう（p.20コラム参照）。

幾何学はシンプルにしてエレガント、論理的な体系であり、非常に納得のできるもので、何より美しい。美しい？　ギリシャ人は幾何学を美しいと感じた。この美を見出す心がギリシャ人の精神を知る手がかりとなる。今日の我々が学校で学ぶような練習問題としてではなく、また測量や航海術といった実用目的のためでもなく、ギリシャ人は純粋に幾何学を愛した。彼らは幾何学を、宇宙の基本的な性質を知るためのガイドと見ていた。我々は周囲を見渡し、いかに自分たちが種々雑多なかたちや色に囲まれているかを知って衝撃を受ける。ありとあらゆる範囲でさまざまなことが同時に、でたらめに、無秩序に起こっている。しかしギリシャ人は、すべてのことは単純に説明がつく、と考えていた。このような多様性の深層には、きっと何か単純で、規則正しい法則性があり、すべてが説明可能なのである。その「何か」は幾何学に似ているのだろう、と彼らは考えた。

ギリシャの幾何学

平行線は交わらない。この特徴の定義のひとつに、「平行線の錯角は相等しい」というものがある。つまり、一本の直線が二本の平行線と交わる時、二直線の内側にできる四つの角のうち、斜め向かいに位置する角（錯角）は等しい角度になる（二直線が平行であることと錯角が等しいことは同値である）。錯角が等しくない時は、その二本線は交わるか、またはその距離を広げていくだろう。すなわち「平行ではない」。左図において、錯角αが等角度であれば、二本の直線は平行である。幾何学でギリシャのアルファベットを記号に用いる習慣は、この学問がどこで発達したかを思い起こさせる。ここで我々もその最初の三文字――アルファ、ベータ、ガンマ（α，β，γ）を使うことにする。

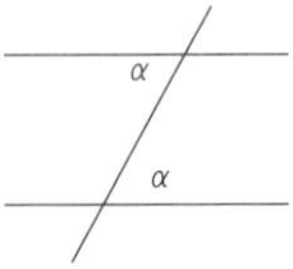

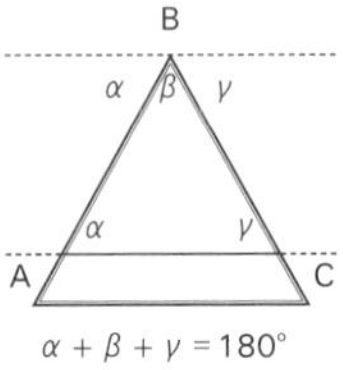

この定義を使って三角形の内角の和を求めてみよう。右図は平行線（破線）の内部に三角形 ABC を配置したものである。既知の定義を用いて未知の課題を解くのは幾何学の妙技である。A 点のαの角度は B 点のαの角度と等しい。平行線に交わる直線が作る錯角は等しいからである。同様にして C 点のγの角度は B 点のγの角度と等しい。B 点において平行線の上の線はα β γという三つの角度の合計$\alpha + \beta + \gamma$である。この線は直線であり、直線が 180° であることは既知事項である。したがって$\alpha + \beta + \gamma = 180°$となる。こうして我々は平行線を用いることにより、三角形の内角の和（$\alpha + \beta + \gamma$）が 180° であることが証明できた。

ギリシャ人はその解決策を科学に求めなかった。つまり、仮説を立てて実験で検証する、という今日の我々が行う方法を取らなかった。心に何かを思い浮かべ、それを徹底的に考え続ければいつしか正しい答えが得られる、と、ギリシャ人は考えたのである。こうして彼らは直観的推測を発達させた。ギリシャのある哲学者は、万物の根源は水であると唱えた。これはギリシャ人がいかにして単純な答えを求めようとして、死に物狂いの努力をしたかを示している。また別の哲学者は、万物は土・火・空気・水の四つの要素（四大元素）から成り立っていると考えた。さらにまた別の哲学者は、万物はごく小さなもの（これを原子と名付けた）でできていると考えたが、結局これが大正解だった。彼の行った直観的推測が二〇世紀の科学へとつながったのである。

我々が科学と呼ぶものは今から四百年前に始まった。これはギリシャ人の直観的推測から二千年後のことである。近代科学はギリシャ科学の基本的な教義を、一定の権威は認めつつも、転覆させることから始まった。しかしこのギリシャ科学の転覆は、ギリシャ的直観の継承者によって行われたので、その解答もまた単純かつ論理的・数学的なものだった。一七世紀の偉大なる科学者ニュートンも、二〇世紀の偉大なる科学者アインシュタインも次のように述べている。「単純な解答を求める者だけが正解に近づくことができる」。この二人の科学者の解答は、物質の構造とふるまいを数学の方程式で表現するものだった。

ギリシャ人はしばしば推測を誤った。それもかなりひどく。解答はシンプルかつ論理的・数学的であらねばならない、というのが彼らの直観の基本だったので、間違った方向に向かいそうなものだが、しかし結局正しいことがわかる。ヨーロッパ文明は今でもギリシャ人に多くを負っているが、これこそまさしく偉大なる遺産である。

なぜギリシャ人はこれほど賢かったのか。おそらく誰にも説明できないだろう。歴史家は個々のものごとを説明することはできるが、もっと大きな問題――例えば、なぜこれらの小さな都市国家において、人々はかくも論理的に、かくも機敏に、かくも洞察力豊かであり続けられたのか――に直面すると、なんら説得力のある解答が得られない。歴史家といえども、こうした場合は誰もと同じだ。答えは謎だと言うしかない。

第二の要素　キリスト教

さらに、また新たな奇跡が起こる。ここからは「ヨーロッパという混合物」の第二の要素を語ることになる。ユダヤ人は、この世にはただひとつの神しかいない、と信じるようになった。これはきわめて特殊な考え方である。ギリシャ人やローマ人の間では、この世には数多くの神が存在するというのがごく普通の考えだったからだ。さらにユダヤ人は驚くべき信仰をつくりあげていた。それは唯一の神が特別にユダヤ人の面倒をみてくれる、なぜなら自分たちは神に選ばれた民だから、というものである。ただしその返礼として、ユダヤ人は神の法に従わなければならない。神の法の基本となったのは十戒である。この一〇の戒律は、彼らをエジプト捕囚から救い出したモーセが神から与えられたものだった。キリスト教徒は十戒をよく守り、つい最近までこれを西欧社会の道徳教育の根幹を成すものとして存続させてきた。人々はこの戒律を番号でしっかりと記憶している。例えば、「あの男は、決して第八戒を破ることはないが、ときどき第七戒を破る」(第八戒は「盗んではいけない」、第七戒は「姦淫をしてはならない」)といった使い方をする人も多いだろう。旧約聖書の出エジプト記二〇章に記されたモーセの十戒について、詳しく見てみることにしよう。

レンブラント・ファン・レイン「十戒をふりかざすモーセ」1659

神はこれらすべての言葉を告げられた。

「わたしは主、あなたの神、あなたをエジプトの国、奴隷の家から導き出した神である。あなたには、わたしをおいてほかに神があってはならない。あなたはいかなる像も造ってはならない。上は天にあり、下は地にあり、また地の下の水の中にある、いかなるものの形も造ってはならない。あなたはそれらに向かってひれ伏したり、それらに仕えたりしてはならない。わたしは主、あなたの神。わたしは熱情の神である。わたしを否む者には、父祖の罪を子孫に三代、四代までも問うが、わたしを愛し、わたしの戒めを守る者には、幾千代にも及ぶ慈しみを与える。あなたの神、主の名をみだりに唱えてはならない。みだりにその名を唱える者を主は罰せずにはおかれない。

安息日を心に留め、これを聖別せよ。六日の間働いて、何であれあなたの仕事をし、七日目は、あなたの神、主の安息日であるから、いかなる仕事もしてはならない。あなたも、息子も、娘も、男女の奴隷も、家畜も、あなたの町の門の中に寄留する人々も同様である。六日の間に主は天と地と海とそこにあるすべてのものを造り、七日目に休まれたから、主は安息日を祝福して聖別されたのである。

あなたの父母を敬え。そうすればあなたは、あなたの神、主が与えられる土地に長く生きることができる。

殺してはならない。

姦淫してはならない。

盗んではならない。

隣人に関して偽証してはならない。

隣人の家を欲してはならない。隣人の妻、男女の奴隷、牛、ろばなど隣人のものを一切欲してはならない。」


（『新共同訳聖書』「出エジプト記」20章01〜17節）

このように十戒とは、最初はただの道徳の掟だった。ユダヤ人の社会には複雑で詳細な法体系があり、それは犯罪・財産・相続・結婚などに関するものから、食事・清潔さ・家事、そして神殿で神に捧げる供物の内容にまで及んでいた。

ユダヤ人は自分たちのことを選ばれた民であると信じていたものの、その夢は容易に叶うことはなかった。彼らはしばしば屈辱的な状況におかれ、征服され、追放された。しかし逆境にあっても、彼らは神の存在を信じ、神によって救われることを信じ続けた。災厄に襲われたときは、自分たちが法を守らなかったために神の怒りに触れたのだ、と解釈した。したがってユダヤ人たちにとって、宗教と道徳は密接に関わるものだった。キリスト教にも見られるこうした発想は、世界の宗教を見渡してみてもきわめて珍しい部類に入る。ギリシャ人やローマ人が信仰する神々は、ときに不道徳なふるまいをし、恋もすれば、他者を陥れたりもする。ローマの宗教では、神々は人間に罰を与えることもあるが、それはほとんど道徳に関わることではなく、たいていは人々が神に捧げる犠牲の方法が正しくなかったり、または犠牲の量が十分でなかったことが原因だった。

キリスト教の創始者イエスはユダヤ人であり、その最初の信者もみなユダヤ人だった。イエスがユダヤ人に向かって布教を始めたのは、ユダヤ人たちがまたしても自国を支配していない時であり、パレスチナははるか遠くのローマ帝国の属州になっていた。信者の中には、彼をローマに対する反乱の指導者と見なす者もいた。イエスの敵対者は彼を貶めるために、彼の口から反乱の言質を引き出そうと試みた。「私たちはローマに税を納めるべきなのでしょうか」。するとイエスはこう答えた。「貨幣を持ってきなさい。そこには誰の顔が刻まれていますか」。「皇帝です」と、彼らは答えた。イエスは言った。「皇帝のものは皇帝に、神のものは神に返しなさい」。

イエスはユダヤ法をよく知っており、人々にも教えていた。彼の新たな教えもユダヤ法の中から生まれたものだった。彼の教えの一部は法の本質を要約するものだった。以下は彼がまとめた要約のひとつである。――あなたのすべての心、あなたのすべての魂をもって、あなたの神、主を愛しなさい。そして、あなた自身のようにあなたの隣人を愛しなさい。

イエスが言ったことは、要約を知っていれば、すべての細部を忘れても良い、という意味なのかどうかはわからない。あるいはその逆で――清潔さや犠牲、その他もろもろについては――、細部こそが重要であると言っているのかもしれない。ともあれ、要約は最も重要なことがらへと導く手立てとなる。イエスがユダヤ教からどれほど距離を置いたのか、あるいはユダヤ教を打ち壊したのか、といった点は今でも学者たちの論議の的になっている。しかし、ひとつだけ明らかなことがある。我々には不可能とさえ思えるほどあまりに多くを求めるやり方で、イエスは古い道徳の教えを拡張したのである。イエスが山上の垂訓において「汝の敵を愛せよ」と語ったことをよく考えてみよう。

「あなたがたも聞いているとおり、『隣人を愛し、敵を憎め』と命じられている。しかし、わたしは言っておく。敵を愛し、自分を迫害する者のために祈りなさい。あなたがたの天の父の子となるためである。父は悪人にも善人にも太陽を昇らせ、正しい者にも正しくない者にも雨を降らせてくださるからである。

サン・ピエトロ大聖堂／ヴァチカン美術館

自分を愛してくれる人を愛したところで、あなたがたにどんな報いがあろうか。徴税人でも、同じことをしているではないか。自分の兄弟にだけ挨拶したところで、どんな優れたことをしたことになろうか。異邦人でさえ、同じことをしているではないか。だから、あなたがたの天の父が完全であられるように、あなたがたも完全な者となりなさい。」

（『新共同訳聖書』「マタイによる福音書」05章43〜48節）

この場面でイエスは、ユダヤ法の規律を普遍愛のシステムに変換しているのである。

イエスはこの時代に数多くいた教師や預言者の一人にすぎなかった。彼らは人々に対してユダヤ教の指導者に対する疑念を喚起しており、イエスもローマ人と結託したユダヤ人指導者たちによって処刑されたのだった。しかしイエスが他の教師たちと違ったのは、死後復活した（ないし、そのように信者たちが信じた）ことにある。したがってイエスはただの教師ではなく、預言者か善き人だったのであり、それこそがおそらく、多くの教会に向かう者たちの信仰の原点となっている。信者たちは、イエスが神の子であり、彼が処刑された時には宇宙的に重要な意味のある何かが起こったのだと信じている。神は人類を破滅から救うためにイエスを犠牲にした。こうして人間は原罪を負って生まれ、世界に悪をもたらしたのだとされた。我々がキリストを信じれば、自身を救うことができ、死後も地獄の業火《ごうか》に焼かれることはなく、神とともに天国で永遠に暮らすことができるのである。

この宗教はユダヤ人だけのものだったのか、あるいはすべての人々のものだったのか。イエスの死後、信者たちはこの問題をめぐって分裂した。伝統派の人々は、キリスト教徒になるには、何よりもまずユダヤ人であること、そしてユダヤ人に課された旧約聖書が示す厳しい規律に従わなければならない、と考えた。この規律の中には「割礼」も含まれており、成人男子にはかなり痛みを伴う手術が求められる。しかし、たとえこれらを乗り越えたとしても、キリスト教はユダヤ人の信仰の中の非常に小さな宗派に留まるか、消滅するなど、なんら大きな意義を残さなかったことだろう。結果として、イエスの教えはまったく新たな宗教であると主張する反伝統派が勝利した。キリスト教徒になるためにはユダヤ人である必要はなく、ユダヤ法が定める厳しい制約も不要である。イエスは我々に全き自由を与えたのであり、彼の説く愛の教えはユダヤ法が求めるすべてを超越するものである、とするのがパウロの解釈だった。パウロは偉大な初期キリスト教の伝道者だが、彼こそキリスト教の創設者だという見方もあった。なぜならイエスの死そのものはユダヤ人の事件にすぎなかったからである。イエスはユダヤ人であり、その信者たちもみなユダヤ人だった。実際イエスの教えをこの範囲内に留め置きたいと望む者たちもいた。この宗教がユダヤ人だけではなく、万人のものであることを明確に示したのはパウロであり、彼の布教活動以後、キリスト教は（少なくとも潜在的には）世界宗教に変わったのだった。それから三百年後、この宗教はローマ帝国全土に行き渡っていた。

第三の要素　ゲルマン戦士

ヨーロッパという混合物を形成する第三の要素は、ローマ帝国に侵入したゲルマン戦士である。彼らは北の辺境に暮らしていたが、紀元五世紀には人口が爆発的に増加していた。四七六年、ゲルマン人はローマ帝国の西方領土〔西ローマ帝国〕を滅ぼした。その主要地域は現在のフランス、スペイン、イタリアにあたり、ヨーロッパ文明という混合物の最初の姿が現れた。

ゲルマン人は読み書きができず、彼ら自身による文字記録が残されていないため、ローマ帝国侵入以前の彼らの社会や生活についてはほとんど情報がない。そうしたなかで、最初のものではないが、最良の資料とされるのは紀元一世紀のローマの歴史家タキトゥスによる『ゲルマーニア』である。タキトゥスは、ともに生き、ともに戦うゲルマン人の「首長」と「彼に従う戦士たち」〔以下引用文では「長老」と「扈従《こじゅう》」となっている〕の姿を描いている。

いったん戦列についた以上、勇気において〔扈従に〕敗けをとるのは長老の恥辱であり、長老の勇気に及ばないのは扈従の恥辱である。さらに、長老の戦死をさし措いて、みずからは生を全うして戦列を退いたとすれば、これ、生涯の恥辱であり、不面目である。——長老を守り、長老を庇い、みずからの勇敢さによる戦功をさえ、長老の名誉に帰するのがその第一の誓いである。まことに長老は勝利のために戦い、扈従は長老のために戦う。

もしおのれの生まれた邦国が、永い平和と無為とのために英気を喪失している場合、〔すでに扈従たちを従えている〕高い身分の若者の大部分は、みずから進んで、あたかもその時にあたって、なんらかの戦争を行なっている部族を求めて出かける。なんとなれば、静平はこの種族の喜ばざるところであるのみならず、功名は危機の間に立てやすく、多数の扈従は力と戦いによらずしては、これを保養しえないからである。事実、〔ローマにも知られ怖れられているところの〕かの戦士ともいうべき〔ゲルマーニアの〕軍馬（bellator equus）、のみならずまた血潮したたるかの戦勝のフラメアを贏《か》ち獲んことを、扈従たちはおのが主人の寛大さに期待し、さらに供食、——簡素とはいえ、ゆたかな供食は、彼らに対する〔普通の〕給与となっているからである。そしてこの寛大さの材料は、もっぱら戦争と、〔他境の〕劫掠による。人あって、もし彼らに地を耕し、年々の収穫を期待することを説くなら、これ却《かえ》って、敵に挑んで、〔栄誉の〕負傷を蒙ることを勧めるほど容易ではないことを、ただちに悟るであろう。まことに、血をもって購《あがな》いうるものを、あえて額に汗して獲得するのは懶惰《らんだ》であり、無能であるとさえ、彼らは考えているのである。

（タキトゥス『ゲルマーニア』〔泉井久之助訳注、岩波文庫、第一部一四、七六―七七ページ〕
〔引用文中の「フラメア」は、槍の一種〕）

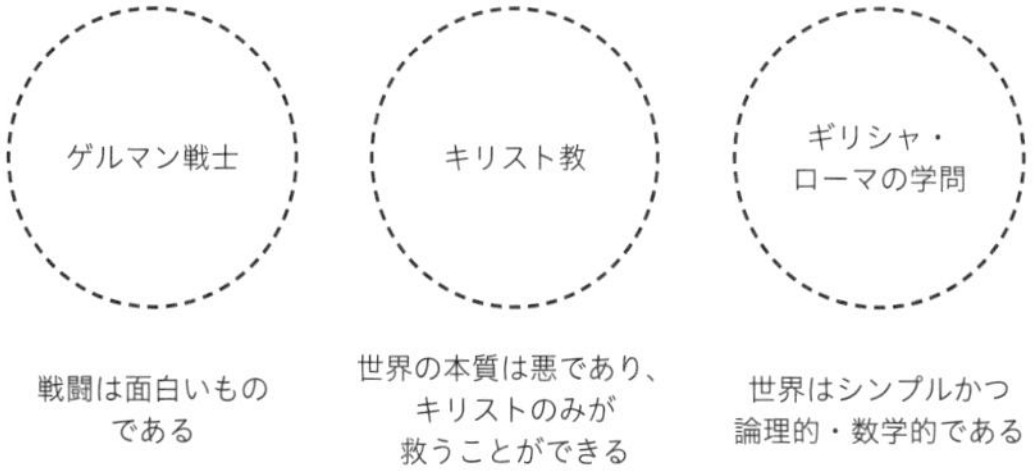
ゲルマン戦士
キリスト教
ギリシャ・
ローマの学問
戦闘は面白いもの
である
世界の本質は悪であり、
キリストのみが
救うことができる
世界はシンプルかつ
論理的・数学的である
図4

こうした人々がローマ帝国を三百年後に滅ぼしたのである。

さて、我々はヨーロッパという混合物の三つの要素を検討した。これらを要約してみよう。ギリシャ人は、「**世界はシンプルかつ論理的・数学的である**」と考えた。キリスト教徒は、「**世界の本質は悪であり、キリストのみが救うことができる**」と考えた。ゲルマン戦士は、「**戦闘は面白いものである**」と考えた（図4）。この三つの要素のありえない混合が、ヨーロッパ文明を形成したのである。

この三つの要素はどうやって混じり合うことができたのだろう。まず、キリスト教とギリシャ・ローマ世界との関係がどうであったか、見てみることにしよう。ローマ帝国政府当局は何度もこの新宗教を弾圧しようと試み、数多くの聖なる書物を奪い取り、教会の財産を没収した。さらにキリスト教徒を捕らえて拷問にかけ、キリストを否定しない者を死刑に処した。

しかしローマ帝国の一般の人々はキリスト教徒には寛容だった。なぜなら、帝国内にはさまざまな人種がいて、さまざまな宗教を信じていたため、平和を守りさえすれば、人々は自分の道に従うことが認められていたからである。己の心を支配できる者はそれぞれが信じる宗教をもつことができたのだが、例外もあった。ローマ人は皇帝を神のような存在と考えていたため、人々にはローマ皇帝に犠牲を捧げる義務があった。しかし人々が為すべき犠牲はごくわずかなものだった。帝国内にはいたるところに皇帝の肖像画や彫像があって、その前には火がともされていた。人々がひとつまみの塩をその炎にくべると、炎は一瞬燃え上がる。それで「皇帝への犠牲」は十分なのである。それはちょうど国旗に敬礼するか、国歌を歌うようなものだった。キリスト教徒は、ユダヤ人同様、唯一神を信仰すべきであると信じているため、どうあってもローマ皇帝を神と認めることができなかった。ローマ人は、通常、皇帝を称える義務をユダヤ人から免じていた。ユダヤ人は怒りっぽく、激しやすい性格であると思われていたためであり、また帝国内の各地方には、独自の神殿や神をもつ古代の人々がいたことを示す痕跡がいくらでも見られたからでもある。これらとは対照的に、キリスト教徒は新しい宗教の信者であり、また誰でも、どこでもその信者になることができた。ローマ人はキリスト教徒を排除すべき不穏分子と見なしていた。ローマの政府当局が一貫して迫害を継続していたら、彼らの排除は完遂されていただろう。

しかしここで奇跡が起こった。ローマ皇帝コンスタンティヌス一世が三一三年にキリスト教を認め、国家としてキリスト教会を正式に支持したのである。コンスタンティヌスは彼らの神が自分を守り、帝国が他のどこよりも優れた国になるだろうと考えた。この時点におけるキリスト教は大宗教とは程遠い存在だったが、統治者その人が受け入れたのである。皇帝は教会に経済的援助を施し、司教による教会の支配を認めた。その五〇年後、別の皇帝がキリスト教以外の宗教を禁止した。イエスがローマ帝国の辺境にある、政治的に不穏な地域で布教を開始してから四百年後、ついにキリスト教は帝国が公認する唯一の宗教となった。司教や司祭は大きな都市を堂々と巡り歩き、地方にある異教の神殿を破壊して回った。こうして三つの要素が結びつく最初の絆が生まれた。――**ローマ帝国がキリスト教化された。**

ローマ皇帝コンスタンティヌス一世（272-337）は、313年にキリスト教に正式な支持を与えた。4世紀の石像

この段階に進む頃、教会の性質は初期のものとは大きく変化していた。キリスト教の黎明期には、教徒たちは個人の家に集まっていた。しかし、それから三〜四世紀経ったこの時点で、教会は司祭・司教・大司教という厳格な階級をもつ常勤の有給職員たちの活動の場となっていた。司教の中の一人であるローマ司教は自らを教皇につけ、全教会を統治することに成功した。教会には独自の法制度があり、その施行のための独自の裁判所と

刑務所をもっていた。教会は本来の教会実務のみならず、信者たちの結婚や相続といった重要事項も管理した。信者には教会を支援するために献金する義務があったため、教会は独自の税制を作り、施行した。

ローマ帝国滅亡後も教会は生き残った。教会自体が政府のような存在になっていたからである。教皇はローマ皇帝と同じような力をもち、全階級の聖職者を管理した。ここに我々は、ヨーロッパ文明という混合物が作られる第二の絆を見ることができる。——**教会が「ローマ・カトリック教会」になった。**

教会はギリシャ・ローマの学問の保持を始めていたが、それはローマ帝国の崩壊以後も続いた。これは驚くべき進歩と呼べる。なぜなら古代ギリシャ・ローマの作家・哲学者・科学者はみな異教徒であって、キリスト教徒ではなかったからである。なぜキリスト教会は古代の異教徒の学問を特別に意識したのだろうか。教会内には、そのようなことはすべきではない、彼らの残した学業は虚偽にすぎず、唯一イエスだけが真実である、と主張する一派もいた。「アテネとエルサレムにどのような関係があるのか」とテルトゥリアヌスは発言したが、その見解は多くの支持を得られなかった。

キリスト教徒たちは独自の教育体系を確立できておらず、自分たちの宗教の整理・体系化に着手し始めた時に彼らが依存したのは、ギリシャ・ローマの伝統にどっぷりと浸かった学者であった。キリスト教の解釈および理論武装のために、彼らが用いたのはギリシャの哲学と論理学だった。彼らキリスト教の学者は、ギリシャ・ローマの哲学者や倫理学者はある程度の真実は有している、と見なしていた（もちろん、キリスト教は真実のすべてである、ということが前提だが）。そして、真実を求めたり、真実について論じたりする際に、ギリシャの哲学者たちはその案内役となる、と考えたのだった。こうして、ギリシャ・ローマの学者たちは異教徒であるにもかかわらず、キリスト教会は彼らの著作を保護し、利用したのだった。これが第三の絆である。――**教会はギリシャ・ローマの学問を保護した。**

ゲルマン人がローマ帝国に侵入した際、彼らには帝国を破壊する意図はなかった。彼らは、良い土地が欲しい、そこに定住して楽しい人生を享受したい、という理由で、ただ略奪しにきただけだった。彼らはローマ皇帝の支配下に置かれることを喜んだのである。しかし紀元五世紀になると、やってくるゲルマン人の数があまりにも増え、それぞれが土地を奪っていったため、皇帝の支配権が及ぶ場所がなくなってしまった。結果として西ローマ帝国は終焉を迎える。皇帝が治めるべき土地がなくなったからである。

ゲルマン人戦士は帝国内に侵入すると、その土地の社会を経営する必要に迫られた。それは彼らの本意とするところではなく、実際、あまりにも困難な環境に直面して困惑した。ゲルマン人は読み書きができなかった。しかも彼らが引き起こした混乱の中で、かろうじて命脈を保っていたローマの政権は崩壊し、交易は減退し、町も小さくなった。戦士の首長たちは自ら王と名乗って小王国を築いた。彼らは互いに戦争を重ね、王国が興っては滅ぶということが繰り返された。フランス・スペイン・イングランドといった西ヨーロッパの近代国家の外形が現れるまでには何世紀もの歳月を要した。

このような状況にあって、各国の政府はきわめて脆弱であり、支配力が弱すぎて徴税もままならな

アルミニウスに率いられるゲルマン戦士（ケルスキ族）たち（トイトブルク森の戦い）

かった（現代人の我々から見れば、税の取り立てができない政府というのは、矛盾以外のなにものでもないが）。かつては戦闘集団の首長であり、いまや王となったゲルマン人戦士は、いまや貴族となった仲間たちと土地を分け合った。これには、王が軍隊を必要とする際には、貴族たちはすすんでその兵士を王に供給する、という条件がつけられた。実際、最初のうちは、貴族たちは数多くの兵士を王に差し出した。しかし貴族たちは、次第に王から与えられた土地を自分の領土だと見なすようになり、王に対してどのくらいの兵士を送り出せばいいか、さらにはその質や目的などまで、勝手に自分で判断するようになった。

今日、国家元首は近衛兵を閲兵する。階級順に並ぶ彼らをつぶさに観察し、ときに一言、ふたこと、声をかける。これは、自分のもとに送られてきた兵士を王自らが仔細に観察し、彼らに言葉をかけた、という中世初期から続く伝統である。ばかばかしく思えるこのような伝統がなぜ今日まで続いてきたのだろう。

王たちが貴族の力に頼ることなく国を支配でき、独自な徴税組織・完全に自分の意のままに動かせる軍隊・自前の官僚制度など、大きな権力を有するまでには長い闘争の歴史があった。しかし、きわめて弱い立場からスタートした彼らには、決して脅かすことのできないことがいくつかあった。私有財産は冒すべからざるものとされたため、貴族たちは条件付きで土地を私有財産にした。これは常に政府に制限を課すものだったため、ヨーロッパの王たちは勢力を強めていっても、彼らは自国領内のすべてを所有していた東洋の統治者のようになることはなかった。もしも独裁者が資産を必要としたら、彼は単純に誰かの財産を奪いに行くか、または市場に軍隊を送り込んで、山と積まれた商品をかっさらってきたことだろう。ヨーロッパの王たちの政府は、ときに「絶対」という修飾語がつけられることもあったが、決して東洋の統治者のような行動はとれなかった。「すべてが、王のものというわけではない」ということが、政府についてのヨーロッパの考え方の基礎になっていた。私有財産の権利は個人の権利の概念から導き出されたものであり、これはヨーロッパの伝統の中心的理念だった。政府の権限は限られたものでなければならないとする考え方は、実際に最初の政府の権限が極端に制限されていたことに由来している。

政府の権限の制限は経済発展にも大きな影響を及ぼした。商業活動における安全保障はヨーロッパ経済が成長した重要な原因であり、このような姿は世界のどの地域にもみられないものだった。

ゲルマン戦士が
キリスト教徒になった。

ローマ帝国が**キリスト教**化された。
教会が**ローマ・カトリック教会**になった。
教会は**ギリシャ・ローマの学問**を保護した。

図5

こうしたゲルマン戦士の実体と考え方がわかれば、帝国の領土に侵入してほどなく、彼らがキリスト教徒になったことに格別な驚きはないだろう。ローマ帝国崩壊後も生き延びた教会こそたったひとつの機関だった。今まさに略奪を始めようとする戦士集団と交渉に向かったのは主に司教だった。司教は彼らに向かってこう語った。「この川のそちら側の土地はあなたがたに差し上げましょう。しかしこちら側の土地は私たちに残してください」。司教は首長が間違いなく欲しがるはずの、かつてのローマ属州総督の宮殿に言及し、あなたがその場所を管理したいのなら、自分はただちに参上して協力します、と示唆したことだろう。戦士たちを説得するのはお手の物だった。あなたがたがキリスト教の神を受け入れて下されば、より多くの敵を殺すことができるでしょう……。ゲルマン人戦士は特別な征服者たちであり、自分たちが征服した人々の宗教を受け入れたのである。教会はこれらの王や貴族たちを新たな支配者と認め、彼らにはキリスト教の教えを支持することが義務であると明示した。これが我々の最後の絆である。

――**ゲルマン戦士がキリスト教を支持した。**

これらの絆を図式化してみよう（図5）。

図6

こうして次のような結論が得られる（図6）。

これはなんとも奇妙な混合物ではないだろうか。とうてい自然な絆ではないし、またきわめて不安定な絆でもある。結論から言えば、この絆は破綻してしまうのだが、それは約千年間も続いた。すなわち、西ローマ帝国が終焉を迎えた四七六年から一四〇〇年代までである。この千年間のことを歴史家は中世と呼ぶ。そして一四〇〇年代からは近代が始まる。これらがヨーロッパ史の三時代区分となる。古代〔古典古代〕、中世、近代である（図7）。

中世は例の三つの要素の奇妙な絆が保たれていた時代だが、その要素自体も変化していた。キリスト教を考えてみよう。これほど「戦争好きな宗教」が他のどこにあっただろうか。「あなたの敵を愛しなさい」とイエスは言った。初期キリスト教の信者たちは軍役に就くことを拒否した。ただし、ローマ人が彼らを信用していなかったから、というのもその理由なのだが。しかし中世になると、キリスト教はゲルマン戦士と協力関係を結んだ。「だれかがあなたの右の頰を打つなら、左の頰をも向けなさい」（「マタイによる福音書」05章39節）と説く宗教が、鎧を着た戦士によって支持されるようになった。この矛盾は、どう考えればよいのであろうか。しかしながら、見かけ

フランク王国のカール大帝（シャルルマーニュ）がローランの腰に剣をつける様子。ローランはスペインでイスラム教徒と戦って戦死したといわれる伝説の騎士である。

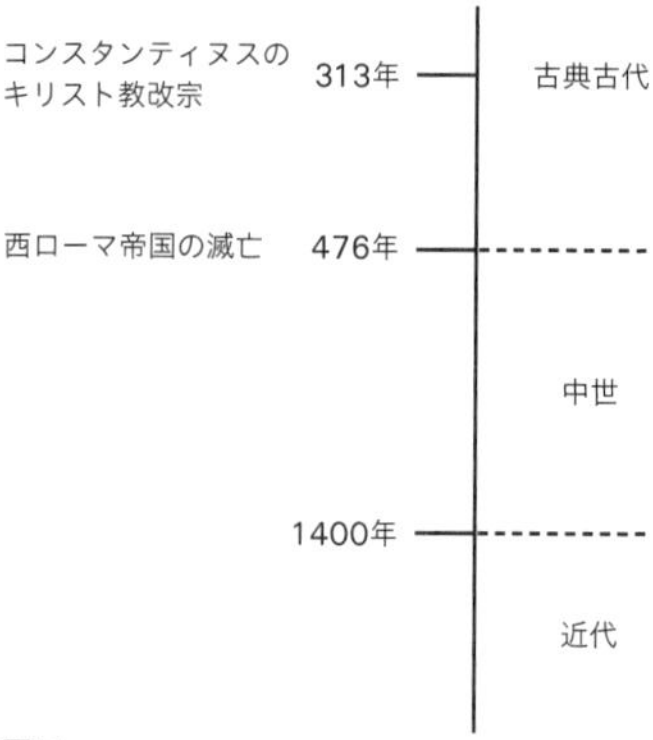

図７

ほど大きな矛盾というわけでもない。なぜなら、キリスト教がコンスタンティヌス一世に支持されて帝国公認の国教となってからは、教会は暴力に対する見解を変えざるをえなかったからである。すなわち——政府は戦わなければならない、そして教会が政府の支持を得たければ、政府がしばしば繰り広げる戦争を正しいものと認めなければならない。

ただし、教会が戦士たちと協力し合うようになったといっても、戦士たちの価値観すべてを認めたわけではなかった。何世紀も経つうちに戦士は騎士に変わっていった。騎士は戦いを好み、自分の戦闘能力に誇りをもっていたが、「正当な理由」のために戦った。教会は、非キリスト教徒と戦う騎士たちを応援した。これこそ正当な理由そのものである。イスラム教徒に奪われた聖地を取り戻すために、教会は十字軍を派遣した。かの地に行って戦うと申し出た者には特免状が交付された。

騎士は弱者、とくに高貴な女性を保護すべきものとされた。騎士の戦いには新たな道徳的な意味合いが付加されることになり、男子が騎士になる際には宗教的儀礼が伴うようになった。教会の祭壇に置かれていた剣が聖職者によって騎士となる者の腰につけられると、この場を立ち去り、この剣を正しいことに用いるべし、と命令されるのである。

貴婦人を保護し、敬うという精神は、ヨーロッパ文化でもとくに長く続いた伝統だった。騎士がいなくなってからは、この精神は「紳士」に受け継がれた。紳士とはキリスト教を奉ずる騎士の子孫を意味するものだった。女性が部屋に入ってくる際に、男性は敬意を示すために立って迎える。女性たちが立っている間は、男性は着席してはならない。女性に挨拶する際は、帽子に軽く手を添える。これらは私が学校で教わったことであり、決して忘れたことはない。この点において、私は中世の遺風に従っているのである。

近年の女権拡張論者〔フェミニスト〕は、こうした習慣を悪しきものとみて戦ってきた。こうした女性たちは敬い、崇められることを望んではいない。ただ、男性たちと同等に扱われることを希望しているのである。この男女同権キャンペーンに関して、彼女らは有利な立場にある。地べたに足をつけて頑張るよりも、高い台に乗せられている、その位置から始めるほうがいいからだ。ヨーロッ

キリスト教会はギリシャ・ローマの学問を保護し、自らの教義を支持するために利用した。

パ文化において、フェミニズムがおおむね受け入れられているのは、このように女性に常に一定の敬意が払われてきたことが原因だろう。これは別の文化では話が違ってくる。

さてヨーロッパという混合物の別の緊張関係に目を転じよう。教会がギリシャ・ローマの学問を保護したという点である。この場合の保護とは積極的な利用を意味しており、教会は古人の優れた書物を戸棚に大事にしまいこんでいたわけではない。ギリシャ・ローマの学問は生き残った。そして現代の我々もそれを読むことができる。中世の千年間を通して、教会が筆写を何度も繰り返してその複製を作り続けたからである。当時はまだ印刷がなかった。本は腐り、傷むものである。ギリシャ・ローマの知的財産を今日まで残してくれた恩人は修道僧たちだった。彼らは自分たちが何を筆写しているのか知らずに(だから間違いも多い)、ひたすら書き写す作業を行ったのである。

これらの文献は、非キリスト教徒、すなわち過去の異教の人々が当時の彼らの言葉で書き綴った哲学書であり、そこには価値観の体系や、人生に対する態度が記されていた。中世の教会はそうした自制的な知的生活を送ることができる場所であり、また古代の人々の言葉で書かれた文献を読める者は他に誰もいなかった。教会はこうした文献から自分が求める部分だけを採り出し、それらを組み立て直し、聖書中の文言も入れて、キリスト教神学を作り上げた。これはいわば、神と神の世界、さらに神の救済計画を記した説明書である。こうしてギリシャの哲学、知識、論理は、キリスト教の支援のために奉仕を強いられたのである。古代の人々による文献が新たに見つかっても、中世の神学者たちは悩むことがなかった。神学者たちは、神学の新しい版にそれらの新文献の内容を織り込んでいった

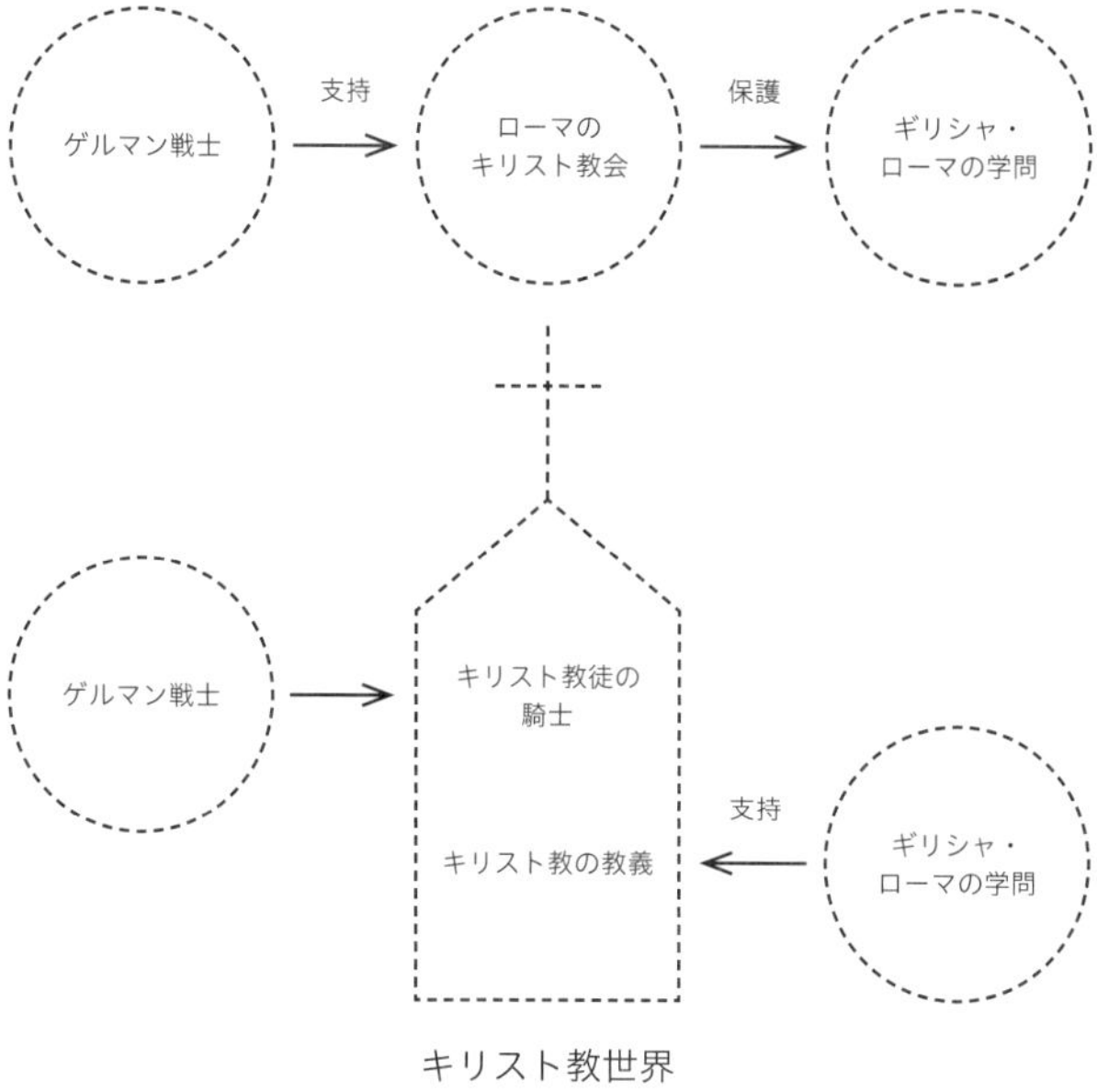

図 8

からである。

中世において、混合物がどのような働きをしたのかまとめてみよう。**「戦士がキリスト教徒の騎士になった」、「ギリシャ・ローマの学問がキリスト教を支持する役目を果たした」**（図８）。これら奇妙な同盟関係の中心にあったのは教会であり、どうにかしてすべての要素を結びつけていたのだった。学問はキリスト教のもの、騎士たちもキリスト教のもの、つまりヨーロッパ世界はキリスト教の王国となったのだった。

一五世紀以後、これら奇妙な同盟関係はしだいに壊れていく。ここから先の時代を歴史家は近代と呼ぶ。

第2章 近代ヨーロッパ

ヨーロッパ文明という体裁をとるようになった混合物は、きわめてもろいものだった。その期間は中世の約一千年間の長きにわたって続いたが、それぞれの構成要素は調和がとれたものとは言い難かった。時代が一四〇〇年代に入ると、混合物の構成要素は次第に分離していった。その最初のきっかけはルネサンスである。

ルネサンスはしばしばギリシャ・ローマの学問の発見ないし再発見と呼ばれている。しかし、いくつかの発見はたしかにこの時代に為されたものだが、ギリシャ・ローマの学問があまりにも長く失われていたため、再発見されなければならなかったというほどではなかった。変化したことと言えば、教会が自らの神学を補強するために古代の学問を利用していたのに対して、古代の学問が生まれた時のギリシャとローマの世界を想像することに関心をもつ学者たちが、教会の外側で生まれたことだった。彼らが望んだのは、古代の芸術家が行ったように芸術を創造すること、古代の人々のような建築物を建てること、ローマの作家のような作品を書くこと、そして古代の人々のように考えることだった。彼らは過去の時代、すなわち非キリスト教的・異教の時代に思いを馳せた。そこには教会が隠してきた、学問がもつ本来の目的があるはずだった。

それはまた、より「現世」的な世界でもあった。古代の人々は死後の世界がどのようなものかを考えるより、現世における人間やその行動の方にはるかに強い関心を抱いていた。人間の才能と実行力を賛美する古代人は、決して堕落の世界の住人ではなかった。ルネサンスの学者たちが足を踏み入れたのは、自由で偏見のない世界だった。古代の哲学者や思想家たちは、最も善く生きるために、最も正しく考えるために、とてつもなく膨大な見解を残していたのである。古代人の議論や推測は、教会が思考に押し付けた拘束衣の中で行われてはいなかった。

とはいうものの、ルネサンスの学者たちはキリスト教と正面切って争わなかった。彼らは個別の考えにおいてこの件に対処したが、概して言えるのは、彼らが古代人の宗教観と同じ態度でキリスト教に接したことである。すなわち、宗教じたいにはなんら問題がなく、概して良いもの、または必要なものだが、それ以上にいくつか興味深いものもある、という態度である。宗教は教会が長いこと目標としてきたような、すべての生命や思想を支配するものではなかった。そして、ひとたびこの支配力が壊れてしまえば、ヨーロッパの思想は、はるかに冒険的で、より偏見がない、以前よりも確信のないものになっていった。

ルネサンスによってヨーロッパ社会は世俗化〔脱宗教化〕への長い道のりを歩むようになった。世俗的社会とは、なかには宗教が存在する可能性もあるが、今日の我々の住む世界のような、私的な営利活動

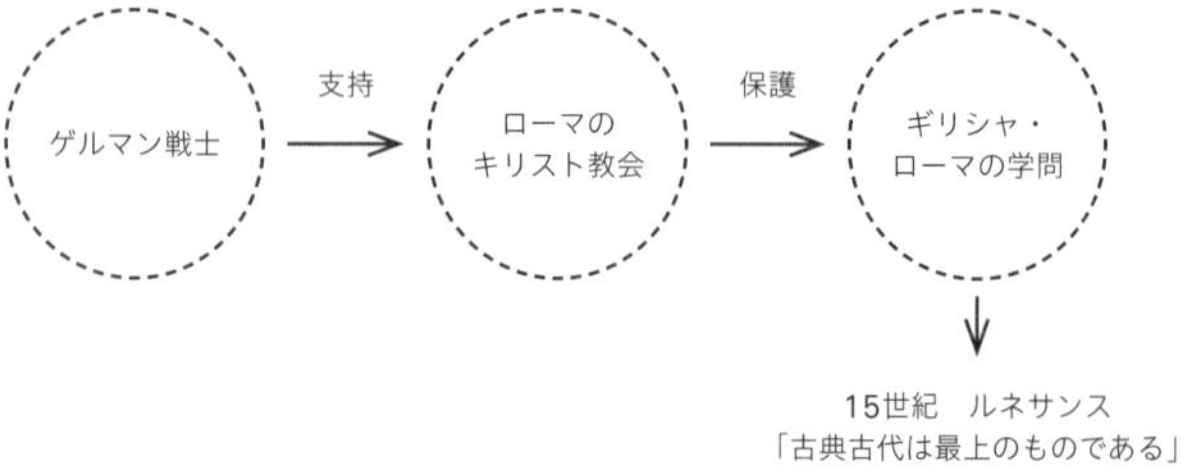

図9

や、特定の信念で結びついた人々の集まりというかたちで存在するものである。宗教は社会に君臨するものではない。したがって誰に対しても規則や儀礼を強要するものでもないし、思想を支配するものでもないのである。

　ルネサンスにおいて起こった特筆すべきことは、あるひとつの文化や伝統を守ってきた人々が、自分たち以外の文化や伝統についても考えを巡らせるようになったことだった。ひとたびこのような視点に立てば、人間はもはや元の位置に留まることはない。確実なもの、定まったものなどは何ひとつない。ヨーロッパの思想家はついに自分の殻を打ち破って飛躍したのだった。

　ギリシャ・ローマの時代のことを「クラシック」〔古典古代〕と呼んだのは、ルネサンスの人々が最初だった。ここでいうクラシックとは最上のもの、という意味である。「クラシックらしさ」、「クラシックな演技」といった表現は、越えることができないものを示していた。ルネサンスの人々にとって、古代の文学・芸術・哲学・科学の各分野の業績

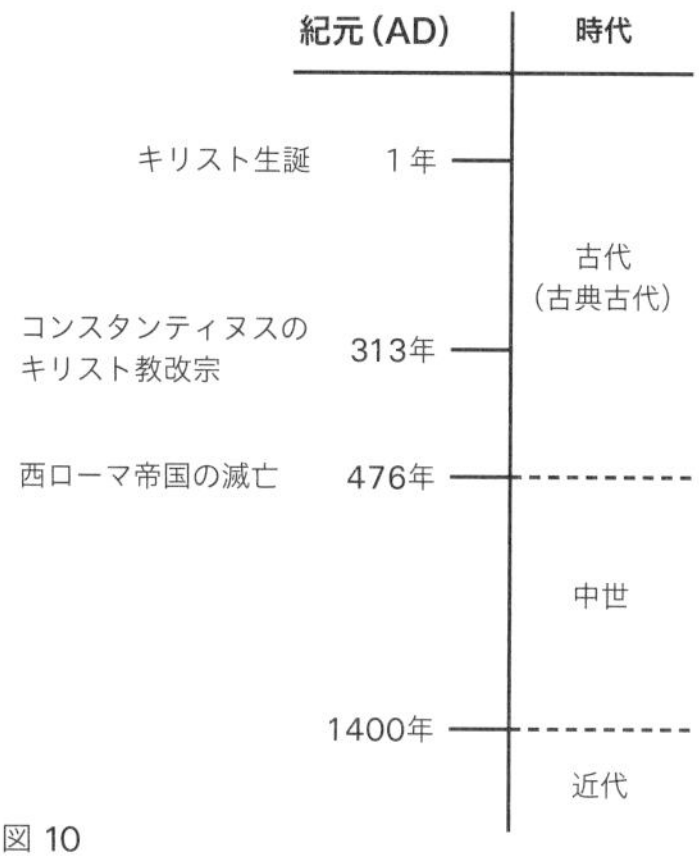

図10

は最上のもの、また越えてはならぬものだった。彼らはいくら頑張ったところで、せいぜい古代の人々と肩を並べるところまで近づくだけだと考えていた。こうして、ルネサンスは「**古典古代は最上のものである**」というメッセージによって、「ヨーロッパという混合物」を崩壊させてしまった（図9）。

我々の時間のシステムは二つの異なる基盤から成り立っている。それは我々の文明のもつ混合的な性質の名残である、といってもよい。我々は自分たちの年代を表現する際に、キリスト生誕時から数えた暦を採用しているが、これはいまだ我々がキリスト教文明にどっぷり浸かっていることを意味している（図10）。紀元＊＊年の「紀元」（AD）は、ラテン語の**アノ・ドミニ**〔Anno Domini「主の年に」の意〕の略号である（ただし、主＝イエス・キリストは、実際にはAD一年ではなく、その六年前か四年前に生まれたようであるが）。とはいえ、我々が用いている「古代・中世・近代」という時代区分は、キリスト教とはまったく関係がない。古典古代こそ人類の絶頂期だったが、その後人類はさまよい続け、古代の遺産、およびその感覚を失ってしまった……、ルネサンスの人々はこのように考えていた。古典古代の「小休止」状態が中世と呼ばれる時代であり、そこでは知的・社会的生活において教会のみが卓越した存在だった。したがって、古代・中世・近代とは非キリスト教的な公式化だった。

古代・中世・近代という三つの時代は、三つの彫刻作品で説明することができる。最初は古代ギリシャの、片腕が失われた像である。ギリシャ彫刻のオリジナル作品はほとんど現存しておらず、我々が今見ることができるのは、あまり出来のよくないローマ時代の複製である。ここに掲げたのは、プラクシテレス作と伝えられる「幼いディオニュソスを抱くヘルメス神」である（図11）。完全なる肉体を「美」と認めたのはギリシャ人の創案だった。美術史家のケネス・クラークは「ヌード nude はネイキッド naked とは別物である」〔ヌードとネイキッドはともに「裸、裸体」を示す〕と述べた。「ヌード」は、それ自体で完結したものであり、正しくあるべき姿で整っている。いっぽう、「ネイキッド」は単に服を着ていない、着ることもできない、貶められた姿である。もちろんすべての男性が完璧な肉体美を有しているわけではない。ギリシャ人の目的は特別な肉体を表現することではなかった。彼らは肉体の中に、ある種の完璧さを見出そうとしたのであり、そのために最も目に快い均整美を確立するために数学を導入したのだった。

第二の彫刻は中世の作品であり、ドイツ・ヒルデスハイムの大聖堂の扉に刻まれた中世人の肉体観を表すものである（図12）。これは禁断の果実を口にしたあとのアダムとイヴの様子を描いている。ア

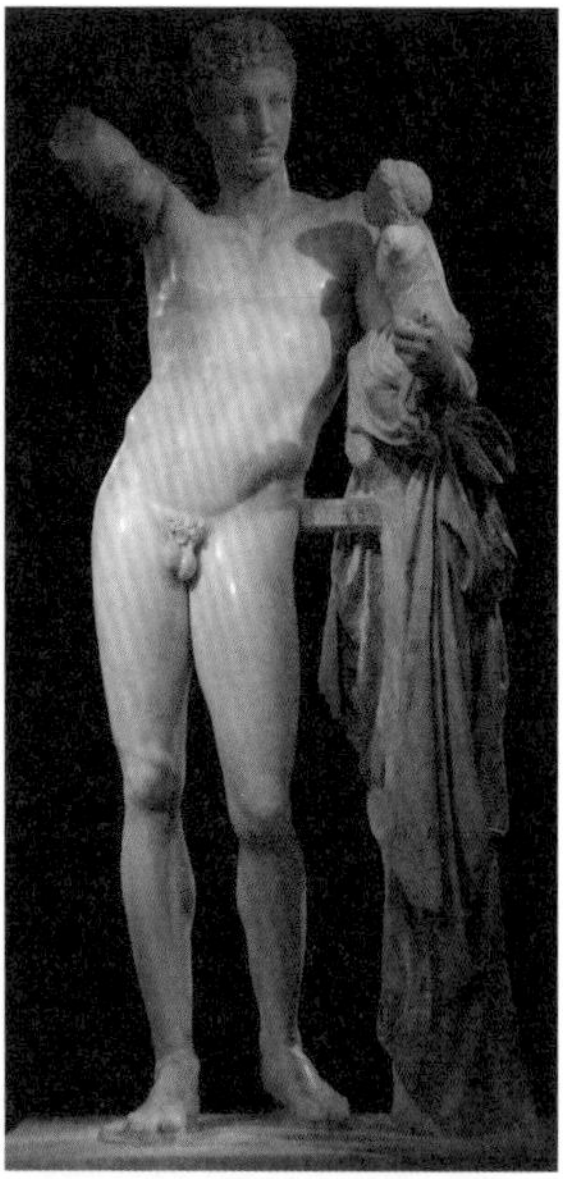

図 11　プラクシテレス「幼いディオニュソスを抱くヘルメス神」前 4 世紀（右上）
図 12　神と直面するアダムとイヴ（聖マリア大聖堂「ベルンヴァルトの扉」1015、ヒルデスハイム）（下）
図 13　ミケランジェロ「ダヴィデ像」1501-04（左上）

ダムはイヴを非難し、イヴは自分をそそのかした蛇を非難している。そして二人はともに、裸の体の、ごく一部しか隠していないことを恥ずかしいと感じている。この二人の裸体は決して「ヌード」ではない。二人の姿は、肉体は邪悪なもの・罪の源であるという教会の教えを示している。

三番目の彫刻はルネサンス期の巨人ミケランジェロの作品であり、ギリシャ人の「ヌード」の理想に立ち返るものだった（図13）。ミケランジェロは、人間とは勇敢で、気高く、美しいものの理想を具現化したものであるとして、ダヴィデを完璧な肉体美の持主として作り上げた。「天使のような身のこなし、神のごとき理解力」とハムレットも言っている（『ハムレット』第二幕第二場）。「ヌード」から「ネイキッド」へ、そしてまた「ヌード」へ。この彫刻作品の流れそのものが古代・中世・近代を示しているのだが、それは同時にルネサンス人がいかにこのことを理解していたかを示すものでもあった。

＊　＊　＊

ルネサンスは中世社会の最初の崩壊だったが、第二の崩壊は一六世紀のプロテスタントによる宗教改革だった。この運動は教会に対する直接攻撃だった。その目的はキリスト教の教会の総本山がローマ〔ヴァチカン〕になる前の状態に戻すことだった。今まで概観してきたように、ローマ帝国の中で発展した教会は、ローマ帝国特有の特徴を備えてきた。そして帝国が崩壊しても、教会はローマ皇帝のような偉容をもつ教皇とともに生き延びた。大司教と司教、その下の各地方の司祭たちという組織の構図は、古きローマ帝国の管理体制そのものだった。この聖なる組織は独自の法、独自の罰則と監獄、そして独自の課税制度をもっていた。

教皇と司教たちは教会を支配し、その教えを定めた。教会は信者に救済を提供したが、それはあくまでも教会の管理下において、ということだった。信者は自分たちを救ってくれる司祭や司教を必要とした。信者はコミュニオン〔交わり、信徒たちの組織〕に組み入れられ、ミサを受ける際には、キリストの肉と血になった秘蹟のパンとワインを司祭から授からなければならなかった。信者には、自分の告白を聞き、自分に許しを与え、自分の罪の償いをするための司祭が必要であるとされた。司祭は信者に、数多くの「アヴェ・マリアの祈り」〔祈祷文〕を唱えることを教え、巡礼を行うことを求め、さらに深刻な罪に対しては祭壇の前で信徒を鞭打ってもかまわないと了承させた。そして、司祭は金持ちの信者が死に臨む際には、そなたは教会に多額の寄進を行わなければ天国には行けないだろう、と告げたのだった。

中世においては、司祭・司教・大司教の多くは「特に敬虔で宗教を尊ぶ人々」であったがゆえに、教会には入らなかった。人々が教会に入るのは、教会が当時最大かつ最も資金力豊かな組織だったからである。つまり信者は、今日我々が公務員になったり、大企業、政治団体、大学へ行ったりするのと同じ理由で、教団に参加したのだった。すなわち、安定した職を求めて、興味ある仕事をやりたくて、高い給料がほしくて、より良い生活を望んで、そして権力を得るために、といった理由である。教会に入れば、自身が裕福になれるし、友人や身内の者に仕事を与えることができた。

しかし、この豊かにして、金をむしり取る、腐敗した組織は、イエスの教えと初期教団の活動記録を護持する者でもあった。イエスとその弟子たちは身分の低い、慎ましい者たちだったが、ルネサンス期の教皇や司教たちは宮殿の住人となっていた。イエスは裕福であることがいかに危険なものであるかを説き、初

ルーカス・クラーナハ「マルティン・ルター」1532

期のキリスト教徒はお互いの家で会っていた。こうした事実は聖書に記載されていたので、教会の神聖な文書は批評家の手によって、教会を破壊する爆弾になる可能性があった。教会は我が身を滅ぼしかねない批判から、どうやってこれほどの長きにわたり、逃げ通すことができたのだろうか。
それは聖書がラテン語で書かれていたため、一般民衆でこれを読める者がほとんどいなかったからだった。教会は自身のことを、聖書を解釈する最初にして最後の権威と宣言していた。何者かが教会の教えや実践を批判するために聖書を利用し、教会に多大なる迷惑を及ぼした場合は、その批判者は異端と見なされ、火刑に処せられた。誤ったことを信ずる者は、一般の信者およびキリスト教世界全体にとって危険な存在だからである。しかし一六世紀になると、教会を去って宗教の改革を試みる一人の異端者が現れた。その名をマルティン・ルターという。
ルターは宗教を非常に真摯に考えた一介の修道士であり、自身の救済について深く苦悩していた。

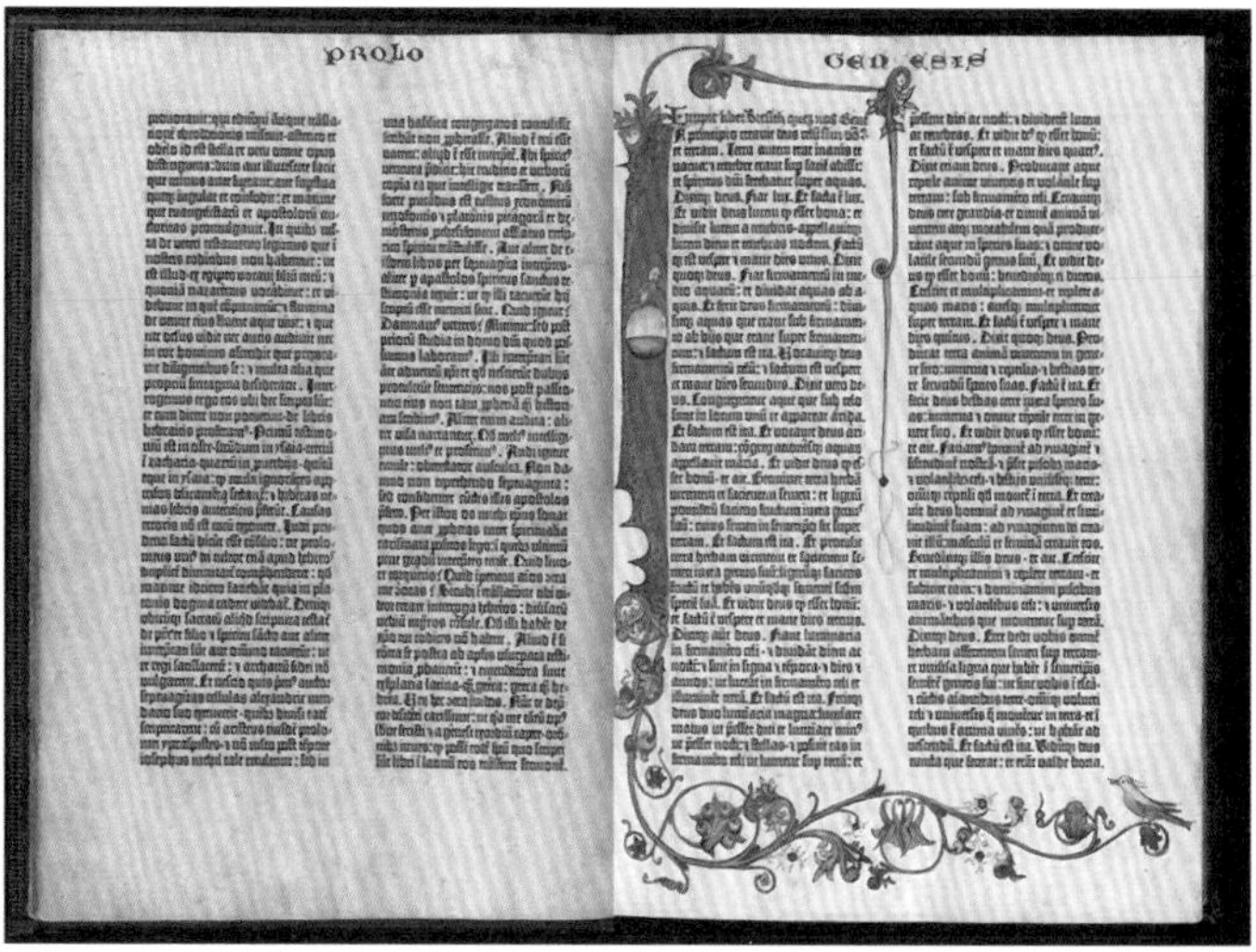

『グーテンベルク聖書』1455

自分に何ができるのか、自分のような罪深き人間が本当に救われるのだろうか、と。彼が聖書の中のパウロ書簡を読んでいた時、それまで考え続けていた思いが突然中断した。あなたのキリストに対する信仰があなたを救う、とパウロは語っている。ここからルターは、人は救済されるために何事かを為す必要はない、とりわけ、人は司祭の手にすべてをゆだねて、その教えに従う必要はない、という結論を導き出した。為すべきことのすべては信じることであり、信仰をもつことである。「**信仰のみが人が救う**」——これこそルターの基本的な考えだった。キリストを信じよ、そうすれば救われる。当然ながら、一人の信者としてなら、神を喜ばせるためには、教会の言うように、善き務めを果たし、かく行動すべし、とキリストが言うことを実践したいと望むことだろう。しかしその務めは信者を救う助けにはならない。プロテスタントとカトリックの教えが根本的に異なっているのは、まさにこの点だった。カトリックは、信者が善き務めを行うことは救済の一過程であると強調し、巡礼に旅立ち、貧者に金を施すことなどは、神と信者との結びつきを強めるものだとする。しかしルターの考えは違った。罪深く、堕落した我々が何をしたところで、神を喜ばせることはできない。我々にできるたった一つのことは信じることであり、もしも正しく信じることができれば、神は我々の救済を約束してくれるだろう。

これはいわば「手作りの」（ドゥー・イット・ユアセルフの）宗教の一種だった。教会が何世紀もかけて造り上げた巨大な建築物や宗教設備のすべては、ルターに言わせれば、不必要なものだった。しかし彼の見解はローマの総本山に受け入れられるはずもなかった。教皇はルターの教会批判および救済に関する新たな教えを拒絶した。教皇の激しい非難に対して、ルターはこう反論した。「この男はいったい誰なのだ。彼はこの世のキリスト教の代表だと言われてきたが、彼こそキリストの本当の敵、アンチ・キリストなのだ。彼は荘厳な住まいに暮らし、三重の王冠をかぶり、彼と会った信者は彼の爪先に口づけをしなければならず、移動の際には、彼は多くの僕《しもべ》によって肩の上の高さに担ぎ上げられて運ばれる。聖書には、キリストは自らの足で歩いたと書かれているのに」。ルターの教会批判の鍵は聖書だった。聖書に書かれていないことは、教会が主張したり実践したりすることを正当化できないことになる。聖書こそが唯一の権威なのである。ローマ教会と決別したのち、ルターが最初に行ったことは、聖書を誰にも読めるようにドイツ語に翻訳すること、そして信者たちの救済の監督官になることだった。

プロテスタントによる宗教改革は、聖書を基礎にした教えと実践によって教会を改革する運動だった。それは初期教会の生活を取り戻すことを望むものだった。宗教改革のメッセージは、「**キリスト教はローマ教会だけのものではない**」というものだった。

ルターは異端者として火刑に処せられることをどうやって免れたのだろう。それには多くの理由がある。そのひとつは印刷術という発明である。ルターによる教会の批判および否定の内容のすべてはただちに印刷されて、ヨーロッパのすみずみにまで伝えられた。印刷術は新たな発明であり、ルターが教会攻撃を始めた頃、この技術はまだ生まれて五〇年しか経っていなかった。教皇がルター打倒の準備をする前に、すべての人がルターのことを知り、彼の批判文書を読んでいたのだった。ルターはある一国の、少数の信者しかもたない異端者ではなかった。いくつかの前例に見られるように、彼は国際的な支持をいちはやく得ることに成功したのである。ルターが生き残ることができた別の理由として、ドイツ諸侯の何人かが彼のローマ攻撃を歓迎したことが挙げられる。ドイツはひとつの統一国家ではなく、多くの小国の集合体だった。教会がドイツで権力を存分に行使できた理由のひとつは、ドイツがフランスやイングランドのような統一国家ではなかったからだった。ドイツでは膨大な土地が教会の所領となり、地域によっては半分が教会領となっていた。教会は住民から多額の資金を吸い上げ、教皇は諸侯の意見を一言も聞くことなく、思うがままの場所に司教を任命していた。ルターを支持することにより、諸侯は教会の土地を手に入れることができ、自前の司教を任命し、領民の金がロー

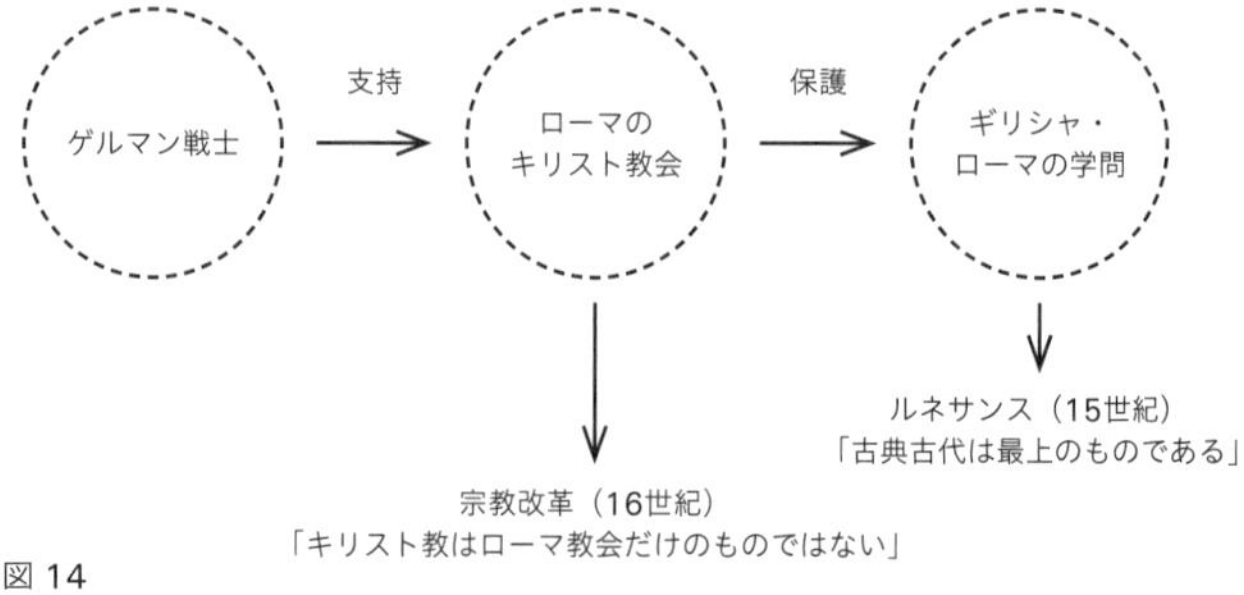

図 14

マに流れ込むことを阻止できるのである。こうしてドイツ諸侯はルターと、生まれて間もないルター派の教会の保護者となった。ルター派教会はドイツ国内の半分の土地で設立され、ドイツのルター主義はスウェーデン・デンマーク・ノルウェーなど北欧諸国に広がっていった。イングランドではプロテスタンティズム〔新教〕を独自なかたちで受け入れ、イングランド教会〔一般に「イギリス国教会」と呼ばれる〕を打ち立てた。

その後間もなく、ローマ教会の前にいくつもの競争相手が現れた。それぞれ別の国で、プロテスタントの教会が多様なかたちを取って生まれてきたからである。国際組織であるカトリック教会に対して、多くの国が自立した国教会を設立するようになった。ひとたび国民が聖書を自分自身で読むことができるようになれば（実際、ルターや改革派の人々はそのように奨励したのだが）、ルターの批判の正しさを理解するまでに時間はかからなかった。プロテスタント運動は新たな教会を生み続けた。なぜなら聖書を解釈したり信仰を取り締まるための中央の権威は、もはや不要となっていたからだった。

以後百年以上にもわたってカトリックとプロテスタントは争い続け

た。互いに文字通り激しく争い、やがてそれは戦争へと発展した。互いに相手を完全に間違っているものと見なしており、同じキリスト教内の別種の集団ではなく、また非キリスト教徒というより、反キリスト教徒、すなわち真の教会の敵であると認識していたのである。真の教会が生き延びる道が敵を完全に排除することであるならば、殺人をよしとする教義によって敵を虐殺してもかまわないことになる。互いの教義のどちらかが神にとって絶対的に不快であり、地上の教会に害を及ぼすものであるなら、カトリックであれプロテスタントであれ、どちらかは殺される方がよい……。こうして百年に及ぶ戦いが繰り広げられたが、どちらも勝者とはならなかった。両者は一種の長期停戦状態に陥り、しだいに寛容の機運が起こってきた。最初に、プロテスタントの国とカトリックの国との共存が認められ、そこから大きな飛躍が起こった。それはおそらく、はじめからプロテスタントでもカトリックでもない何かが信じられれば、ひとつの国の中で異なる種類のキリスト教徒が平和に暮らすことができるからだろう。

ティコ・ブラーエ「星図　天動説」16 世紀

　ルネサンスと宗教改革はともに「後ろ向きの運動」だった。両者はそれまでに作り上げられた混合物の一部を、その残りの部分から切り離そうとしていたのである。ルネサンスはギリシャ・ローマの学問に立ち返ることを目指した。プロテスタントの改革者たちは、ローマのカトリックが確立される以前のキリスト教会へ立ち返ることを目指した（図14）。カトリック教会はこの二つの運動の中心となる資料を秘匿していた。カトリック教会はルネサンス運動が知的権威の拠り所としていたギリシャ・ローマの学問を保持しており、またカトリック教会は聖書を創作し、神聖化したが、それはプロテスタントの改革者たちにとって神学と統一を混乱させるものだった。

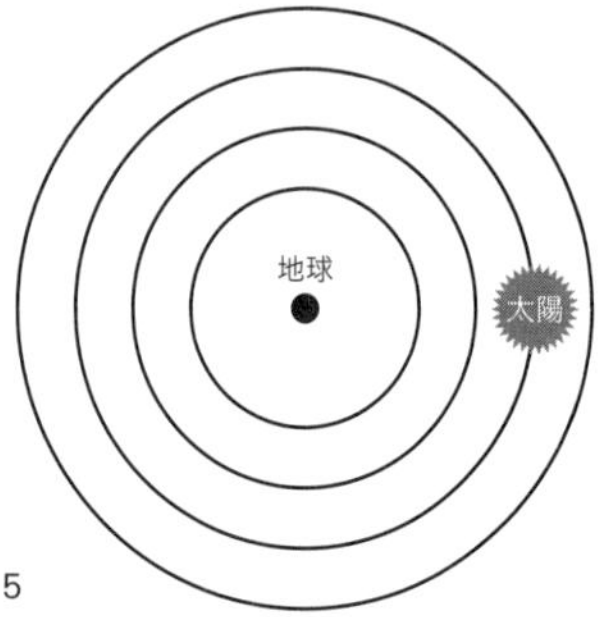

図15

＊　＊　＊

さて、我々はそろそろヨーロッパ文化が「前向き」になっていく過程を見て行かなければならない。いかにして進歩を信じられるようになったのか、時間が経てば経つほど状況が良くなっていく、と考えるようになったのは奇妙なことである。進歩の確信は一七世紀の科学革命の結果に由来している。それは近代科学の始まった時代だった。

一七世紀初頭の段階では、宇宙とその仕組みに関する権威はいまだにギリシャ人だった。その根本思想は地球こそ宇宙の中心であり、太陽や月などすべての星は地球を中心に回っている、とするものだった。ギリシャ人の考えによれば、地球は動かない。とうてい動いているようには見えないし、そもそもどんな力が動かせるというのだろう。地球は静止している。そして、地球は汚れた領域である。地球上ではものごとは変化し、腐敗する。しかし天国は純粋で完璧かつ普遍の領域である。なぜ天空の星たちは円を描いて動くのか。それは円が完璧な形だからである。ギリシャの幾何学では、この世には完璧な形が存在すると説く。ひとつは正方形、もうひとつは円である。したがって星が円を描いて動くのは、完璧な王国では星を動かすのにいかなる力も必要としないからであり、星は完璧な調和の中で回転しているのである（図15）。

一七世紀になるとこの従来の考え方は、我々が今もなお真実だと見なす新たな考え方によって覆された。地球とその周りの星の中で中心に位置するのは太陽である。惑星は太陽の周りを回っている。その軌道は円ではなく楕円を描いている（図16）。地球は惑星のひとつであり、太陽の周りを回っている。そして地球の周りを月が回っている。汚れた地球と純粋な天国とは別の領域であるとする従来の概念は否定され、この二つは単一の体系（太陽系）で構成されている。それは全体を通じてひとつの体系であり、ひとつの法則または一連の法則によって、すべてが説明できるのである。

地球を含む複数の惑星はどのような力で動いているのだろう。その問いにアイザック・ニュートンが答えた。宇宙に存在するすべてのも

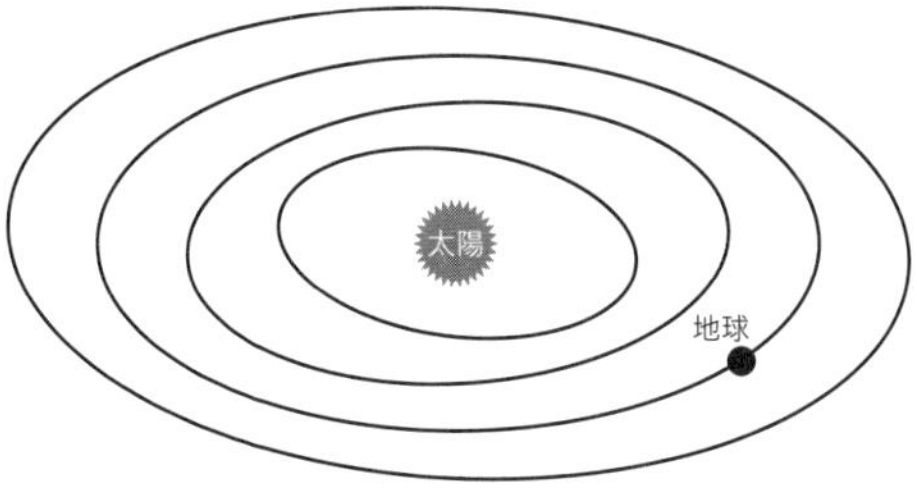

図 16

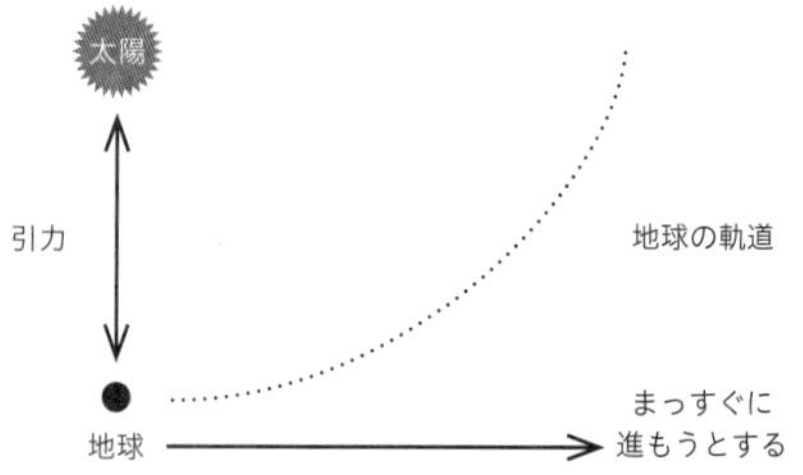

図17

のは、「何かほかのもの」が働きかけないかぎり、まっすぐに動く。その「何かほかのもの」は常にある。それは宇宙に存在するすべての物体同士を引きつける力である。すべての物体はお互いに引きつけ合っている。この本は地球に引きつけられているが、同様に月も地球に引きつけられている。そして地球は太陽に引きつけられている。地球上の水は持ち上げられたり、引き下ろされたりする。この潮汐という現象は、地球と月の間の引きあう力の変化によって起こる。それはすべての物体に働くただひとつのシステム（系）である。こうして我々は、なぜ惑星があのように動くのかを説明することができる。惑星には二つの力が働いている。ひとつの力はまっすぐに動こうとし、もうひとつの力は太陽へと引きつけている。この二つの力の働きにより、惑星は太陽の周りを楕円形を描いて動くのである（図17）。

　すべての物体に発生する引きつけ合う力のことを、ニュートンは引力と呼んだ。そして彼は二つの物体間には、いかなる場合においても万有引力の法則が働いていることを解明した。この法則は数式で表すことができる。引力は二つの物体が大きければ大きいほど強くなる。この力は物体の質量に直接関係している。二つの物体の距離が遠ければ遠いほど、この力は弱くなる。その力は物体間の距離に反比例する。引力は、二つの物体の質量が大きくなるにつれて強く

$$F = G\frac{m1 \times m2}{r^2}$$

F　２つの物体間に働く万有引力の大きさ
G　万有引力定数
m1　第一の物体の質量
m2　第二の物体の質量
r　２つの物体間の距離

図18

なり、離れていくにつれて弱くなる。実際、物体の距離が離れれば引力は急速に弱まる――その強さは距離の2乗に反比例する。したがって物体間の距離が2倍になれば、引力は4分の1になる。本書で唯一、読者の方々にご迷惑をおかけしてしまうが、ここでひとつの数式をお示しする（図18）。ニュートンはこの数式を使って地球と太陽の間に働く引力を導きだしたのである。

我々はこのような数式を見ると、数学こそ科学の中心であること、そしてギリシャ人の直観が真実に導く道だったこと、という二つの点を思い出す。つまり、世界はシンプルであり、それを支配する法則は数学で表すことができる。一七世紀の科学者たちは宇宙に関するギリシャの学問を覆したが、そのために用いたのは数学のギリシャ的方法論だった。

我々がいる場所は太陽に三番目に近い惑星＝地球であること、そしてすべてのシステムが精妙な仕組みで動いていることを解明したのだから、この時代の科学者たちは何という偉大な業績を挙げたことだろう。ギリシャ人が人間を宇宙の中心に置いたのは、何と自然なことだっただろう。彼らが感覚という証拠に従ったこと、そして地球は動

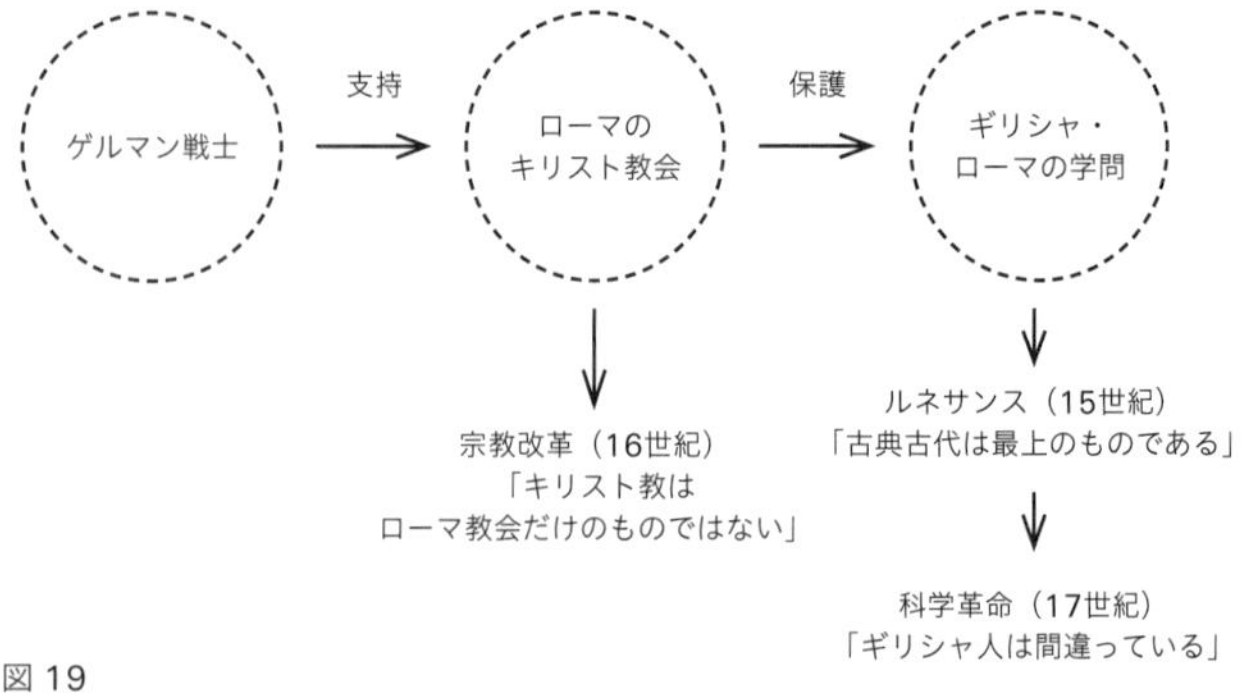

図 19

かないと推測したこともまた、何と自然なことだっただろう。偉大なるギリシャ人の学問を尊重することが、いかに妥当だったことだろう。一七世紀の科学は、そうしたギリシャの学問に対抗して完全な勝利を得たのである。

科学革命のメッセージは「**ギリシャ人は間違っている**」ということだった（図19）。古典古代への尊崇の念は打ち砕かれた。我々近代人は古典古代と同等以上の成果を挙げた。というよりも、彼らを上回ったのである。

科学者たちは何と賢かったことか。しかしその賢さを彼らはどこで身につけたのだろうか。彼らは人間が辺境の存在であることを経験で知っていた。つまり人間は宇宙の中心ではなかった。これこそがヨーロッパという地理的状況に共通する感覚だった。我々は賢い、しかし我々はあまり重要な存在ではない、ということを学び続けてきたのである。一九世紀にダーウィンが、人類は猿と祖先を同じくする、という進歩的な思想を発表した時にさらに悪いことが起きた。これは人類とその前提双方に対するさらなる降格だった。我々は宇宙の中心でもなければ、特別な創造物でもない。我々は動物の王国の子孫であり、偶然の産物として生まれたものだった、というのである。

かつて、宇宙の中心にあるのは太陽であり、地球はその周りを回っているという新たな学説が出た時は、プロテスタントもカトリックも一緒になって猛反対した。神は大地を創り、続いて太陽と月と星をその上に配置した、と聖書に書かれていたからだった。しかし最終的に教会は、誤っていたのは自分たちであることを認め、科学者たちが正しいことを宣言した。同じことがダーウィンとの論争でも繰り返された。そして、またしても教会は大きな権威を失ってしまった。

科学革命の次の世代は、この時代の新発見が人間の意義を貶めたとは考えていなかった。それどころか彼らは、自分たちの理性を使って、宇宙のすべてのシステム全体がどのように動いているかを理解し、それを数式で正確に表現することができたなら、理性をさらなる高みへと発展させられる、と考えたのである。こうした理性は、それまでとは見分けもつかないほど人類の生活を改善し、より貢献していくだろう、と。この理性第一主義への欲求は啓蒙主義へと発展していく。これは一八世紀の知的運動であり、政治・道徳・技術などに理性を活用させることで社会を改革することを目的としていた。

啓蒙主義の母国であり、その勢いが最も強かったのはフランスだった。啓蒙主義の学者たちは、世界を無知と迷信がはびこる場所と見なしていた。社会における不合理かつ強力な二大勢力は教会（とくにカトリック教会）と王権だった。当時フランスは絶対主義王政の時代だった。教会と国王がその地位を脅かされることなく維持できていた理由こそ、民衆の無知だった。教会は、奇跡と地獄での永

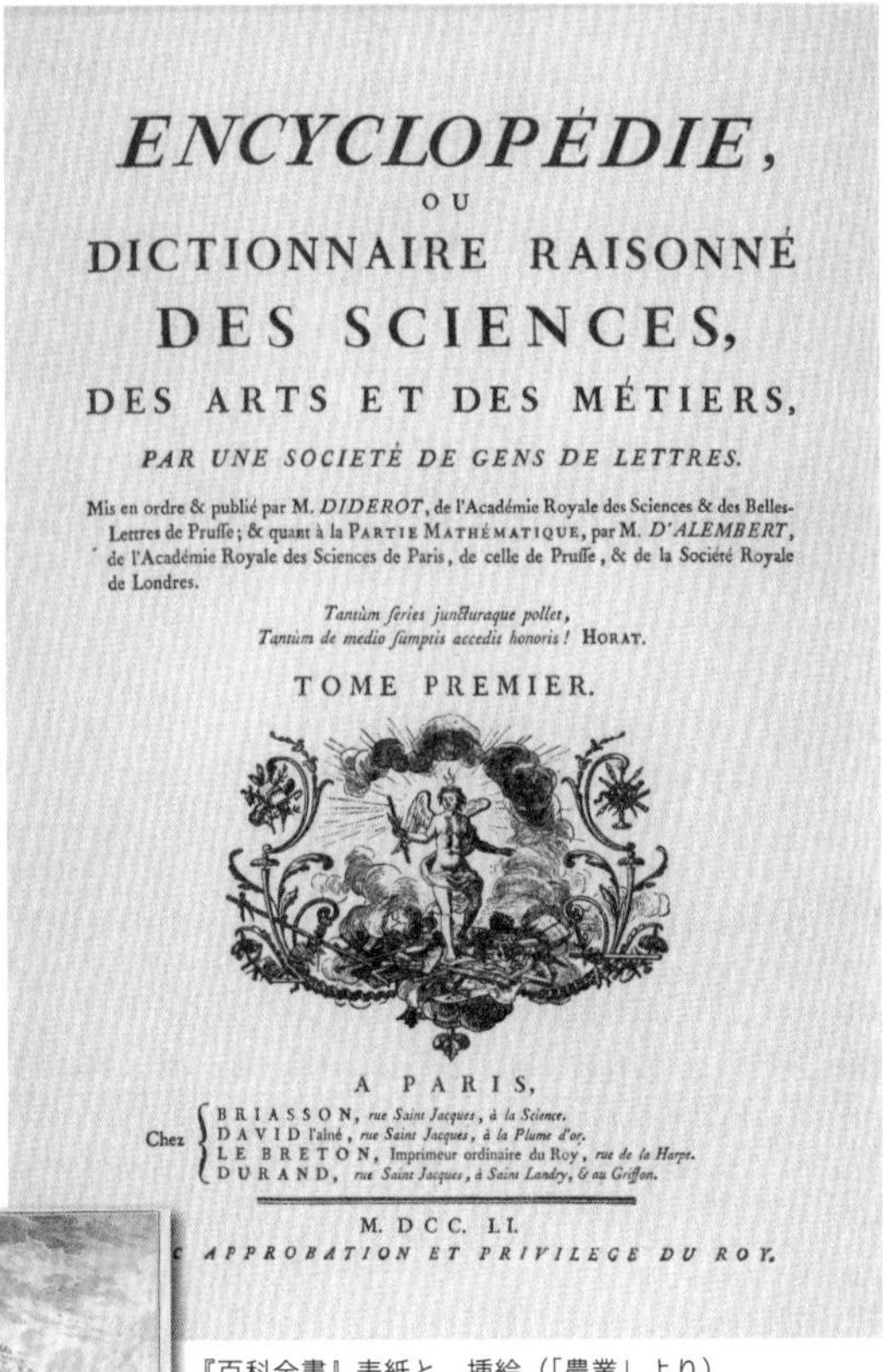

ENCYCLOPÉDIE,

OU

DICTIONNAIRE RAISONNÉ

DES SCIENCES,

DES ARTS ET DES MÉTIERS,

PAR UNE SOCIETÉ DE GENS DE LETTRES.

Mis en ordre & publié par M. *DIDEROT*, de l'Académie Royale des Sciences & des Belles-Lettres de Pruſſe; & quant à la PARTIE MATHÉMATIQUE, par M. *D'ALEMBERT*, de l'Académie Royale des Sciences de Paris, de celle de Pruſſe, & de la Société Royale de Londres.

Tantùm ſeries juncturaque pollet,
Tantùm de medio ſumptis accedit honoris! HORAT.

TOME PREMIER.

A PARIS,

Chez BRIASSON, *rue Saint Jacques, à la Science.*
DAVID l'aîné, *rue Saint Jacques, à la Plume d'or.*
LE BRETON, Imprimeur ordinaire du Roy, *rue de la Harpe.*
DURAND, *rue Saint Jacques, à Saint Landry, & au Griffon.*

M. DCC. LI.

[A]VEC APPROBATION ET PRIVILEGE DU ROY.

『百科全書』表紙と、挿絵（「農業」より）

アウレリオ・ルイーニ「ノアの方舟に入る動物たち」1555頃

遠の劫罰《ごうばつ》というストーリーをまき散らすことで、民衆を低い位置に留め置いていた。また王たちは、自分たちの権利は神から与えられたもの（王権神授説）だと主張し、これに異を唱えることは宗教の道を外れることだと脅しをかけていた。つまり民衆には服従しか選択肢がない、ということだ。啓蒙主義を奉ずる人々の一人は、最終計画を次のような言葉でまとめた。「私は最後の王が、最後の司祭の腸で首を絞められるところが見てみたい」（ディドロ）。

もちろんこれは極論である。啓蒙主義は革命運動ではない。しかも政治運動でもなかった。端的に言えば、それは学者、作家、芸術家、歴史家の集団による活動だった。彼らは、理性と教育が民衆に行き渡れば迷信と無知は消滅し、宗教上の奇跡や神から与えられた王権といったナンセンスなものを信じる者はいなくなると考えていた。ひとたび教育が民衆に与えられれば、啓蒙はその後もずっと続いていくことになる。しかし啓蒙主義の主人公たちは民主主義者ではなかった。彼らは、啓蒙主義の君主が理性によって社会が統治されるための計画に着手・実行するところを見て非常に喜んだ。一八世紀ヨーロッパの君主の一部は、いわば啓蒙専制君主だった。こうした君主たちは野蛮な刑罰や拷問を撤廃し、厳格な法律を定め、民衆を教育するためにいくつかの政策を実行に移した。

フランスの啓蒙主義における最大の業績は百科全書の出版である。それは近代初の百科事典であるが、我々が想像するような今日の百科事典と違って、定評のある学者によって書かれたお堅い読み物であることが注目に値する。そしてまた一種過激な百科事典でもあった。なぜなら、すべての項目が理性的で、個々の知識に軽重をつけなかったからである。百科全書は、教会関係者が望むような、神や神学の話から始まっていない。ではこの事典で「神」はどうやって検索するのだろう。それは「D」（フランス語の神 Dieu の頭文字）か「R」（宗教 Religion の頭文字）で引くのである。アルファベットの頭文字で項目を引く、その行為じたいが教会に対する挑戦であったし、またこれによってさらに高い真実を得たいという主張を伝えるものであった。全項目はみな同等の扱いにされ、またすべてが同じ審査を受けて掲載が認められたものだった。「崇拝」(adoration) という項目では、「真の神を崇拝するためには、決して理性から逸脱してはならない。なぜなら神は理性の創始者であるから、……」という忠告の一文が添えられていた。

百科全書の執筆者たちは、教会と国王たちに対して真っ向から攻撃しないように慎重に心がけていた。一八世紀のフランスでは検閲制度が廃止されていなかったからである。ただし検閲官は執筆者に同情的で、ある時など、次の版を出すときの最も安全な隠し場所は私の家の中だよ、と助言したほどだ。百科全書の執筆者たちがさしかかった最も難しい領域は、「ノアの方舟」の乗船のシーンである。まず、この方舟がどのくらいの大きさだったのかを推理するところから問題は始まる。とてつもなく大きかったことは言うまでもない。方舟に乗せる動物についても、ヨーロッパの各動物のひとつがいだけでなく、それ以外の大陸の動物についても言及されなければならない。また動物の数も問題になる。動物たちが長い間方舟に乗って生き延びるためには、その餌は莫大な量に及ぶことだろう。羊は二頭いればよい、というわけにはいかない。ライオンを長い間（聖書の記述を計算すれば、ノアと動物たちは一年以上乗船していたことになる）生かすためには、数百頭の子羊が必要となる。想像を超えるほど巨大な方舟だったに違いないのに、聖書には、この舟を造るのに要した人員は四人だった、と書かれているのである。だとしたら、ノアの家族はとてつもない力持ちの巨人だったに違いない。百科全書が真面目な質問をぶつければぶつけるほど、聖書に書かれた物語がいかに不条理なのかがわかる仕組みになっていた。

啓蒙主義者たちは、創造者としての神、宇宙に最初に息吹を与えた者としての神に対して反対する必要はなかった。彼らが反対したのは、彼らが「迷信」と命名した事柄、およびそれらを利用して教会が人々の心を支配していることだった。彼らが心底嫌っていたのは、教会に不服従な者は地獄の業火に焼かれる、と教会が説いてまわっていることだった。啓蒙思想のメッセージとは「**宗教は迷信で**

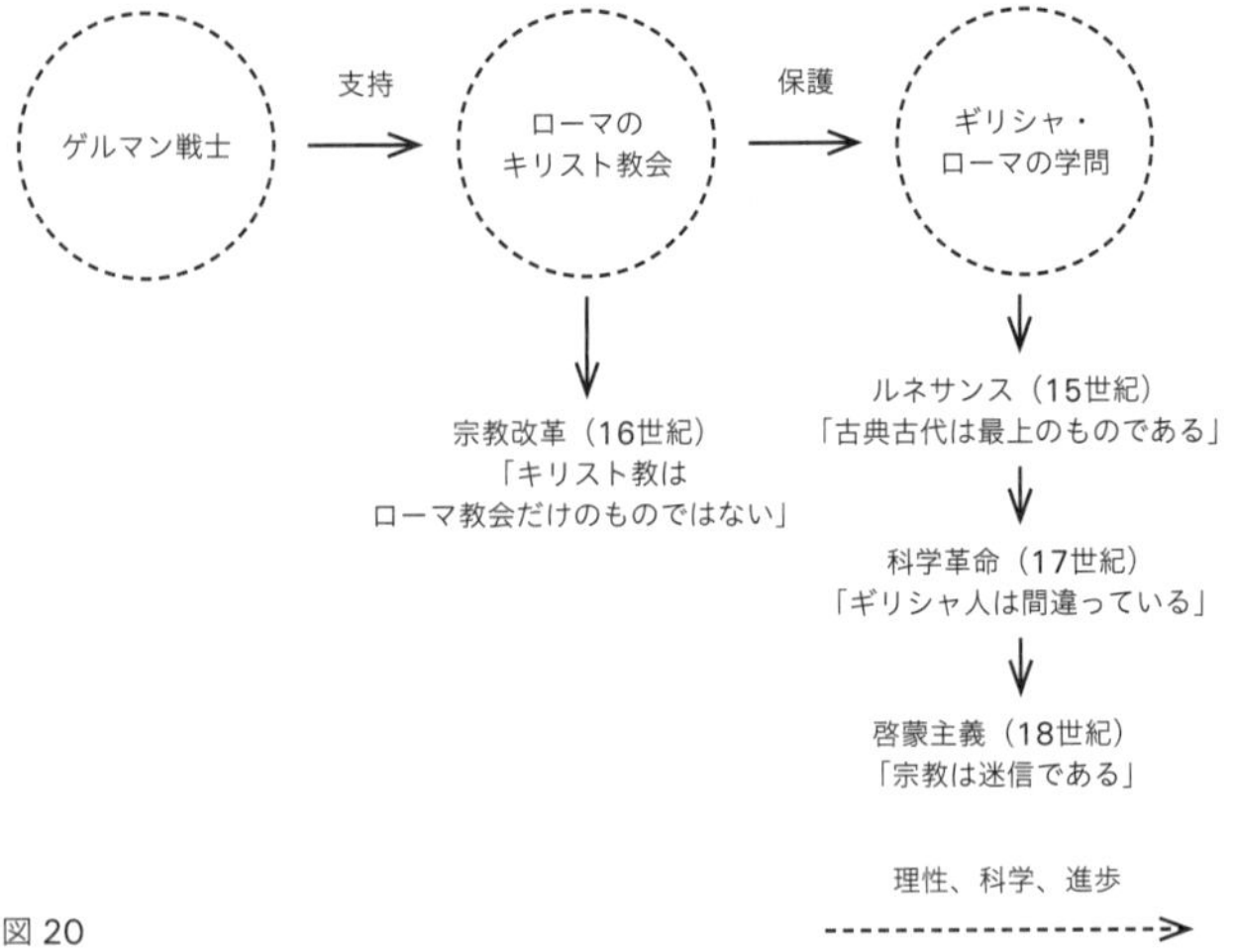

図 20

ある」ということだった（図20）。宗教はかつてヨーロッパ文明の中心に存在していたが、その位置を譲って脇に回る時がやってきたのである。宗教に取って代わるのは理性である。我々が**理性**を信じ、**科学**を追究していけば、そこには**進歩**が生まれる。このページから一本の矢が放たれた。それは闇を越えて光に向かって飛んでいく。

進歩は新たな概念だった。古代人は進歩を信じなかった。彼らは成長と衰退が繰り返される時間のサイクルの中に生きていた。そのような体制や社会では、若い頃はすべてが新しく活力に溢れていることだろうが、時間の経過とともに堕落の道が始まる。彼らの歴史は巡ってまた元通りに戻る円運動として記述された。教会にも進歩という概念はなかった。少なくとも神から独立した

カスパー・ダーヴィト・フリードリヒ「月を見ている二人の男」1830頃

人間の努力は進歩ではなかった。なぜなら、基本的に人間は卑俗なものであるため、自身の理性のみによって導かれた人間は、完全な社会を作り出すことはできないとされていたのである。

＊　＊　＊

啓蒙主義という概念が最初の「適格テスト」を受けたのは、一八世紀末のフランス革命においてであった。悲しむべきことに、理性の可能性への期待があまりにも過大だったため、フランス革命は教会と王権を排除したのちに、啓蒙主義の新たな時代をもたらすことはなかった。人々が実際に経験したのは、虐殺、圧政、独裁だった。ところが、その時代が到来する前に、ヨーロッパという奇妙な混合物の最後の要素がくびきから放たれていた。一八世紀末から一九世紀初頭に起こったロマン主義運動である。

ロマン主義は人間の感覚・感情・情熱を信じた。ロマン主義は、理性を最上のものとした啓蒙主義とは正反対の位置に立っていた。この運動はヨーロッパ全土に広がったが、最も顕著に影響を受けたのはドイツであり、その理想を最も大きく達成したのだった。ロマン主義の信奉者たちは理性を必要としていなかった。理性は感情や情熱を抑制するからである。偉大なる文学者や偉大なる芸術家は、古典古代に基づく古臭いテーマを優雅な手さばきで作り直したりすべきではなく、その反対に、自身の魂をさらけ出し、情熱や苦悩、最悪の絶望などを表現すべきである、……それがロマン主義者たちの主張だった。芸術は感情的かつ表現力豊かで、魂が込められたものでなければならなかった。

ドイツ人によるこのような理想は、フランスの啓蒙主義と対立することを意識していた。人間と社会を抽象的に論ずることはできない、なぜなら人間は生まれた国によって性格や考えが異なるからだ、とドイツ人は表明していた。ロマン主義者たちはこう言った。――我々は自国の言葉や歴史によって形作られている。言葉や歴史は我々の体内に埋め込まれている。だからドイツ人は独自の歴史、独自の言葉をもつ。それが、フランス人とは違う道を行く理由なのだ。フランスのサロンの知識人が信じている普遍的な理性などというものは存在しない。我々はドイツ人であり、ドイツ人であることのアイデンティティを追求する。ドイツのロマン主義者たちは、ローマおよびキリスト教と混ぜ合わされてできたヨーロッパ文明となる以前のゲルマン戦士はどのようなものだったのかを知りたがった。ド

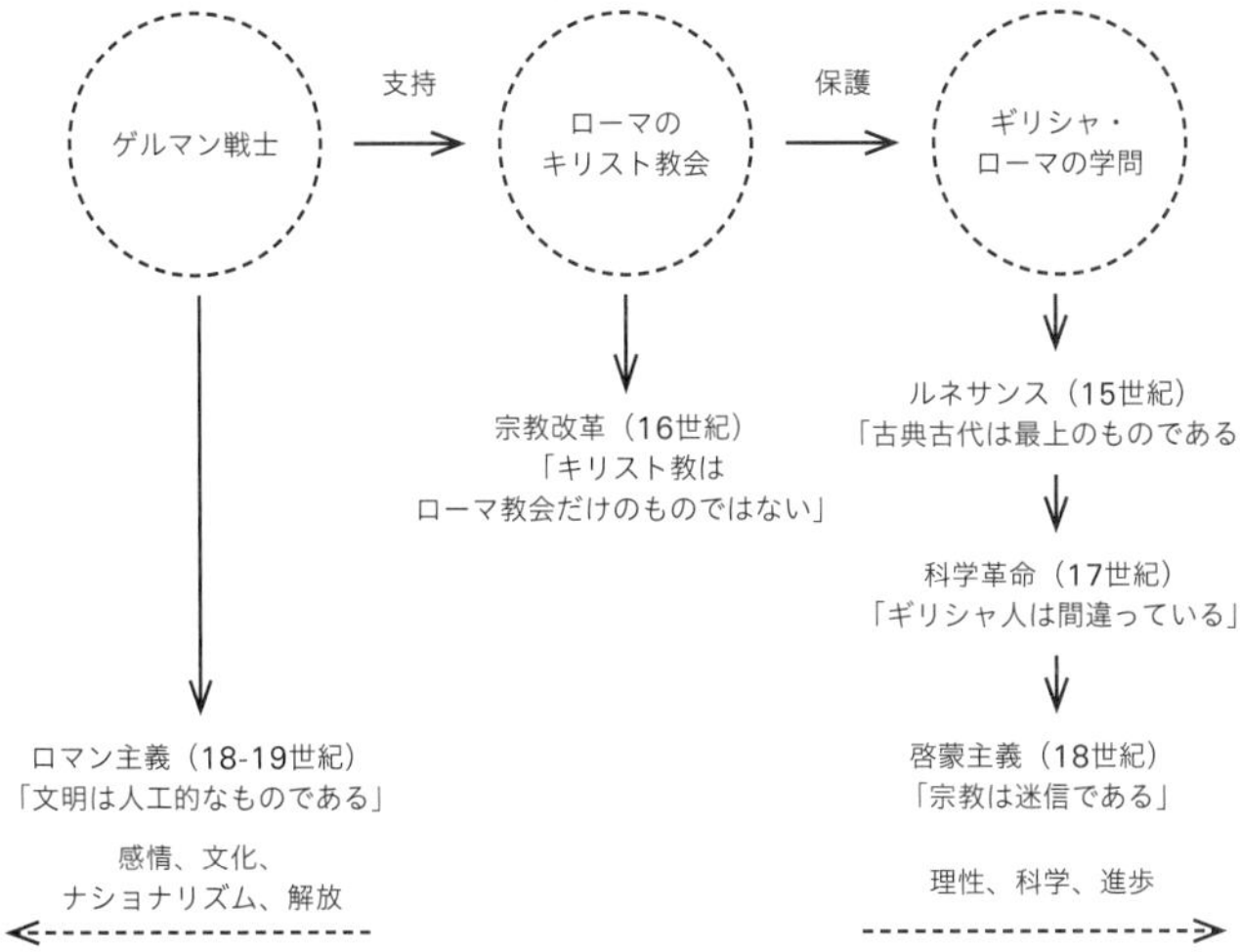

図 21

イツ人はヨーロッパという混合物からドイツ（ゲルマン）的なものを抜き出そうとした。活力・生命力に溢れた粗野な森の民、それこそがドイツ人が愛したものであり、軟弱な知識人に従う気は毛頭なかった。彼らは大地とともに生きるドイツ人を、そしてドイツ人であればどうあるべきかを知る人々を誇りに思った。

知識人が初めて民俗文化を収集し始めたのはこの時点であり、ここから我々は文化に対する関心と敬意をもつようになった。傲慢なフランス知識人の「理性に関するたわごと」に対するドイツ人の答えは、靴を履いて、野外に出ることだった。ドイツの民に会いに行け、農民に会いに行け、彼らの物語や歌を記録せよ。それこそが真の啓蒙思想なのだ。ロマン主義者たちのメッセージは「**文明は人工的なものである**」だった（図21）。文明は我々の活動を妨げ、我々を拘束するものなのだ。全き人生を送ることができるのは、伝統文化の中においてである。

これ以降、こうした考え方は西洋社会で強まっていった。それが大爆発を起こしたのは一九六〇年代だった。そのひとつのかたちが、さまざまな解放運動である。規則なんていらない、シンプルで直接的、質素な暮らしをしよう、自分の食べる物は自分で作ろう、自分の服は自分で織ろう。髪を長く伸ばそう、コミューンを作って共同生活をしよう、自分の感性のままに正直に生きよう、取引においてはお互い率直になろう。労働者、農民、「高貴な野蛮人」〔ルソーをはじめとする自然賛美とロマン主義の原点回帰の考え方から、一九世紀に、自然とともに暮らす「高貴な野蛮人 noble savages」という理想のイメージが流行した〕など、「より本物の」人々から知恵を学ぼう……。

ロマン主義は、現代社会の今もなお強い力を持ち続けている、あるイデオロギーも育てていた。それはナショナリズムである。ナショナリズムは、それぞれ異なる独自の文化と言語をもつ人々はともに暮らし、自前の政府を持たなければならないということを標榜した。良い政府を作るためには理論だけでは不十分である。もしもある政府が、その国の国民自身の政府でなかったら、それは良い政府とはいえない。セルビア人はともに暮らすべきであり、セルビア人の政府をもたなければならない。クロアチア人はともに暮らすべきで

ミケランジェロ「アダムの創造」（システィーナ礼拝堂の天井画より、1511-12）

あり、クロアチア人の政府をもたなければならない。セルビア人とクロアチア人がともに暮らす国では、セルビア人とクロアチア人の双方が完全な生活を送ることができていないことを意味する。セルビア人であることの本質は、自分たち自身の国をもたないかぎり、十分に開花させることができない。――これがまさしくナショナリズムというイデオロギーである。

ロマン主義運動は感情・文化・ナショナリズム・解放を強く訴える。こうして

図21（p.71）の概念図の矢印は理性・科学・進歩の位置するところとは反対側に動くことになる。

こうして我々の概念図は完成した。一五世紀以降、どんなことが起きたかがここに示されている。図の中央の「教会」の下に空白がある。かつてはこの部分に中世の文明が位置していた（p.43、図8）。ルネサンス、宗教改革、科学革命、啓蒙主義、ロマン主義運動——これらすべては、それぞれ違ったやり方で教会の権威を失墜させてきたのである。

教会、とくにカトリック教会は、今日もなお一定の権威を保ち続けている。そのため、進歩的な思想の持ち主なら、教皇を攻撃することには意義がある、と考えるかもしれない。実際、進歩的な人間であれば誰しも避妊は良いことであると信じているだろう。しかし教皇は、避妊は神の教えに反するとして反対している。ここでは現実的な検討をしても意味はなく、たとえ西欧社会のカトリック教徒の大部分が、この件に関しては教皇の見解を無視しているとしても、やはりその見解は正しいとは言えない。ともあれ、全体的に見て、我々は脱宗教という大きな流れに従ってきている。

科学と進歩という「双子の力」は強力だが、その反対に位置する感情と解放に向かう力もまた今なお強い。ときにそのお互いが強力になることもあれば、それらがまったく逆方向に動くこともある。この二つの力がいかに我々を分裂させてきたことだろうか。まず、聖書の人類創造のくだりを読むことにしよう。


主なる神は、土（アダマ）の塵で人（アダム）を形づくり、その鼻に命の息を吹き入れられた。人はこうして生きる者となった。主なる神は、東の方のエデンに園を設け、自ら形づくった人をそこに置かれ

た。……主なる神は言われた。「人が独りでいるのは良くない。彼に合う助ける者を造ろう。」……主なる神はそこで、人を深い眠りに落とされた。人が眠り込むと、あばら骨の一部を抜き取り、その跡を肉でふさがれた。そして、人から抜き取ったあばら骨で女を造り上げられた。主なる神が彼女を人のところへ連れて来られると、人は言った。「ついに、これこそ／わたしの骨の骨／わたしの肉の肉。これをこそ、女（イシャー）と呼ぼう／まさに、男（イシュ）から取られたものだから。」こういうわけで、男は父母を離れて女と結ばれ、二人は一体となる。

（『新共同訳聖書』「創世記」02章07〜08節、18節、21〜24節）

ここで私が生物学や進化といった学問に言及することなく、学校でこの内容を教えることを提案したなら、読者は何と言うだろうか。「違う！　それは間違っている！」。あなたがたは進歩的かつ学問を修めた賢い人たちだから、そう言うことだろう。つまり、我々が今論議したいことは教育である。もしも両親が自分たちの子どもにこの内容を学ばせたいと思ったら、彼らはこれを自分たちで教えることだろう。もしも我々が生物学や進化を学ばせつつ、この聖書の文章を教えようとしたらどのようなことになるのだろう。「違う！　それは間違っている！」。科学は我々人類が動物から進化したものであることを教える。そして、それがすべてだ。世の中のあちこちに常軌を逸した創造論者〔ダーウィンの進化論を否定して、宇宙や生命は聖書に書かれているように、創造主である神がつくったもの、と信じる人々〕が数多くいるが、彼らがその教えを説く学校を開くのを許せるほど我々の度量は広くない。

ここで、もうひとつ別の記述を見ることにしよう。これはオーストラリアの先住民アボリジニの神話である。

昔、一人の老人がいた。彼には心から愛する甥がいた。甥である若者は遠い国に旅をして、一人の娘と恋に落ちた。二人は駆け落ちしてその国を脱出したが、娘の部族の者たちは彼らを追跡した。なぜならその娘は部族の長老の一人と結婚の約束を交わしていたからである。部族の男たちは若者に槍を投げつけ、彼を殺してしまった。若者の伯父である老人は、甥の死を聞かされてひどく悲しんだ。甥を深く愛していたからである。老齢であるにもかかわらず、老人は遠い国に向かった。甥の死体を故郷に連れ戻すためだった。しかし若者の体は老人にはひどい重荷となった。老人はかなりの老齢であるのに、若者はこれ以上ないほど立派な体格をしていたからである。しかし大変な苦労の末、老人は甥の体を故郷まで運び、手厚く葬った。老人が若者の体を故郷まで運んだ道は、今でも辿ることができる。帰郷の旅路で老人が足を止め、甥の体を置いた砂地には、現在泉が湧いている。また別の場所で甥の体を置いた岩場には、現在水たまりがある。その水は老人の流した涙がたまったものだといわれている。

オーストラリア先住民たちはこのような魔法に満ちた土地で暮らしている。どのような場所にも物語があり、祖先と現代の生活を深く結びつけている。このような物語は後世まで残すべきだろうか。「残すべきだ」。あなたがたはそう答えるだろう。この物語をアボリジニの子どもたちに教えるべきだろうか。「もちろん、そうすべきだ」。この物語を学校で教えてもよいだろうか。「もちろん」。そして実際、学校ではこの物語が教えられている。

啓蒙主義者の役割を果たすため、私がこう言ったらどうだろう。「子どもたちが泉や岩場の水たまりのことについて知りたいなら、彼らは地質学を学ぶべきだ」。

「何だって？」あなたがたは言うだろう。「それは目的が違う」。

啓蒙主義者を装い続けるために、さらに私がこう言ったらどうか。「オーストラリア先住民は暗闇と魔法の世界に住んでいる。彼らには学問が必要なのだ」。しかし、あなたがたはそれ以上聞く気はないだろう。すでにあなたがたは魔法にかかっている。自分たちと比べて、先住民は、より完全で、より健全で、より自然な生活を送っているようだ……。そう思うのなら、あなたがたはロマンティックな感覚のとりこになっている。

我々の感覚は分裂している。自分たちの子どもには科学のみを学ばせたい、しかし、そう思いながらも、我々は科学をもたない人々や、伝統的な信仰がいまだ息づいている世界が羨ましいのだ。引き裂かれ、分裂し、混乱する、それがヨーロッパ文明の運命である。他の文明は、このような奇妙な「三つ巴」に迷わされることはない。他の文明の人々は、我々が道徳的かつ知的な生活を送るうえで遭遇せざるを得ない、混乱・転覆・当惑とはあまり縁がないだろう。

我々はとても交雑した系統より生まれた。そして、家と呼ぶべき場所はどこにもない。

『古典』の感覚

ルネサンス時代の学者や著述家たちは、芸術・文学・学問において、自分たちはギリシャ・ローマと肩を並べるところまでは行けるかもしれないが、絶対に越えることはできない、と考えていた。その理由は、ルネサンスの人々がギリシャ・ローマの文化を古典《クラシック》(古典古代)と見なしたからだった。つまり、それは「最高」という意味である。二世紀にわたり、人々は近代と対比して古代人の業績を論じてきた。この論戦が収束をみたのは一七世紀である。太陽・地球・惑星・恒星に関するギリシャの学問が間違っていたことが明らかになったからだった。これを境に以後、古典古代に対する尊敬の念が弱まり、近代人の業績がより高く評価されるようになった。しかしいくつかの分野では、我々の出発点は依然として、古代ギリシャ・ローマの著作を残した人々である。我々はこれらの巨人をみて、いまだ「古典的な感情」を体感することが可能なのである。

アテネの偉大なる哲学者、ソクラテス・プラトン・アリストテレスは、現在もなお哲学において偉大な力をもっている。すべての西洋哲学はプラトンへの注釈であるとも言われている。この三人の哲学者は親密な関わりをもっていた。ソクラテスは自分の仲間との議論という形で哲学を打ち立てていった。ソクラテスの言説を書き留めたのがプラトンであり、アリストテレスはプラトンの弟子だった。

ソクラテスは弟子たちに真実を教えようとしなかった。彼が示したのは真実に至る道の出発点だった。その方法は基本的にどんなものにも疑問を呈することであり、いかなる価値観も受け入れず、常識的な意見には合理的な根拠がない、という前提からスタートした。ソクラテスは一見ごく簡単に思える質問を投げかけた。「良い人間とはどのような人だろうか」。彼の仲間の一人が答える。するとソクラテスはその答えには大きな穴があいていることを示して、次に進めた。するとその答えた男、または他の男は、今度はより注意深い質問を受ける。こうして質問を積み重ね、扱っている議論はより洗練されていく。ソクラテスは、明瞭かつ研ぎ澄まされた精神をもっていれば、人間はいつか真実に到達すると考えていた。探し求めたり、調べ回ったりする必要はない。真実はそこにある。それをしっかりとつかみ取るために、人間は精神を養わなければならないのである。

この方法は彼の名前を取って、ソクラテス式問答法と呼ばれる。大学の個別指導時間で教授は、規則を定めることなく、学生たちが明確に考え、実りある議論ができるように、この方法を用いている。以下のような意見交換もあるかもしれない。

教授　「アマンダ。革命とは何でしょうか」

アマンダ　「力によって政府を打ち倒すことです」

教授　「では、ある王が支配する国があり、ある時、王の弟が兄である王を殺し、新しい王になったとしたら、これを革命と呼べますか」

アマンダ　「いや、それは革命ではありません」

教授　「政府を変えるために力が行使されるすべての事態を革命とは呼べない、ということですね」

アマンダ　「そうですね。すべてではありません」

教授　「それでは、革命を起こすために、力の行使以外に何が必要なのでしょうか」

ジャック＝ルイ・ダヴィッド「ソクラテスの死」1787

この方法には罠が仕掛けられている。賢明な人々は、この方法をよく知らなくとも、うまくやり通していることだろう。

ソクラテス・プラトン・アリストテレスは紀元前五世紀から前四世紀のアテネの住人だった。それはまさにアテネ民主政（デモクラシー）の時代である。この三人は民主政の批判者であり、ソクラテスはその民主政アテネを攻撃した。彼は神を無視し、若者の道徳を堕落させた罪で裁判にかけられた。ソクラテスは、自分の意見は若者に強要したものではないし、また彼の意見を採用した者は一人もいなかった、と弁明した。彼はただ人々に質問をしただけであり、そのおかげで人々は自身の信念に正当な理由をもつことができたのである。しかし、ソクラテスは五〇一人の陪審員によって裁かれ、投票の結果、僅差で有罪とされた。陪審員たちは彼にどのような刑を科すべきか決断しなければならず、結果として死刑が宣告された。この時点で被告人は謝罪し、妻と子を連れてきて人々の慈悲心に訴えることもできた。しかしソクラテスは人々の前にひれ伏すことを拒んだ。彼は尋ねた。あなたがたを精神的・道徳的な幸福をもたらすように励ましてくれた者にふさわしい罰とは何なのか。たぶん残りの人生のための恩給ではないか。あなたがたは罰として私をこの町から追放するかもしれない。しかしこの町を追放されたとしても、私は次の町で同じことを行うだろう。ソクラテスは続けた。どこにいたとしても私は質問せずに生きることはできない。「魂の探究なき生活は人間にとり生甲斐なきものである」(プラトン『ソクラテスの弁明・クリトン』久保勉訳、岩波文庫、六一ページ)。あなたがたは私に罰金を課すかもしれないが、金持ちではない私にそのような金はない。ソクラテスの態度に絶望していた彼の信奉者たちは飛び上がって、重い罰金を支払う用意がある、と申し出た。しかし陪審員は、予想通り、死刑を選んだ。

死刑の執行はアテネでは通常であればただちに行われるところだったが、ソクラテスの執行はたまたま祭礼と重なっていたため、順延された。ソクラテスはこの間に逃亡することもできたし、おそらく当局にも彼の逃亡を半分望むような気持ちがあっただろう。しかしソクラテスは逃げなかった。彼は自問した。永遠に生きられるわけでもないのに、なぜ人生にしがみつくために、慌てて行動する必要があるのか。人生の目的はただ生きるのではなく、善く生きることなのだ。私はアテネの法の下で、ここまで善い人生を送ることができた。そして私には刑を受け入れる準備ができている。彼はその死に及ぶ時もなお哲学者であった。彼が鎖につながれて外に出されると、「痛みは何と喜びに近いことか」とつぶやいた。

　死刑の方法はドクニンジンの搾り汁を飲むことだった。彼の仲間たちは、毒を飲むのを遅らせるようにと懇願した。毒は一日の終わる時刻までに飲まなければならなかったが、太陽が山の向こうに沈むまでにまだ時間があった。ソクラテスは仲間にこう答えた。ここで私が生に固執したら、我が目はさぞみっともない姿を見ることだろう。彼はすばやく毒杯を手に取り、嫌がる様子もなく静かにそれを飲み干した。一瞬のうちに彼は死んだ。

　私はソクラテスの死を、この哲学者にきわめて同情的な態度で語った。しかし、検察官の側からこの物語を語ることは可能だろうか。検察官の息子はソクラテスの哲学議論に参加していたが、仲間から落ちこぼれ、酔っ払いに身を落としている。検察官から見れば、ソクラテスを危険人物だとする起訴状は正しいと言えるのではないか。また、すべてに対して質問をし続けることにより、人々は忍耐の度を越してしまうかもしれない。我々は理屈のみで生きているわけではない。個人個人に生きる方向を示し、社会を機能させているのは慣習、しきたり、宗教などである。

　これは論ずるのが非常に難しい事例である。現代の我々の文化基準からすれば、理はソクラテスにあるが、常にソクラテスが正しいとされてきたわけではなかった。なお、プラトンによる死の記録により、ソクラテスは質問の守護聖人となった。

　プラトンは哲学における最も重要な質問に対して、いまだ出発地点に立ち続けている。我々の感覚による体験は現実の真の案内役だろうか。プラトンによれば、我々がこの世界で見たり体験したりすることは、霊的な領域においては完璧な形で存在するものの「影」にすぎない。ここにはごく普通のテーブルがあるが、それ以外のどこか別の場所には完全な形のテーブルがある。正義といった抽象的な概念も、どこか別の場所では完璧な形で存在している。人間はもともとその霊の領域からやってきた。だから今は心と精神を鍛え上げて、真の姿を再発見しなければならない。プラトンは理想主義的な哲学者である。彼は世界を物質主義的にとらえる言説を拒絶した。

プラトンは、常識にとらわれた人々は彼の教えを拒むであろうことを理解していた。そこでそういう人々のために、今なお強い力をもつ、ひとつの答え(「洞窟の比喩」)を提示して見せた。まず、手足も首も縛られて動くことができない、ある集団が洞窟の前に立たされたところを想像する。彼らは自分の後ろを見ることができない。彼らが見られるものは洞窟の内部だけである。彼らの背後には道がある。その道の向こうに火が燃えていて、その火の光は洞窟の中まで届いている。人々や動物、荷車が道を行き来すると、彼らは背後の火を見ることができないが、火の光によってそこで動くものの影が洞窟の壁に映る。縛られている彼らにはその影しか見ることができない。彼らはその影に名前をつけ、それが何であるかを議論し、推測する。そしてそれらの影が現実であると思うようになる。ある時、彼らのうちの一人が洞窟から出されて外の世界に立たされる。この男は最初、光がまぶしくて何も見えない。しかし目が光に慣れてくると、ものには色があり、平らではなく立体であることがわかると、混乱し、ひどく衝撃を受ける。洞窟に戻って彼は何と言うのか、我々は想像する。そう、ここで見えていたのは真実じゃない。

プラトンの弟子アリストテレスは、自然界と宇宙、地球から天国まで、ありとあらゆる知識を体系化した偉大な哲学者である。一七世紀の科学革命の時代になってようやく、地球は宇宙の中心にあるとする彼の考え方が覆されたが、それでもなお彼の明晰な思考法は生き続けた。アリストテレスが我々に提示したのは三段論法である。これは二つの前提（大前提と小前提）から始めて、最後に結論を導き出すものである。以下にその例を示してみよう。

すべての猫は四本足である。
ミリガンは猫である。
ゆえに　ミリガンは四本足である。

しかし、この結論は正しいのだろうか。三段論法が正しい結論を導き出すためには、最初の二つの前提が正しくなければならない。これにより論証の正しさが保証される。今回の場合、猫は四本足であるし、ミリガンは猫である。したがって前提は正しい。

しかしこの論法は正しいのだろうか。その通り。もしもミリガンが猫であり、すべての猫が四本足であれば、ミリガンはまぎれもなく四本足である。次にミリガンに関して正しくない論証を行ってみよう。

すべての猫は四本足である。
ミリガンは四本足である。
ゆえに　ミリガンは猫である。

この結論は誤っている。いくら二つの前提が正しくても、ミリガンと猫には関連性がないからである（ミリガンは犬かもしれないからだ）。つまり、論法の手順を正しく踏んだとしても、結論が誤ったものになることもある。二つの前提のどちらかが誤っている場合を見てみよう。

すべての猫は黒い。
ミリガンは猫である。
ゆえに　ミリガンは黒い。

論法の手順は正しいが、結論が誤っている。その理由は大前提が正しくないからである。三段論法は誤った推論となり得る場合があるので、すべての方法を特定し、命名する正式な規則が定められている。こう見てくれれば、ギリシャ人はいかに論理的にものを考えたか、とよく言われている理由がわかっただろう。

近代の西洋医学はギリシャに起源を発しており、とりわけヒポクラテスがその祖であるとされている。ヒポクラテスは黄金時代といわれる紀元前五世紀のアテネで活躍した。現存する彼の著作の多くは、おそらく彼の技法と理論をまとめた複数の著者による編集物ではないかと見られている。ヒポクラテスは理性的に病気を解釈し、自然の原因で発症するものと魔術・魔法・神懸かり的なもので起こるものとを切り離した。彼は患者の病気の原因や罹患した状況を詳しく調べあげた。病気の発生状況に一定のパターンがあることを見出そうと試みた点で、彼は世界初の疫学者であった。彼は医者に対して、患者の健康を取り戻すために、医者は道徳的かつ慎重であらねばならないとする重い義務を課した。実際、彼の著作には医者という職業の定義が明記されている。医学生たちは、彼が作りだした彼の名を冠した誓いを唱えていた。それが「ヒポクラテスの誓い」である。その状況は「ヒポクラテスの日」で明らかにされている。

私が採用している療法は、患者の苦しみを取り除くために自身の技術と判断力を用いるものであって、決して患者を傷つけたり、症状を悪化させるものであったりしてはならない。私は命を奪うような薬は誰にも投与しない。この点においてよく相談を受けるのだが、特に女性の中絶を助けるようなことを、私はしない。どのような家に入ろうとも、私は患者の恩恵のために行動するのであり、すべての不正行為や不道徳な誘いには関わらない。束縛されても自由であっても、男からも女からも誘惑にはのらない。私が人生において見たり聞いたりしたことは、病人についても健康な者についても、決して外部に漏らして騒ぎにしてはならない。私はそれらのことは聖なる秘密として沈黙を守る。純粋さと神聖さこそ、自分の人生と技術において守り通すものである。

しかし、ヒポクラテスは西洋医学に対して重い負担を負わせてもいる。ギリシャ人特有の「簡潔さの追求」によって、彼は大きな誤りを犯していたからだった。彼は人間の体の健康は「四体液」のバランスによって保たれる、と説いた。四体液とは血液、粘液、黄胆汁、黒胆汁である。一九世紀にいたるまでこの理論は権威を持ち続け、病気の原因が「血が多すぎること」だと診断された際には、ヒルに血を吸わせる瀉血《しゃけつ》療法が施された。この点において、ヒポクラテスはこれほどの長きにわたって「古典」であり続けたのである。

ギリシャ人は学問のほぼすべての分野でローマ人に優っているが、唯一法律だけはローマ人のほうが卓越していた。ローマ法は系統的に発達し、裁判官の判決と法律専門家の解説は法律そのものを構成する一部となった。ローマ人はギリシャ人に比べて「現実的な」人々だったが、彼らの法的思考はギリシャ人の理想主義以上のものだった。ローマ人は征服した人々の法律を調べていったが、他者の法律の中に自分たちとの共通点を見出すことに興味をもつようになった。

万人が同意できる法律を作ることはできないだろうか。この発想は、この世には自然法が存在するという考えに発展していった。すなわち、いかなる社会の法律をも洗練化し、正義を求める社会であれば無視することができない、完璧な形の法律である。

ユスティニアヌス大帝のモザイク画、547 頃

ローマ法の最も完璧な概要は紀元後六世紀にまとめられた。これはゲルマン人の攻撃を生き延びた東ローマ帝国の皇帝ユスティニアヌスの命によるものだった。「ユスティニアヌス法典」は一一世紀に再発見され、以後強い影響力をヨーロッパ全土に及ぼした。その影響が最も小さかったのはイングランドだった。この国ではすでにコモンロー〔イングランド起源の法体系〕が十分に発達していたからである。ただしイングランドでも、契約に関してはユス

ティニアヌス法典の影響を受けていた。この契約に関しては二つの問題を提示することにしたい。最初は賃借契約である。借りた馬が盗まれた場合、借り主の責任はどうなるのだろう。「回答」——借り主は馬の持ち主にその費用を弁償すべきである。借り主は馬の管理に十分注意すべきだったのに、それを怠ったからである（現代の我々は保険で支払うが、ローマ時代にこの制度はなかった）。しかし、借りた馬が暴力的に奪われた場合は、借り主に支払う義務はない。借り主は、誰かの持ち物である馬のために我が身を危険にさらす必要はないからである。しかし、借り主が規定の時間を超えて馬を働かせていた場合は、馬が暴力的に奪われた際にも弁償しなければならない。

次に、金細工職人が金の指輪を作るために雇われた場合を見てみよう。これは指輪の販売契約にあたるのか、それとも金属職人の雇用契約にあたるのか。異なる契約には異なる規則が適用されることになる。この場合、金《きん》を供給したのは誰か、ということで答えが違ってくる。金属職人が金を自分で用意したのなら、この場合は販売契約が適用される。

読者は、法律がどれほど包括的かつ詳細に作られているか、また、さまざまな人間の取引すべてにおいて、法典の編纂者がいかに公正な原則を定めているかが理解できただろう。我々はさまざまな状況で異なった対応を選択するかもしれない。しかし、我々が直面する問題がどのようなものであろうと、その対応はすでに検討され尽くしているのである。この偉大な知的財産——数世紀以上にわたる数多くの人々の業績を前にした時、現代人の我々は自身をいかにちっぽけに感じることだろうか。これこそが「古典」の感覚なのである。

ヨーロッパ史の諸相

LONGER HISTORY

第3章 侵入と征服

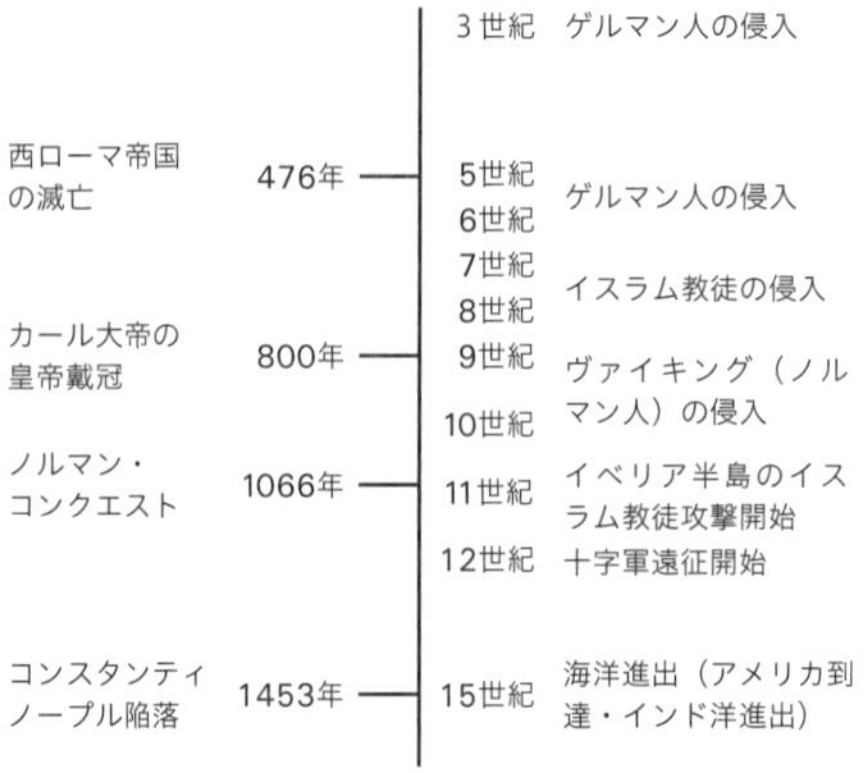

図22

ゲルマン人のローマ帝国侵入は、最初の大規模侵略だった。ゲルマン人に続き、イスラム教徒やヴァイキング〔ノルマン人〕もヨーロッパに侵入してきた。一連の動乱期が過ぎると、ヨーロッパ社会は安定し、一転して自分たちから拡大・征服へと向かうようになった。それが、十字軍遠征、イベリア半島からのイスラム勢力追放、さらに世界にお宝を求めた海洋進出だった。

西ローマ帝国が滅んだのは四七六年である。しかし、これは当時のローマ帝国の西半分だけのことだった。ギリシャ語を話す東半分の領域〔東ローマ帝

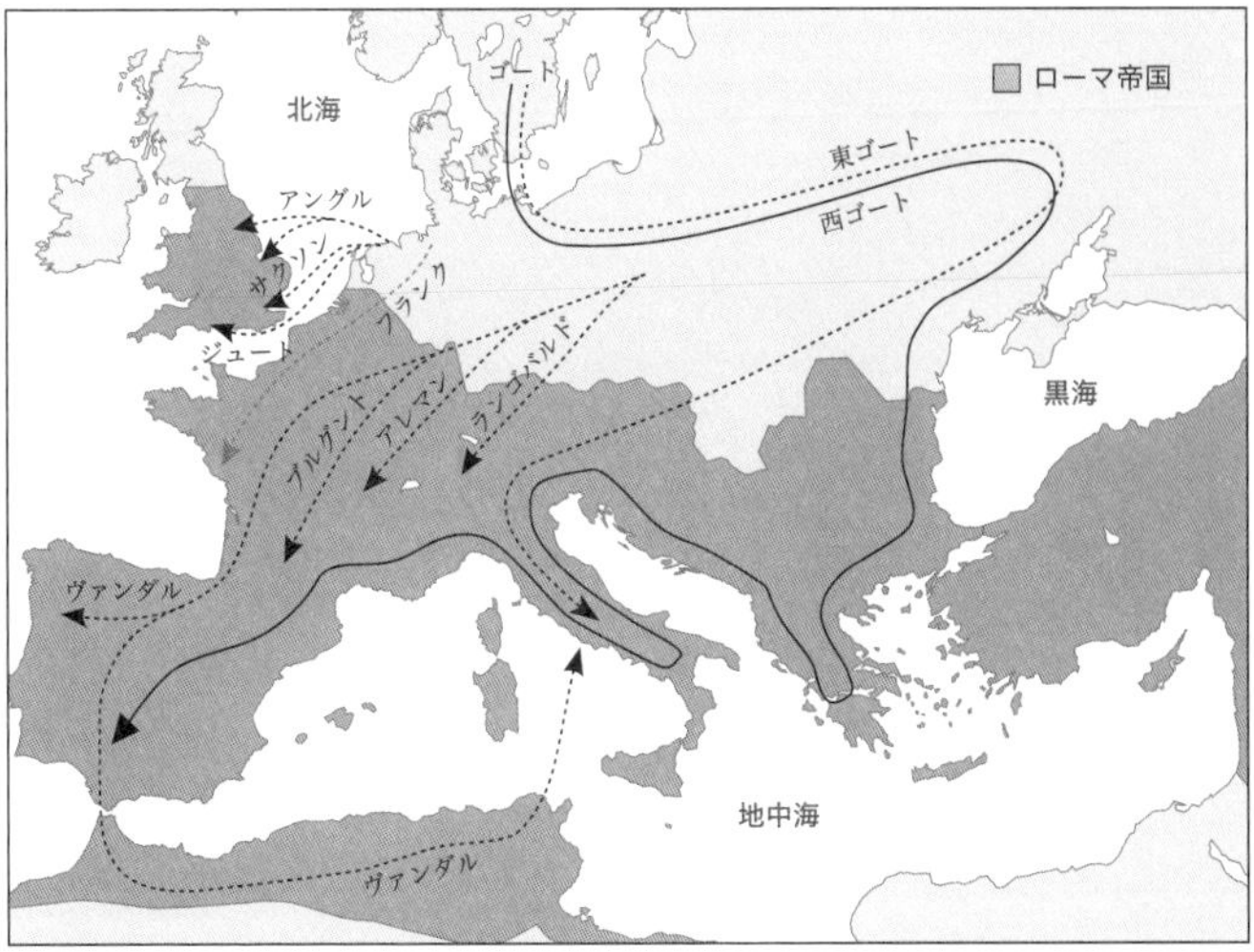

図23　ゲルマン人の侵入とローマ帝国

国〕はコンスタンティノープルを首都として、以後千年間はもちこたえていく。コンスタンティノープルはギリシャの植民市からスタートし、最初はビュザンティオン〔ラテン語でビザンティウム〕と名乗った。この都市の名前は帝国を形容する言葉となった〔ビザンティン帝国、ビザンツ帝国＝東ローマ帝国〕。我々はこの都市の陥落についていずれ見ていくことになる〔図22〕。

西ローマ帝国において「滅亡」という言葉を使うと間違った印象を抱かせてしまう。また四七六年という年代についても考慮すべき点がある。この時、帝国の国境周辺には「蛮族」集団は姿を見せていなかった。蛮族たちはじりじりと南下を進め、ローマは少しずつ後退し、最後の砦にまで足がかかった……という説明は、まったく事実と異なる。それはきわめて奇妙な侵入だった。上の地図〔図23〕は、当時、さまざまなゲルマン人の部族がどのように移動したかを示している。

北の国境は守りが弱かった。交易が行われる場所はローマ兵が監視していたが、小競り合いが常に起こっていた。時によっては普段国境と定められていた地点を越えて、ローマ兵が進出することもあった。紀元後一世紀、ローマ軍はライン川を渡り、現在のドイツにあたる地域の奥深くまで侵入した。しかし、この侵入はきわめて短期間で終わった。ゲルマン人たちがローマ軍団を完膚なきまでに打ち破ったからである。ゲルマン人たちはこれらの戦いを通じてローマのことを詳しく知るようになった。

三世紀になると、一連のゲルマン人の侵入が続き、ローマ帝国は崩壊寸前となった。それはローマ帝国の支配が最も大きく揺らいだ時代だった。何人もの皇帝が即位してはただちに退位することを繰り返し、侵入者たちに対してほとんど抵抗することができなかった。帝国は生き残ったが、北部にはゲルマン人の領土が大きく構えるようになっていた。三一三年にキリスト教を初めて公認した皇帝コンスタンティヌス一世は、この混乱の時期を耐えたのち、帝国全体の再編・強化を試みた。

帝国内に住み着いたゲルマン人たちはローマ軍の兵士に採用された。こうして五世紀の侵入者との戦いなどでは、敵と味方の双方に数多くのゲルマン人戦士の姿が見られるようになった。おそらくローマ軍のうちの半分またはそれ以上がゲルマン人であり、またそうしたゲルマン人はしばしば将軍として任務についていた。帝国の弱体化の一因には、ローマ人が自身のためにゲルマン人を軍務につかせたことがあったのは、自明の理である。二〇世紀初頭において差別主義の傾向が強まった際、ローマ帝国崩壊の理由は、ローマが劣った人々に帝国の運命を委ねたことだったとする意見が見られた。

このような粗っぽい論理は、当然ながら、まったく考慮に値しない。とはいえ、帝国防衛のために新参者に依存するのは良い状態とは言いがたい。

ゲルマン人は帝国を奪い取ることなど毛頭考えていなかった。彼らは征服者となることを望まない侵入者だった。彼らの目的は、戦利品の分け前にありつき、土地に定住し、そこでいい暮らしを送ることだった。彼らは皇帝の支配を喜んで受け入れた。

皇帝たちは、当然のことながら、ゲルマン人が領土内を荒らしまわるのを望んではいなかったため、侵入者を打ち倒すか、追い払うための軍隊を送り込んだ。しかしこれも、ほとんど成功することはなかった。たいてい、ゲルマン人が領土内に留まり続け、多かれ少なかれ、彼らの「独立国」ができあがっていくという成り行きになった。結果として、皇帝の支配する地域がほとんどなくなってしまった。それでもゲルマン人は、皇帝は存在すべきものと考えていた。長い間、イタリア半島の侵入者たちは一人のローマ人を皇帝として支持していた。そしてついに一人のゲルマン人の将軍が、この茶番劇に終止符を打った。傀儡《かいらい》にすぎない皇帝を何度も支持するのではなく、自分自身が支配者となることを世間に示したのである。これが起きたのが四七六年だった。大戦争も決戦もなかった。オドアケルという名のゲルマン人の首長が皇帝に取って代わったのだが、彼自身は皇帝と名乗らなかった。彼はイタリア王と自称した。オドアケルは、西ローマ帝国のレガリア〔王権などを象徴し、それを持つことが正当な支配者であることを示す象徴となる物〕である帝冠と紫衣をとりまとめてコンスタンティノープルあてに返上した。そこにはいまだ皇帝が存在し、その支配権をオドアケルは認めていたからである。こうして

ローマへ進軍しようとするオドアケル

ゲルマン人たちは偶然の征服という栄光を獲得した。

　西ローマ帝国に代わって、それぞれ異なるゲルマン人部族によって構成された一連の小国家が誕生することになった。こうして生まれた国々は、ほどなくして消滅した。古きローマ帝国のような国家経営を維持することができず、税金の徴収を始めてもすぐに途絶えてしまった。これらの征服者たちは基本的に政治というものがまったく理解できていなかった。いかなる種類の小国家をも統治した経験がなかったからである。彼らは助けを求め、過去のローマ帝国の地主階級やキリスト教の司祭などに頼ることにした。各小国の最上層において、古いものと新しいものとの融合が起こったが、それがなぜ絶望的なまでに破綻してしまったのだろうか。

　この時代には文字記録がほとんどないので、詳細を知ることはきわめて困難である。ゲルマン人は読み書きができなかった。混乱と無秩序の時代において文字記録が残ることはきわめて稀だった。明らかなのは、彼らの侵攻は大規模なものではなく、外来のゲルマン人がその土地にいた人々を追い払ったというにすぎないことだった。戦士たちによる襲撃もなかった。ゲルマン人は女性や子どもを引き連れており、彼らの望みは新たな土地に定住することだった。ある土地ではかなり多くの人々が密集して住み、また別の土地ではごくわずかな人々が分散して住んでいた。歴史家たちは考古学的証拠をもとに、どの部族がどこに定住したかをつきとめている。ゲルマン人の死者の埋葬方法はローマ人とは異なっている。ゲルマンのやり方で多くの死者が埋葬されている土地があれば、そこがゲルマン人の集落があった場所だろうと予測がつく。言語学からのアプローチもある。この時代に村の名前がゲルマン風に変わっていれば、そこはゲルマン人が密集して定住した場所だと推察できる。しかし、これは決定的な証拠ではない。ある部族指導者が土地の名前を変えることを宣言したために、決まったものかもしれないからである。ともあれ、地名の変更は有力な証拠となる。この時代のヨーロッパで最も活動していたのは、間違いなくゲルマン人だったのだから。

神明裁判　ディルク・ボウツ「皇帝オットー三世の正義　火の試練」1471-73

　しばらくの間、ローマ法とゲルマン法は並立して施行されていた。人々はその生まれによって、それぞれの法律で裁かれた。ローマ法の根本原理は正義であり、状況によっては裁判官が審議することもあった。初期の裁判官は法の作成者であり、彼らの下した判決がまとめられて後世の法律となった。六世紀の東ローマ皇帝ユスティニアヌス一世の名を冠したユスティニアヌス法典はローマ法の集大成である。これに対するゲルマン法は、裁判官の中立的な監視下で、復讐を制度化したものだった。被害を受けた当事者とその親族は、犯行を行った当事者とその親族に対して報復することが求められた。殺人事件であっても、殺された当事者の親族への支払いによって解決することもあった。その支払額は犠牲者の身分によって定められ、貴族の場合は一般人の三倍を支払うことになっていた。

ローマ人は、有罪か無罪かを判断するために、証拠と証人による検証が行った。ゲルマン人は火や水や決闘などを用いる神明裁判〔容疑者に苦痛を与え、その反応から判定をくだす〕を行った。例えば、容疑者は熱湯の中に腕を入れさせられ、三日以内にその火傷が治らなければ有罪とされた。また容疑者は水の中に投げ落とされ、浮かび上がれば有罪、沈んだままなら無罪とされた。土地争いの場合、当事者が決闘を行い、勝った者が正式にその土地の所有者であることが宣言された。

この二つの法体系はしだいにひとつに融合していった。ローマ法は主にイタリアと南フランスで広まり、ゲルマン法は北フランスで広まった。神明裁判は各地で行われたが、神から正しい裁きが下されることを期待して、裁判には司祭が立ち会った。ローマ教会もゲルマン法に基づき、一二世紀までは神明裁判に参加していたが、一二世紀になるとユスティニアヌス法典が発見されたため、その影響を受けたローマ教会は司祭の神明裁判への出席を禁ずるようになった。

ゲルマン人は帝国侵入後ただちにキリスト教を受け入れた。彼らはそれまで信仰していたゲルマンの神々やアリウス派のキリスト教を捨て去った。アリウス派はキリスト教の異端のひとつで、帝国侵入以前にこちらに入信したゲルマン人も多かった。アリウス派の人々は、イエスは神の子であるが、神に及ばない「人間」だと考えていた。アリウス派は東方社会で非常に勢力を得て、西方のゲルマン人に対しても布教活動が行われ、彼らを改宗させていたのである。

このように多くの点で「西ローマ帝国の滅亡」という表現は誤解を招くものであり、とくに最も大きな誤解は宗教においてであった。ローマ帝国の公式宗教と教会はともに立派に生き延び、しかも侵入者たちにも喜んで受け入れられたのである。これこそがヨーロッパ文明の最も基礎となるポイントである。キリスト教がいかにして定着し具現化されてきたかは、すでに我々が確認したとおりである。

「ゲルマン戦士」が「ローマ教会」を支持し、その「ローマ教会」は「ギリシャ・ローマの学問」を保護したのである。

アルブレヒト・デューラー「カール大帝（シャルルマーニュ）」1511-13頃

＊　＊　＊

西に向かったゲルマン部族のひとつだけが永続的な国家を造り上げた。それがフランク

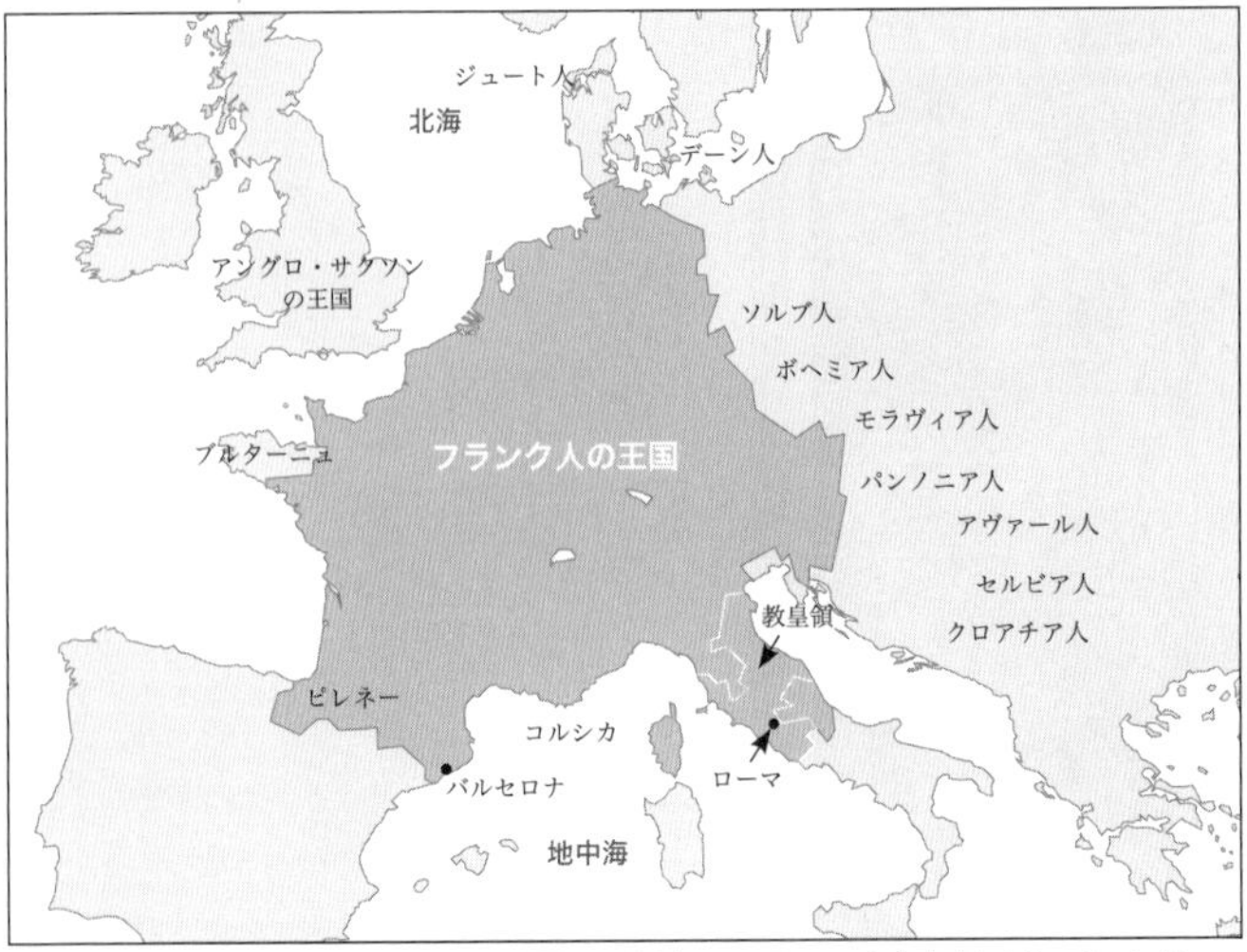

図24　フランク人の王国は大きく発展し、現在のフランス全土とドイツ・スペイン・イタリアの一部までに及んでいた。

王国である。図24で読者は確認できるが、その版図は現在のフランス全土とドイツ・スペイン・イタリアの一部にまで及んでいた。「フランス」という国名は、ゲルマン部族のひとつ「フランク族」に由来している。このフランク人の王国はカール大帝〔シャルルマーニュ〕の治世において、最大の領土をもつにいたった。カール大帝の死後、広大な王国は分裂する。今日のフランスはフランク人の王国の直系の子孫ではない。周知のとおり、フランスは後世のさまざまな王によって、時間をかけて組み立てられたものである。

　ゲルマン人のブリテン島への侵入はまた別のかたちで行われた。今日のイングランドはかつてのローマ帝国の属州ブリタニアだったが、スコットランドはこの属州には含まれていなかった。ローマ人がブリテン島に進出したのはかなり遅く、紀元後一世紀のことだった。しかし、この地に留まっていたのはごく短期間であり、ローマの兵士は四一〇年にブリテン島から撤退した。それは皇帝がゲルマン人の侵入を阻止する本土防衛軍として、ブリタニアの駐留軍をあてることを、希望したからだった。ローマ人が撤退すると、ブリトン人の在来社会は無傷のまま残った。ローマ属州としての三百年間の歳月も、この地における伝統を完全に消滅させることはなかった。ケルト語はこの地で生き延びていた。しかし五世紀から六世紀にかけて、アングル人・サクソン人・ジュート人というゲルマン人部族たちがイギリス海峡を渡ってイングランドに侵入してくるようになった。これはほぼ完璧な征服と呼べるものだった。ブリトン人はゲルマン人によって国土を蹂躪《じゅうりん》され尽くし、現在ケルト社会の伝統は、スコットランド、ウェールズ、コーンウォール〔イングランド南西端の地方〕のみに残っているだけである。

イングランドは完璧なゲルマン社会となり、独立したいくつかの小王国と異教徒たちによって国土が分割された。アングル人・サクソン人・ジュート人は、いかなる意味においてもキリスト教徒ではなかった。そこで、アイルランドとローマからイングランドに向けて宣教師が派遣され、この新参者たちをキリスト教に改宗させることが試みられた。イングランドのキリスト教改宗運動においてアイルランドの果たした役割は大きく、それはキリスト教の伝播という驚異的なストーリーの大きなピースとなっている。キリスト教はローマ帝国のはるか東で誕生し、ローマで受け入れられるとたちまち帝国全土に広がった。さらにキリスト教は帝国国境を跳び越えて、アイルランドに到達した。アイルランドでは一風変わったキリスト教が発展していった。それが広まったのは非ローマ的な社会だった

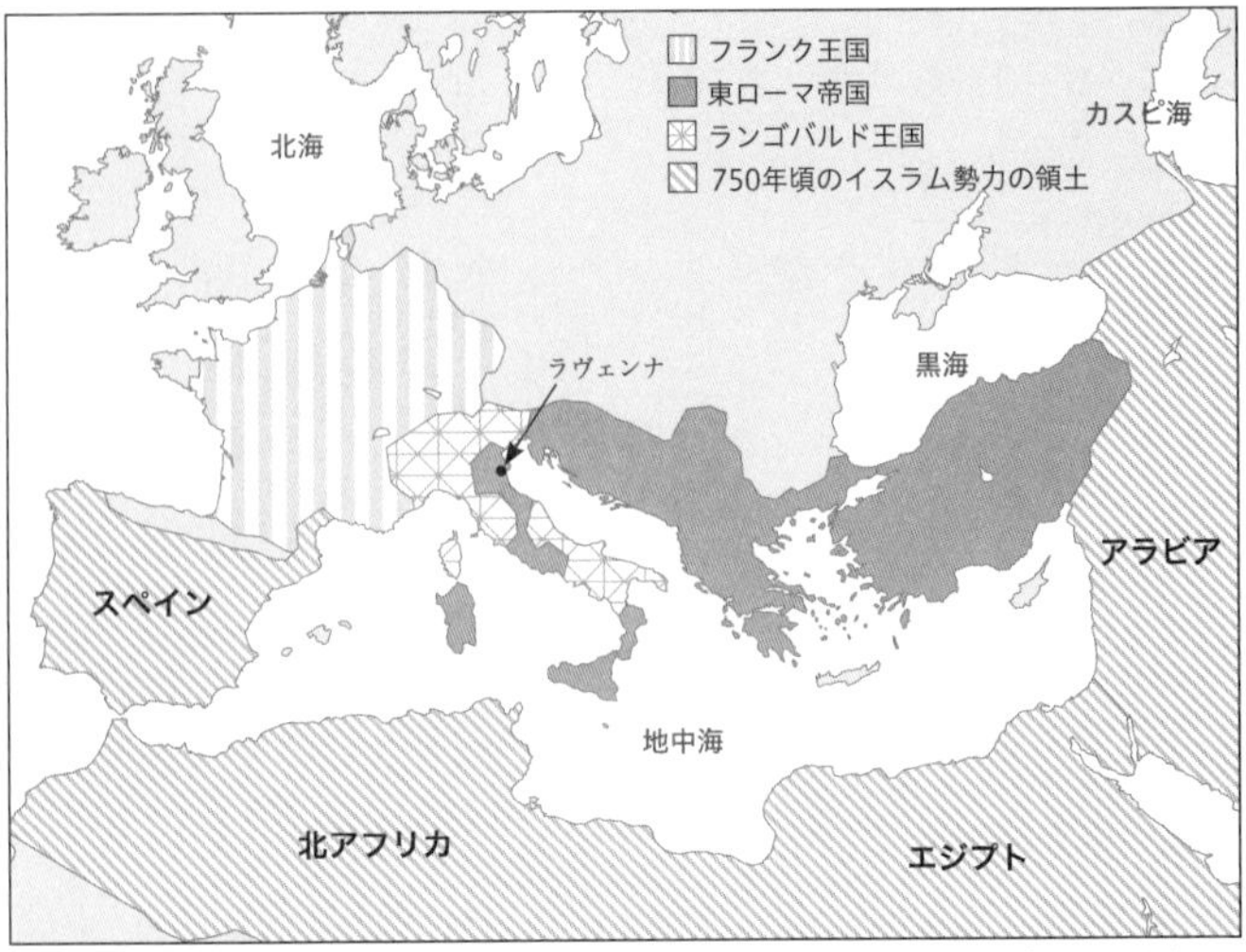

図25　イスラム教徒の進軍。東ローマ帝国の領土で征服を免れたのはバルカン半島と、今日のトルコだけだった。東ローマ帝国はイタリア半島にも領土をもっていたが、それはかつて西ローマ帝国のものであった。イタリアがゲルマン人の侵入を受けると、コンスタンティノープルの皇帝は、奪われた土地を取り戻すことはキリスト教徒の義務であると考えた。皇帝はいくつかの小邦を手に入れたが、その代価も大きかった。ついでやってきたイスラム教徒の侵入はゲルマン人のものよりはるかに大きな混乱と血みどろの戦いを引き起こした。北イタリアのラヴェンナは小邦のひとつであり、この都市には東ローマ（ビザンティン）帝国の美しいモザイク画が残されている。

からである。西ローマ帝国がゲルマン人の侵入によって危機に陥った時、その影響を受けないアイルランドは「安全」だった。こうしてアイルランドはイングランドのキリスト教化に貢献し、また大陸に向けて数多くの宣教師を送り出したのである。のちにイングランド人はアイルランド人のことを見下して、Bog Irish と呼ぶようになる〔「沼地のアイルランド人」。低い出自の祖先をもつアイルランド人を意味する蔑称〕が、アイルランド人自身は、キリスト教世界を救ったのは自分たちであることをよく知っていた。

　次なる大規模な侵入はイスラム教徒によるものである。これが起こったのは七世紀から八世紀にかけてで

４人の偉大なる錬金術師たち
左から、アル・ジャービル、アルナルドゥス・デ・ビラ・ノバ、アル・ラーズィー、ヘルメス・トリスメギストス

あり、ゲルマン人の侵入の二世紀後のことだった。イスラム教の創始者ムハンマドは、神のお告げを受けたと称するアラビア商人だった。神の啓示を受けてムハンマドが発展させた宗教は、ユダヤ教とキリスト教の分派と呼べるものだった。イスラム教はイエス・キリストと彼以前のユダヤ人預言者を真の預言者として受け入れたが、ムハンマドこそ最後の預言者であり、唯一神アッラーへと導く真の案内役であると主張した。イスラム教はキリスト教と比較すれば非常にシンプルな宗教であり、ギリシャ的な複雑な理論構成――キリスト教における三人格神（父と子と精霊）は分離しているが等しく、分

離しているがひとつという三位一体説――を採用しなかった。イスラム教では神はアッラーのみである。イスラム教徒はキリスト教とユダヤ教に対しては非常に寛容だった。しかしこれに対してキリスト教徒は、イスラム教徒は真の信仰の欺瞞者《ぎまんしゃ》にして破壊者と見なした。

ムハンマドの興した新たな宗教はアラビア半島を制覇した。イスラム教徒は異教徒たちを武力で服従させ、征服していった。ムハンマドの人生をみると、彼がイエスよりも影響力が強かったことがよくわかる。彼は新たな宗教を興し、それをきわめて広範囲に広めていった。イエスが死んだ時、キリスト教徒は一人もいなかった。しかしムハンマドの死後、彼の信徒は征服を続け、空前絶後の成功を達成していたのである。短期間のうちに、イスラム教徒は各地の部族だけではなく、ペルシャ帝国、中東における東ローマ帝国のかなり広い領土、そして北アフリカと、堂々たる国家も征服した。また彼らは、北アフリカ沿岸部を西に向かって進軍を続け、かつてゲルマン人が王国を築いた地に征服王朝を打ち立て、さらにジブラルタル海峡を渡ってイベリア半島に侵入した。この地はかつてのローマ属州だったが、西ゴート族によって侵入を受けていた。西ゴート族はキリスト教徒に改宗していたが、この地は以後イスラム教地域になった（図25）。

イスラムの進軍はこのイベリア半島でようやく止められた。イスラム軍はスペインを越えてフランスに侵入したが、トゥールにおいてフランク王国のカール・マルテルによって撃破された。カール・マルテルはカール大帝の祖父にあたる。フランク人はヨーロッパのキリスト教を救ったのである。

イスラム教徒はキリスト教徒にとって残酷な征服者だったが、温和な支配者だった。彼らは征服したキリスト教徒に対して信仰の継続を認めた。しかし、非信者として税を取り立てた。イスラム教徒は無税である。これは被征服者をイスラム教に改宗させる誘因となった。東ローマ帝国の半分のキリスト教徒はイスラム教徒を歓迎した。なぜなら彼らは、コンスタンティノープルが彼らに従うよう強要した「特殊なキリスト教」に反感を抱いていたからである。イスラム教徒の支配下で、彼らは自分たちが求める宗教の流儀を貫くことができた。しかしそのような土地ではしだいにキリスト教が廃《すた》れていくことになる。あまりにも多くの人々がイスラム教に改宗するようになるにつれて、当然のことながら、徴税のシステムは変わらざるを得なかった。こうして、誰もがただちに土地に対する税を普通の方法で支払うようになった。

中世のイスラム統治下のスペインは、ヨーロッパで最も発達した文明を有するようになった。イスラム教徒の征服戦争を体験したアラブの部族民は、それまでは読み書きができなかったが、征服者たちによって学問を身につけるようになった。ペルシャ人やビザンティン帝国のギリシャ人からは高度に洗練された文明を学んだ。アラブ人はギリシャの学問をスペインにもたらした。彼らはそれらを文書化し、その内容の精度を高めた。そして、この地を北から訪れたヨーロッパの学者たちには写本を作ることまで許可したのである。イスラム化されたスペインで高い地位にあったユダヤ人は、しばしばギリシャの学問の翻訳者となった。まず一人の人間がアラビア語で書かれた文献（原典のギリシャ語文献をアラビア語に翻訳したもの）を読み、それを声に出してスペイン語に翻訳した。すると次の人間がそのスペイン語を聞いて、ラテン語の草稿として書き起こした。ギリシャの学問から三つの言語の翻訳を経て完成したこのラテン語版は、ヨーロッパのキリスト教の大学に持ち込まれ、研究されるようになった。これが一二世紀のことである。このような経緯を経て、西ヨーロッパはアリストテレスの論理学に関する著作を手に入れ、医学、天文学、数学（ギリシャ人が最も得意とした学問）を研究するようになった。

三つの征服がどのような結果をもたらしたか、それは以下のように要約できる。第一、西ヨーロッパにおけるゲルマン人、古き伝統をもつローマ人、キリスト教徒の混合。第二、イングランドにおけるゲルマン人の完璧な乗っ取りと、彼らのキリスト教化。第三、中東・北アフリカ・スペインのイスラム世界におけるキリスト教の絶滅、その代償としてのギリシャの学問の保存およびキリスト教ヨーロッパへの伝達。

＊　＊　＊

ヴァイキングまたはノルマン人〔ノース人、古代スカンジナヴィア人〕はヨーロッパへの最後の侵入者であり、イスラム教徒が侵入してすぐの二世紀後――九世紀から一〇世紀にかけてヨーロッパを荒らしまわった。彼らの故郷は北方のスウェーデン、ノルウェー、デンマークであり、海路でヨーロッパにやってきた。彼らの駆使するロングシップは見るからに恐ろしげな姿をしていた（図26）。この船の喫水は非常に浅く、船員たちの乗る位置より一メートルしか下ではなかったため、この船は海から川に入っ

図 26　ヴァイキングのロングシップ　喫水が浅く、川を遡航して内陸深くまで到達できた。

て長く遡航することができた。上流になって川が浅くなると、持ち運んで来た小型のボートに乗り換えて遡航を続けた。どうやってもそれ以上進めないような難所にさしかかると、彼らはボートをかついでその地点を迂回し、その先でまたボートを浮かべて漕ぎ進むのである。こうして彼らは内陸の奥深くまで侵入し、現在のロシアではバルト海から黒海までを移動した。

おおいのないオープンな彼らの船が、外洋を航海できるのは夏の間だけだった。彼らは夏のある日、突然やってきて、そしてまたすぐに引き返していった。彼らの目的は略奪であり、貴重品を奪っては持ち帰ったのである。しかし、その貴重品を探す際に目に入った食料品、馬、女たちも余禄として奪い取っていった。彼らはテロリストだった。襲撃し、奪い取るだけでなく、燃やし、破壊した。自分たちが持って帰れないものは破壊し尽くした。彼らの目指すと

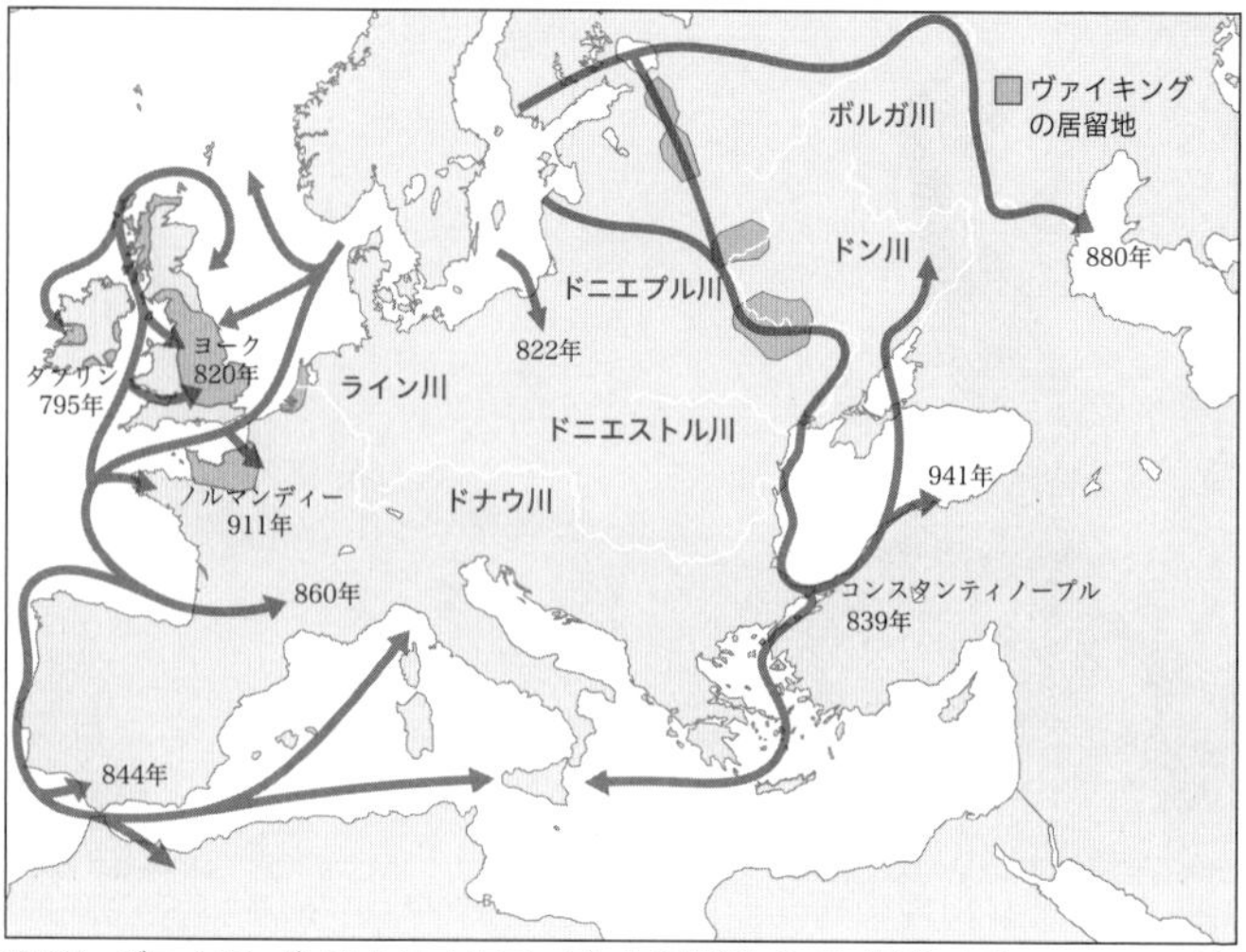

図 27　ヴァイキング（またはノルマン人）は 9 世紀から 10 世紀にかけてヨーロッパを荒らしまわった。

ころはおおいなる恐怖心を与えることだった。彼らを目の前にした人々はひたすら逃げた。しかしヴァイキングは情け容赦がなかった。彼らの活動を綴った「サガ」（物語）のひとつには、「子好き男」と呼ばれた男のことが綴られている。この男は子どもたちを槍で殺すことを拒否したため、このようなあだ名がつけられたのである。

かつてのゲルマン人は陸路で侵入してきた。こうした襲撃者に対して最も安全だとされた場所は川の中州《なかす》か沖合の島だったため、修道院の多くはそのような場所に建てられていた。しかし、次なる襲撃者は海や川からやってきたため、絶好の餌食となってしまった。修道院こそヴァイキングにとって最も魅力的な宝の山だった。修道院には、金や銀でできた宝飾品が数多くあり、しかも一種の農業関連産業だった修道院の倉庫には、一〇〇人から二〇〇人あたりまでの修道僧の食糧として、大量の備蓄食物があったからだった。フランスのロワール川河口の沖合の島のひとつは修道院となっていた。毎年、夏になると、この修道院はロワール川をさかのぼって、少しずつ内陸部に移動した。これをつけ狙ったのがロングシップに乗るヴァイキングだった。修道院は四回か五回かけてロワール川を遡上し、ついに現在のスイス付近までやってきた。修道僧たちは金の十字架、真の十字架〔キリストを実際に磔刑に架けたとされる十字架〕、さらに聖遺物であるキリストの脚の一部などをここまで運んできたのである。

ヴァイキングが大きな抵抗もなく幅広い領域で荒らしまわることができたのは、それらの地域が政治的に脆弱だったからだった。こうした土地には定期の税収のシステムがなく、敵に備えて軍備を固めても、ヴァイキングは陸からは攻めてこなかった。西ヨーロッパの小さな王国で海軍を備えているところはほとんどなかった。カール大帝ですら海軍をもたなかったが、いずれにしても、彼のフランク王国は消滅していた。ローマ帝国はかつて海を支配しており、地中海は彼らの手の中にあった。しかしこの時になると、その沿岸地域の大部分はイスラム教徒のものになっていた。この頃のヨーロッパでは海を通じた貿易はほとんど行われず、航海術も忘れ去られていた。このようにヨーロッパは「内向き」になっていたため、すばやく移動できる侵略者に対しては非常にもろかった。

ある時期が過ぎると、ノルマン人は妻や子を連れてヨーロッパに定住するようになった。図27には、ロシア、北フランス、イングランド、アイルランドなどの定住地の位置が示されている。ダブリンはノルマン人によって建設された都市だった。イングランドは島の東部において、外部からの侵入を二

自軍の騎兵を奮起させるノルマンディー公ウィリアム（「バイユーのタペストリー」より、1082以前）

度経験した。最初はアングル人・サクソン人・ジュート人のゲルマン人、そして二度目はノルマン人である。二つの侵入者はいずれもゲルマン語系の言葉を話す人々だったため、このゲルマン語が今日の英語の起源となった。ヴァイキングの北フランスの定住地には、彼らの名前がついた。これがノルマンディー〔ノルマン人＝ヴァイキングの土地〕である。ヴァイキングたちがこれ以上侵入してこないことを条件に、フランス国王は彼らがその地に定住することを認めた。

ノルマン人が北フランスに定住してから約百年後の一〇六六年、ノルマンディー公のウィリアム（ウィリアム征服王）とその家臣たちがイングランドを征服した〔ノルマン・コンクエスト〕。これはまさしく国家の最上層部の乗っ取りであり、ウィリアム公と家臣たちはイングランドの新たな支配階級として、国のトップにその位置を占めた。イング

6世紀にユスティニアヌス帝によって建設されたハギア・ソフィア大聖堂は、モスクに改築され、現在は博物館になっている。

ランドのノルマン人は独特なフランス語を話していたが、この一部がゲルマン語とミックスされてのちの正式な英語を形成した。イングランドは侵略者たちの社会となったが、一〇六六年以降は二度と侵略を受けることはなかった。

一〇世紀を過ぎると、ヨーロッパへの侵入はなくなった。ノルマン人は侵略ではなく定住するように説得され、キリスト教の宣教師たちがノルウェーやスウェーデンに赴いて、彼らの北の国をキリスト教に改宗させたからである。交易活動が再開し、都市が大きくなっていった。この頃になるとヨーロッパ社会は安定し、今度は自分たちの方から外部に遠征できるほどの力をつけていた。

キリスト教世界が最初に引き受けた仕事はイスラム教徒たちを押し戻すことだった。最初にスペインを再征服〔レコンキスタ〕し、ついでパレスチナの聖地を取り戻すこと……これがヨーロッパ全体を巻き込む政治運動となった。スペイン再征服は一一世紀から始まったが、完遂するまでに四百年かかった。それは「分割払い」のような進行だった。北部からキリスト教勢力が領土を帯状に獲得して、その地にキリスト社会を再興させ、そこからさらに南部へと、領土拡大に向かっていったのである。南部において最後のイスラム教徒を追放したのが一四九二年のことだった。これはまさに、スペインの君主の支援を受けてコロンブスが西に向かって航海を行った年だった。

聖地奪回のために十字軍が編成されたのは一〇九五年からで、それから二世紀に渡って続けられた。読者は当時のキリスト教徒がどのような思いを抱いたのか想像してほしい。キリストが亡くなり、彼が教えを広めた聖なる地が、いまや異教徒によって占拠され、彼らの宗教を奉ずる活動が盛んに行われているのである。ローマ教皇は十字軍を鼓舞し、彼らの活動を認可した。しかし、第一回十字軍はどう見ても成功とは言い難かった。エルサレムは一時的にキリスト教徒の手に落ち、十字軍の騎士たちは永続的な定住地を建設した。しかし、それらはイスラム教徒に奪い返され、以後二世紀に渡って行われた十字軍遠征はことごとく失敗した。

十字軍は各国による共同活動だった。これとは逆に、一五世紀から始まったアメリカ大陸やアジア方面への拡張活動は新興の民族国家による競争だった。最初はスペインとポルトガルの二国だけだったが、これにイギリス、フランス、オランダが続いた。海外進出の最初の目的は香辛料をはじめとするアジアの富を手に入れることだった。それには二つのルートがあった。一つはアフリカ西岸を海伝いに南下するルート、もう一つは大西洋を西に進むルートである。アメリカに最初に到達したコロンブスは、ここから中国に向かおうとしたが、それが間違いであることに気づいた。しかしその失望の埋め合わせとして、彼の後援者であるスペインの君主たちは、中南米の金や銀を獲得できたのだから、その報酬は十分以上のものといえた。アジアに最初に到達したのはポルトガル人だった。彼らはインド支配をともに目論んでいたフランス人とイギリス人を出し抜いた。またオランダ人は東インド（現在のインドネシア）を力づくで奪い取った。

アジアの贅沢品はかなり前からヨーロッパにもたらされてきた。しかし、それははるか東方の国から、ビザンティン帝国の偉大なる首都コンスタンティノープルを経由してのことだった。ヨーロッパ人は海路を確保できたが、それはあくまでも部分的なものだった。なぜなら東方への海路はイスラム教徒の手中に落ちていたからである。

それこそが「陥落」だった。東ローマ帝国が激動の五世紀を生き延びることができたのは、ゲルマン人の攻撃目標がもっぱら西ヨーロッパだったからにすぎない。本来なら、東ローマ帝国はより強力な経済や行政をもっていたかもしれなかった。しかし、この帝国は着々とその領土を失っていった。アラビア半島から出現したイスラム教徒によって、七世紀から八世紀にかけて領土を大きく切り取られてしまったのである。しかも九世紀になると、アジアの草原地帯からトルコ人（突厥、テュルク）がこの地に襲来した。彼らは南部と西部に進出する過程でイスラム教に改宗し、中東に大きな覇権を築き上げた。こうして彼らはビザンティン帝国から、現在のトルコにあたる広大な地域を奪い取った。トルコ人はヨーロッパに侵入し、結果として、コンスタンティノープルの周囲すべてが彼らの領土となった。コンスタンティノープルは一四五三年に陥落した。最後のビザンティン皇帝は親衛軍を引き連れて戦ったが、あえなく戦死した。

こうしてローマ帝国はごくわずかな領土にまで縮小され、またローマ的というよりはギリシャ的な性格を帯びたかたちで終焉を迎えた。六世紀に、ユスティニアヌス帝によって建設されたハギア・ソフィア〔聖なる知恵の意〕大聖堂は、イスラム教のモスクに改築された。トルコ人はここに独自の帝国を打ち立て、オスマン帝国と名乗った。この帝国は長く存続したが、ようやく第一次世界大戦後に、非宗教的な新生トルコとして生まれ変わった。ただし、その国民のほとんどはイスラム教徒である。大モスクは教会に造り変えられたのち、現在は博物館になっている。

コンスタンティノープル陥落の際に、古代ギリシャの学問を学んでいたキリスト教徒の学者たちは、貴重な文献をイタリアに持ち込んだ。ルネサンス期に古代の写本を狩り漁って学んでいた学者たちにとって、これらの古典文献は難なく読みこなせるものだった。実際、一四五三年以前においても、イタリアの学者たちは古代ギリシャの学問や文学の資料を入手するために、コンスタンティノープルの学者たちと連絡を取り合っていた。古代ローマの学問や文学は西ヨーロッパで保護・保持され続けてきた。ギリシャの学問の一部はラテン語に翻訳されて保存されていた。ローマ時代のすべての文学はギリシャ文学の影響を受けていた。そして、古代ギリシャのオリジナル文献は長い中断期間を経て、中世のスペイン、さらにこの一五世紀のコンスタンティノープル経由で、ヨーロッパにもたらされたのである。

第4章

政治の第一形態——民主主義

古代ギリシャ人は民主主義国家を発明した。これに伴って彼らは「政治　politics」という言葉も発明したのだが、これは彼らの「都市 polis」に由来するものだった。長い歴史においてさまざまな種類の政治形態が生まれてきたが、ギリシャ人が生み出したのは、全市民が話し合い、最終決着は投票による多数決で決定するというものだった。これは、すべての市民が一か所に集まり、案件を討議し、最終決議にかける形式で、これを直接民主制と呼ぶ。ただし、ギリシャのすべての都市国家が民主主義を実践していたわけではないし、またその民主主義は常に不安定なものだった。すべての民主主義を奉ずる小国家（とりわけアテネが有名だが）では、何度かの中断はあったものの、一七〇年間にわたって民主主義の政治が行われた。アテネでは、この町に生まれた男子は全員政治に参加する権利を持っていたが、女性と奴隷はこの権利を持てなかった。

現代の我々の政治も民主主義なのだが、これはアテネの人々の民主主義とは大きく異なっており、我々の行っているものは間接民主制と呼ばれる。我々は定期的に政治のプロセスに関与することはなく、二〜三年に一度投票をするだけである。我々は現行の政治に不満を表明するためにデモを行ったり、意見書を提出したりすることはできる。しかし、議会で審議される個々の案件すべてに対して投票することはできない。

人々が民主主義政治に直接関わろうとしたとしても、現行のシステムとは大きくかけ離れたものになることは目に見えている。膨大な数の人々が一か所に集まることは不可能だが、ギリシャの直接民主制を再現することはできる。特定の案件について、インターネットを使って国民投票が実施された経験はすでにある。このような制度（単純多数決）には、マイノリティや不利な立場にある人々の権利を脅かす現実的なリスクがあり、さまざまな結果を招く可能性がある。排外主義的な移民政策がいつまでも続くかもしれないし、犯罪者に対する残酷で異常な刑罰が続くかもしれない。また、海外援助がなくなるかもしれない。ひとり親の家庭は、政府からの援助を受けるのに苦労するかもしれないし、学生たちもおそらく給付金を維持するのに苦労するだろう。だから、人々の無知と偏見が抑制されることは正しいと読者は思うかもしれない。

そう思ったとしたら、いま、あなたはソクラテス、プラトン、アリストテレスといった偉大なるアテネの哲学者たちの視点に近づいている。彼らならオーストラリアの民主主義に厳しい疑いの目を向けるだろうし、彼らの批判は我々の行動を理解するのに役立つことだろう。彼らは人々が常に揺れていて、優柔不断で、無知で、簡単に他人の意見に影響されてしまうことを嘆いている。政治は知恵と判断力が求められる、きわめて精妙な技術であり、国民のすべてがその技術に長けているとはとうてい言い難い。アテネの哲学者たちは今日の間接民主制のシステムを知ったらきっと喜ぶことだろう。私たちが選んだ政治家に対して何を言うのも自由だが、彼らは一般的に言って高い教育を受け、情報量も豊かである。政治家は公務員の指導を受けていて、公務員の中には非常に有能な人がいる。国民は政府から直接支配されることはなく、政府の事業全般については訓練された人々が協力している。しかし、ソクラテスもプラトンもアリストテレスも、我々の民主主義とは呼ばないだろう。

ギリシャの民主主義の根源は軍隊にある。さまざまな政治形態を検討してきたなかで、我々は軍事力の性質と国家の性質との間に深いつながりがあることに気がつく。古代アテネには正規のフルタイムの軍隊はなかった。つまり、兵舎に常駐し、いついかなる時でも戦いへ出動できる常備軍を持っていなかった。アテネの兵士たちは全員が「パートタイムの兵士」だった。しかし彼らは密集陣形を組む歩兵として戦うために厳しい訓練を受けていた。開戦が宣言されると、商人や農民といった市民たちは普段の仕事をやめて、ただちに軍隊を結成した。民主主義的な集会〔民会〕は、市民兵が参集し、指導者から行進命令を受けるといったことからスタートしたものだった。戦争や和平、さらに個々の戦術などに関する最終判断は、部族の上層階級にあたる長老たちの評議会によってすでに決められていた。長老たちは兵士の集団の前に位置していた。目の前に長老たちの姿を見ることによって、兵士たちは戦う心構えができた。兵士たちは集会を開いたが、その目的は何かを討論したり、新たな問題を提案したりすることではなく、全員で戦争を承認し、戦争の歌を歌うことだった。

しかしこのような集会は大きな力を持つようになり、最終的に完全な支配力を有するようになった。

どうしてこのような経緯に至ったのかはよくわからない。しかし、都市国家が市民兵の参加を不可欠のものとし始め、さらに、このような集会が度重なっていけば、兵士たちがより強固な力を得るのは当然のことである。つまり民主主義は、戦う者たちの「連帯」として始まったものだった。しかし、それは同時に部族的な性質を帯びていた。アテネにはもともと四つの部族があり、戦争の際は部族ごとに集まって敵と戦った。各部族は政務にあたる職員を選出したが、この部族の縛りはアテネが民主主義をさらに高めて選挙区制度を作るようになってもなお続いていて、ある人間が別の場所に移り住んだとしても、その男は自分の生まれた選挙区民として昔の選挙区で投票していた。つまりアテネ市民は、現在住んでいる場所とは関係なく、自分が生まれ育った選挙区と一生涯結びつけられていたのである。

＊＊＊

直接民主制には人々が積極的に加担することが求められていたが、それだけ人々はこの制度に大きな信頼を寄せていた。アテネの民主主義の理想は、アテネの指導者ペリクレスの演説に示されている。これはスパルタとの戦いで死んだ兵士たちの葬儀における弔辞だった。その内容はトゥキディデスの『戦史』〔ペロポネソス戦争の歴史〕に記録されている。トゥキディデスは歴史を客観的かつ公平な目で記そうと試みた最初の歴史家だった。トゥキディデスの歴史書の原稿はコンスタンティノープルに保存されていた。この書物が書かれてから一八〇〇年後のルネサンス期に、その原稿がイタリアに持ち込まれ、ラテン語に翻訳され、ここからさらに現代のヨーロッパのさまざまな言語に翻訳された。リンカーンのゲティスバーグの演説が登場するまで、ペリクレスの演説は政治家が墓地で行った最も有名な演説とされていた。ペリクレスの演説はリンカーンのものよりかなり長いので、以下に示すのはその抜粋である。

演説するペリクレス

我々の政体は民主政治と呼ばれる。なぜならそれが少数者の独占するものではなく、すべての人々のものだからである。個人間に紛争が生じた場合、法律の前にはすべての人々が平等である。社会的責任のある個人という場合でも、重要なのはその人がいかなる階級に属しているかではなく、その人が本当の才能を持っているか否かということである。

人はその仕事を終えれば、魂を休めるために、ありとあらゆる種類の娯楽を享受することができる。一年を通じて、定期的に競技会や犠牲の祭りが行われる。各人はその家庭において美しく良い趣味をもつことができる。それは日々の暮らしを明るくし、心配事を振り払うものである。

各個人は、日頃の家計のみならず、同様に国の政治にも大きな関心を抱く。ほとんどすべてを自身の生業に費やす者にはとくに詳しく国政の情報が伝えられている。これこそが我々の特性である。政治に関心を示さない人間のことを、我々は、自身の仕事しか興味のない人間とは呼ばず、「為すべき仕事を持たない人間」と呼ぶ。

仕事に従事しつつ社会参画意識の高い人々による、文化的で開かれた社会……、これこそ現在の民主主義のあり方を模索する人々にとって魅力的かつ理想的な姿だろう。もちろん、アテネの娯楽や美が奴隷制をもとに成り立っていたこと、さらに時として、市民は集会に強制的にでも参加しなければならなかった、という特殊な事情もあった。とはいえ、ペリクレスの演説が良い影響を長く及ぼし続けたのは事実だった。数世紀にわたって、ヨーロッパのエリートたちは民主主義にただ興味を示すばかりではなく、民主主義を警戒するための教育も行ってきた。なぜなら彼らが読んだ古代の著作家たちの大半は民主主義に敵意を持っていたからである。一九世紀初頭のイギリスの急進的な学者ジョージ・グロートは民主主義を論ずるために、ギリシャに関する新しい研究を行い、民主主義と高等教育は互いに関連し合っていて、一方を非難し、別の一方を受け入れることは不可能であると説いた。これはイギリスの民主主義の根源に関わる彼の大きな貢献だった。

現代の我々にとっても、ギリシャの民主主義には我々の理想とは相反する側面がいくつかある。そ

アレクサンドロス大王のモザイク画、前2世紀

れはあまりにも共同体への参加意識が強調され、なかば強制的ですらあって、個人の権利という意識がほとんど見られないことである。アテネ市民の特権は、その一員であるということであり、ペリクレスが言ったように、政治に興味がない人間はここで仕事をしてはならない、ということでもあった。我々が関心を持つ個人の権利は、アテネとは別のところに起源があるようだ。

アテネをはじめとするギリシャの小都市国家は、前四世紀初頭にギリシャの北のマケドニアの支配者アレクサンドロス大王によって独立を奪われた。民主主義は失われたが、アテネで育まれたギリシャ文化は相変わらず繁栄を続けていた。それがさらに、アレクサンドロスの帝国内で広がった。その帝国は東地中海から中東にまで拡張された。アレクサンドロスがギリシャ世界にもたらしたものは、後世のローマがこの地を征服し、それがギリシャ語を話す帝国の東半分〔東ローマ帝国〕になった時にもなお残っていた。

ローマが領土拡大を始めた時、ローマの政治体制は民主政ではなく共和政だった。共和政は人々の集会を基盤としており、ギリシャの都市国家と同様、武装した男たちの集団からスタートしていた。ローマ市民は全員が戦う義務を持ち、装備と武器は各自が調達するものとされた。装備と武器は各自の財産に応じて定められていた。裕福な者は馬を持ち、騎兵部隊に所属した。これはローマ軍におけるきわめて少数の部隊であった。それ以外の者は歩兵となったが、そのなかにはいくつかの階級があった。第一階級は剣と鎧と楯でフル装備していたが、第二階級は装備の点でやや劣り、第三階級は長槍か軽い投げ槍だけを持ち、その下の最も貧しい者たちは投石器しか持てなかった。これは布か皮の切れ端に紐をつけ、紐を振り回して石を遠くに飛ばす原始的な武器だった。

彼らの集会〔民会〕は軍隊がパレードをする時の姿によく似ていた。男たちは階級別に整列した。騎兵、第一歩兵、第二歩兵、第三歩兵、第四歩兵……、最後は投石器しか持てない貧しい者たちである。投票はグループごとに行われた。騎兵は騎兵たちだけで話し合って自分たちの意見を決め、第一歩兵も、これにならって彼らだけで話し合って意見を決めた。各グループは共同声明を発表したが、投票権は平等ではなかった。満票は一九三票だったが、それらは兵士たちの階級に応じて割り当てられていた。騎兵と第一歩兵は一九三票のうち九八票を持っていた。これは過半数にあたるが、軍全体の中で彼らは人数の面では少数派だった。騎兵と第一歩兵の二つのグループが同意すれば、それ以外のグループに採決の必要はなくなり、こうなった場合、実際に下位の二つのグループで投票が行われることはほとんどなかった。つまり、問題を解決するのは騎兵と第一歩兵だけだった。すべての兵士＝市民は参加できることになっていたが、実際に議決権を握っていたのは富裕層だけだった。

ローマの民会は、共和国の共同統治者にあたるコンスル〔執政官〕を選出した。コンスルは二人いて、民会の承認がなければ活動できなかった。二人のコンスルはお互いを監視し、彼らの権力は、政務にあたる事務所を一年しか使えないという面でもさらに制限されていた。ローマ人はその年のコンスルが誰だったかということで、年代を確認したのである。

しだいに平民たちは、富裕層や貴族に比肩する、より大きな権力を主張するようになった。我々はそれがどうやって為されたのかを知っている。平民たちは権力を持つために軍事力を行使したのである。開戦が宣言されても、第三、第四、第五の平民の兵士たちは戦うことを拒否した。彼らは上の層の者たちに、この国において自分たちにさらなる権力を与えられるならば戦うと告げた。この脅しによって彼らは新しい議会を手に入れた。それはトリブヌス〔護民官〕を任命できる民会だった。トリブヌスは役人であり、平民がひどい扱いを受ければ、政府の政務がどのような段階にあっても、その問題に介入できる権利をもっていた。また別の戦争拒否によって、この民会は法律を作る強い権利を手に入れた。

彼らの行動はしばしばストライキと表現されるが、この言葉は彼らの実態とはあまりにかけ離れている。ストライキとは労使関係において使われる言葉であり、労働者がローマという企業の中で組合を作り、経営者に要求を突き付けるために罷業を呼びかける場合には正当と言えるだろう。しかしこれとはまったく異なり、ローマの平民たちが起こしたのは反乱であり、彼らが訴えたのは労使関係の問題ではなく、国際関係の問題だった。

アテネと同様、市民兵は力を強めていったが、ローマの民主主義は決して完全な勝利を得ることはなかった。ローマの政治において実権を握っていたのは、貴族たちによって構成され、のちに富裕層が大勢を占めた元老院だった。力を増しつつある民会は元老院に制限を課したが、それでも民会が元老院を上回る権限を持ったり、元老院に取って代わったりすることはできなかった。ローマの憲法は新しい制度の創設と権力の関係の転換によって変わった。それは革命や新たなスタートから始まったものではなかった。この形式はイギリスの憲法に引き継がれた。イギリスの憲法はいまだに明文化されてはいない。権力を分散させ、チェックし合うという点において、ローマ憲法はアメリカ合衆国憲法の重要なモデルとなった。

＊　＊　＊

ローマ人は初めて王によって支配された人々だった。ローマが共和政になったのはたかだか紀元前五〇〇年のことで、ローマ市民が暴君タルクィニウス・スペルブスを追放してからのことである。ローマの歴史家リウィウスはその反乱について詳しい記録を残している。リウィウスの著作のうちほとんどは西ローマ帝国崩壊後も西ヨーロッパに保存されたが、いくらかは失われた。一六世紀になって、たった一部しかないある一節の写本が発見された。したがってこの部分はローマを学ぶ学者にはまだ知られていなかった。この一節は、ローマでいかにして共和政が確立されたかを記していた。ここからシェイクスピアは『ルクレーティアの凌辱』という詩を作った。

共和政を作ることになる反乱を引き起こしたのは、ある強姦事件である。この罪を犯したのはタルクィニウスではなく、その息子のセクストゥス・タルクィニウスである。犠牲者の名前はコッラーティーヌスの妻ルクレーティアという。暴君を追放した反乱の指導者はその甥ブルートゥスだった。この四百年後、同名の男がユリウス・カエサル暗殺の首謀者となる。最初のブルートゥスは自分の家族の多くが、タルクィニウス・スペルブスによって殺害されるところを見てきた。ブルートゥスは生き残るために馬鹿者であるかのようにふるまった。さもないと、彼もまた王の犠牲にされてしまうからである。ブルートゥスはその意味で、自分の名前に忠実だったのである（ラテン語でブルートゥスとは「頭の働きが鈍い」という意味を示す）。タルクィニウスがブルートゥスの全財産を奪った時も、彼は一切不平を申し立てなかった。彼はひたすら耐えて好機に備えていたが、そこにルクレーティアの強姦事件が起きた。ここから、リウィウスはこのように物語を綴っている。王の息子たちはアルデア人との戦争のためにローマを離れていた。コッラーティーヌスは天幕の中で仲間とともに酒を飲んでいた。話題はやがて男たちの妻自慢へと移り、居並ぶ男たちはそれぞれ自分の妻が最高であると主張しあった。コッラーティーヌスは、この問題を解決するために全員で馬に乗ってローマに戻り、そこで妻たちが何をしているのか確認しようと提案した。他の男たちの妻が遊興にふけるなかで、ルクレーティアだけは糸紡ぎの仕事にいそしんでいた。こうしてコッラーティーヌスが優勝した。数日後、コッラーティーヌスに知られぬようにして、セクストゥスがルクレーティアのもとを訪れた。

下心を知らない家人に快く迎えられ、食事の後、客用の寝室へ通されると、恋心に燃えるセクストゥスは、辺りが充分安全で、全員が睡りこんだと見えてのち、剣を抜き、睡っているルクレーティアに近づき、左手で彼女の胸を抑え、「静かに。ルクレーティア」という。

「私はセクストゥス・タルクィニウスだ。手に剣がある。声を立てると、生命はないぞ。」

驚いて睡りから醒めた女性が、全く救いはなく、身に死の迫るのを見た時、タルクィニウスは恋心を打ちあけ、懇願し、願いに嚇しを交じえ、手段を尽くして女心に働きかける。彼女が頑なに態度を変えず、死で嚇しても靡かないと見てとった時、恐怖のみか恥辱まで持ち出し、穢らわしい姦通のさなかに殺されたと評判が立つよう、奴隷を殺して裸の死体を彼女の死体に並べてやるという。

その恐怖に乗じ、さしも堅固な貞節を情欲が勝利者さながら圧倒し、そして、タルクィニウスは、女性の誉れを攻略して、昂然とそこを去った。その時、ルクレーティアはこれほどの災厄に遇って傷心に沈みながら、同じ知らせをローマの父親とアルデア市の夫に送る。信頼できる友人を、それぞれ一人ずつ連れて、来てほしい。その必要があり、それも急ぐ必要がある。恐ろしいことが起きた、と。

スプリウス・ルクレーティウスはウォレススの息子プーブリウス・ウァレリウスを伴ない、コッラーティーヌスはルーキウス・ユーニウス・ブルートゥスと共にやって来た。コッラーティーヌスが妻の使者に出会ったのは、たまたまブルートゥスと共にローマへ戻る途中だった。

ルクレーティアは、沈みきって、寝室に坐っていた。一行の到着に涙を浮かべ、「元気か」と訊ねる夫に、「ちっとも」と答える。

「女が操を失なって、どうして元気でいられれましょう。コッラーティーヌス、貴方の寝台に他の男の痕がついています。でも、体が犯されただけで、心は潔白です。私は死んで証明します。

でも、暴漢を罰さずにおかないと、右手を伸べて誓って下さい。セクストゥス・タルクィニウスです。あの人が客を装いながら敵の本性を現わし、昨夜、武器をつきつけ、暴力で、私に破滅の悦楽を果たし、もし貴方がたが男なら、あの人にも破滅のはずの悦楽を果たして、ここを去ったのです。」

彼ら四名は順々に誓う。悲嘆にくれる彼女を慰め、無理強いされた彼女に罪はない。手を下した犯行者が悪い。過ちを犯すのは心だ。体ではない。その気がなければ、罪科はないという。

「どうか貴方がたは」とルクレーティアはいう。

「あの男に負わすべきことを見定めて下さい。この私は、たとい罪を免れても、罰から逃れはしません。この後、不貞な女性は誰一人、ルクレーティアを引合いに出して生き延びることはないでしょう。」

衣服の下に忍ばせた短剣を心臓へ打ちこむ。そして、前のめりに傷口に覆いかぶさり、倒れ果てた。

夫と父親は声をあげて哭いた。

一同が悲嘆に拉がれる折、ブルートゥスはルクレーティアの傷口から短剣を引き抜くと、血の滴るまま身の前にかざしていう。

ジャック＝ルイ・ダヴィッド「ブルートゥス邸に息子たちの遺骸を運ぶ刑吏たち」1789

「王家の者の不法の前は貞淑無比だったこの血にかけて私は誓う。また、神がみよ、貴方がたを証人に立てる。

私はルーキウス・タルクィニウス・スペルブスを、彼の罪かさなる妻を、その子らの血筋の全員ともども、剣で、火で、今後、わが身に能う限りの力で追及しよう。この者どもにも、他の何人にも、ローマで王たることを許すまい。」

（リーウィウス『ローマ建国史（上）』鈴木一州訳、岩波文庫、一四三－一四六ページ）

ブルートゥスは、まさにその名前に忠実だった。このように、共和政は君主による凶悪な犯罪をきっかけに生まれたものだった。良きローマ人である一人の女性は自分の命よりも名誉を重んじ、一人の男性が彼女のため

ジャック＝ルイ・ダヴィッド「ホラティウス兄弟の誓い」1784

に復讐を決意したからである。しかし、ローマ市民全員がタルクィニウスの王位を奪うことに賛同していたわけではなく、彼を王に復位させる陰謀もあった。この陰謀が明るみに出てつぶされると、ブルートゥスは最初の二人のコンスル〔執政官〕の一人になった。コンスルは王に取って代わる政務担当の役人である。ブルートゥスは民会において裁判官の席に座ると、彼の前に陰謀を企てた者のリストが提出された。そのリストには彼の二人の息子の名前も載っていた。彼らにその罪状を言い渡すのがブルートゥスの役目であった。群衆は、コンスルの家から不名誉な者を出すわけにはいかない、だからブルートゥスは息子たちを許してやれ、と騒ぎ立てた。しかし、ブルートゥスは彼らの言うことに聞く耳をかさず、自分の息子たちにも他の者と同様の罪を言い渡した。こうしてブルートゥスは、自分の息子たちが衣服を脱がされて鞭打たれ、首をはねられる姿をじっと見つめていた。彼はいささかもたじろぐことはなかった。それこそ、彼が共和政に我が身を捧げていたことの証だった。

当然ながらローマ市民は、これこそ共和政への献身の見本であると、ブルートゥスを称えた。彼は個人的かつ私的な絆よりも、公益を優先させた。これがローマ人の言うところの「徳《ヴィルトゥス》」＝共和政における美徳であり、王への忠誠を守ることなく生き延びるために共和政が必要としたものだった。読者のなかには、ブルートゥスがあまりにも非人間的だと感じる人がいるかもしれない。我が子を前にして、よくもその場に座り、よくもあのような非情な振る舞いができたものか、共和政の美徳は怪物を生み出したのではないか、と。

奇妙なことに、フランス革命が起きるまでは、君主政を改革したいと思う人々の中だけでなく、共和政ローマを崇拝する政治的信仰が存在していた。ルイ一六世の宮廷画家ジャック＝ルイ・ダヴィッドは、リウィウスが記した二つの有名なエピソードを画題に選んでいる。最初の絵はブルートゥスを描いたものだが、裁判官の椅子で息子たちを裁く場面ではなく、首をはねられた息子たちの遺体が自宅に運び込まれた場面を描いている。ダヴィッドは、無情で容赦ない父親と、女たち――自分の息子たちを失った母と兄弟を失った姉妹――が泣いている姿を対比させている。二枚目の絵は「ホラティウス兄弟の誓い」と呼ばれている。

ホラティウス兄弟とは、ホラティウスの三人の息子たちのことである。ローマと敵国〔アルバロンガ〕

との間に紛争が起こり、双方から三人ずつ武勇に優れた者を選出して、彼らの勝敗によって決着をつけることになり、ローマ側の戦士として選ばれたのがこの三兄弟だった。ダヴィッドは、この絵の中央に彼らの父親を立たせ、息子たちにローマへの忠誠を誓わせている。息子たちは三本の剣に向かってそれぞれ片手を挙げるローマ式敬礼をして誓いの言葉を唱えている。ちなみにこの敬礼が後世のナチス式敬礼に引き継がれた。その一方、女性たち(母と三兄弟の姉妹)は戦いに赴く三兄弟の姿を見て悲しみ、人間的な弱さを見せている。とりわけ姉妹のうちの一人は、敵国から選ばれた三勇士の一人が自分の婚約者であったため、その苦悩は大きかった。

やがて残酷かつ恐ろしい、死を賭した戦闘が始まった、とリウィウスは見事な筆致で語る。たった一人だけが生き残った。それはホラティウス家の者だったため、ローマの勝利が決定した。勝利者が我が家に帰還すると、そこでは彼の妹が泣いていた。彼女の婚約者は死に、しかもその下手人は自分の兄だったのである。するとこの兄は剣を抜いて妹のところに走り寄り、彼女を殺した。その理由は、勝利した自分自身のために、そしてローマのために彼女は本来喜ぶべき時だったのに、泣いていたからである。ここにもまた、国益のためには家族をも犠牲にすべきである、というメッセージが示されている。この兄は裁判にかけられたが、ただちに無罪であるという判決が下された。父のホラティウスが裁判の場に現れ、娘を批判し、息子の無罪を勝ち取ったのだった。

＊　＊　＊

ローマ共和政は数百年間続いたが、最後は無秩序状態に陥った。ローマはあまりにも大きくなりすぎたのである。各地を征服した偉大な将軍たちはライバルになり、やがて敵同士となって戦った。将軍たちに付き従う兵士たちは、ローマではなく将軍個人に忠誠を誓うようになった。その中から他の誰よりも傑出した真の偉大なる将軍が登場する。それがユリウス・カエサルである。「第二のブルートゥス」は、共和政のローマを独裁者の手から救うために、カエサルの暗殺を企てた。しかし、彼の行為はさらなる内戦を導くことになった。ブルートゥスとその共謀者たちと、カエサルの友人たちの間に激しい争いが起こった。結果として、一人の男が勝利を収めた。カエサルを大叔父にもち、カエサルの養子とされたその男は紀元前二七年、自らをローマで最初の皇帝位につけ、アウグストゥス〔尊厳者〕と名乗った。

アウグストゥスは抜け目なく立ち回った。彼は共和政の体制を維持したため、以前と同様に民会は開催され、コンスルも選出された。彼は皇帝ではなく、「第一市民」〔プリンケプス＝第一人者〕と名乗った。彼は自分の仕事を「世話人」のようなものと考えた。あるいは、自身が世話人であるかのように見せかけた。ある仕組みが適正に機能するように世話をする立場にある者だとしたのである。彼はこれ見よがしな威厳を見せつけることなく、ものものしい護衛も引き連れなかった。彼は一般市民と同じくボディガードをつけずにローマ市内を歩き回った。彼はその時なお存続していた元老院の場に入場し、その議論に耳を傾けた。彼は性格的に親しみやすい人間だった。片手を挙げてローマに忠誠を誓うローマ式敬礼は当時も行われていたが、アウグストゥスに対しては、どのような形式の敬礼もする必要がなかった。皇帝と市民はごく普通に挨拶を交わしたのである。

アウグストゥスは古き良きローマの美徳を復活させようとした。彼はローマが贅沢と退廃によって脆弱化していると考えていた。彼は、現在の我々が言うような「家族の価値観」を元通りにしようとした。彼は詩人オウィディウスを追放した。子どもを産んだ女性はもはや美しくない、とこの詩人が書いたからである。また、アウグストゥスは歴史家リウィウスに批判的だった。ごく最近起こったローマの紛争についてリウィウスが書いたことのいくつかが気に入らなかったからである。ただし、リウィウスが貴族的な振る舞いや国家への献身といった「ローマの美徳」を書いた部分にはおおいに賛同したのである。しかし、かつてのローマが実践していたあるものを、彼はついに復活できなかった。

前27年、アウグストゥスはローマで最初の皇帝となった。

ローマは帝国となり、アウグストゥスはこれを安定化させ、支配した。しかしそれは、パートタイムの市民兵ではなく、有給の常備軍の援助なしには達成できなかったのである。

以後二世紀にわたってローマは平和な日々を送った。その広大な領土内にローマの法と秩序が行き渡ることになった。その国家形態は共和政のままであり、歴代皇帝たちはかつての王のようになることはなかった。つまり、彼らの相続人が王になることはなかったのである。皇帝は自分の縁戚か、あるいはそうでない者の中から自分の後任者を選び、それを元老院が承認した。もっと後の時代になると、競い合う皇帝立候補者の間で血みどろの戦いが起こったが、少なくとも二世紀の間、次期皇帝は問題なく選ばれ、問題なく承認されたのである。

しかし三世紀になると、最初のゲルマン人の侵入が始まり、帝国は没落の道を歩み始める。一連の侵入を経験したのち、ローマ帝国は、ディオクレティアヌスとコンスタンティヌス（一世）という二人の皇帝によって再建を図ることになった。皇帝の防衛力強化のために、二人の皇帝は軍隊を拡大・再編成し、帝国の国境内に侵入したゲルマン人からも徴兵を行った。この巨大化した軍隊への支払いのために、皇帝たちは税金を上げざるを得なかった。税収確保のために、より正確に人口を登録することが急務とされた。こうして官僚機構が発達し、官僚が帝国の直接の支配者となった。こうして初期段階では、平和が保たれ、税収が確保されているかぎりは、さまざまな地方で独自な行政をすることが許された。

ディオクレティアヌスは商品の価格を上げた者を死刑に処すことによって、インフレを抑制しようと試みた。ますます巨大化する軍隊のために税金が投入されるのに、商売人はその税金を納めるために商品を値上げすることが許されなかったのである。こうなれば誰でも商売などやっていられなくなる。しかし、これに対するディオクレティアヌスの回答は、商人はその商売を継続することが義務づけられているし、商人の死後はその息子が仕事を引き継がなければならない、というものだった。この頃の皇帝たちは自暴自棄になっていた。彼らはもはや社会を支配しておらず、ただ強制するのみだった。このような社会になってしまえば強靭さも道徳心もなくなり、新たな侵入に抵抗することは不可能だった。

三一三年にコンスタンティヌスは帝国のキリスト教を公認したが、その目的には帝国の強化も含まれていた。彼が求めた強さは教会の組織力ではなかった。キリスト教は大きく発展したが、まだ少数派の宗教だった。コンスタンティヌスとその重臣たちは、古いローマの神々への信仰を失っており、皇帝と帝国を最もよく守ってくれるのはキリスト教の神ではないか、と考えるようになっていた。コンスタンティヌスは最初のうち、キリスト教徒がどれほどの力をもっているのかよくわかっていなかったが、もしも彼がキリスト教を支持したら彼らの神が自分の味方になってくれるかもしれない、と考えたのである。

ディオクレティアヌスもコンスタンティヌスもしだいに、かつての皇帝とはかけ離れたものになっていった。彼らはペルシャの皇帝を模倣するようになり、自らを神の姿に似せようとした。彼らは宮殿内に閉じこもり、アウグストゥスが行ったような、ローマ市内を散策する姿は一切見られなくなった。皇帝に会おうとする市民たちは、ボディチェックを受けることになった。そして迷路のような廊下を目隠しされて連れまわされるために、自分がどのような経路で皇帝のもとに向かっているのか、まったくわからなくなった。これは皇帝が暗殺されるのを極端に恐れたためだった。こうしてやっと

	軍隊の組織構成	政治上の流れ		挨拶の形式
古典古代	市民兵	前500年	ギリシャの民主政 ローマの共和政	共和政式敬礼
	有給の歩兵	前27年	アウグストゥス、 初代皇帝となる	共和政式敬礼
	有給の外国人歩兵	 476年	ディオクレティアヌス、 コンスタンティヌス 後期の皇帝たち 西ローマ帝国の滅亡	拝跪礼

図 28

皇帝に拝謁する際に、訪問者は屈辱的な姿勢を取らされた。玉座の床の上で拝跪礼をさせられたのである。

ローマの統制はより厳しくなっていったので、帝国の人々はその抜け道を模索するようになった。巨額の税金を納めたくない大地主たちは、自分の土地を一種の「抵抗の要塞島」にして、その中で働く人々を保護するようになった。帝国の初期段階では、このような人々は奴隷だった。しかし、ローマの征服が終わって奴隷の供給が枯渇すると、大地主たちは土地を切り分け、彼らに保護を求めてくる奴隷・元奴隷・自由民らを割り当てて働かせた。地主たちは後期の皇帝たちに憤慨して納税を免れようとしたものの、皇帝たちが作った、人々は生まれ育った土地に留まるべきであるため、別の場所へ移住を望む小作人もその地に拘束される、という新しい法律は喜んで受け入れた。さまざまな出自の小作人たちは、次第にみな同じような身分におさまっていった。つまり中世において農奴と呼ばれる者になっていったのである。彼らは奴隷のように誰かの所有物ではなく、自身の土地と家族を持っていたが、その土地を離れる自由はなく、主人のために働く義務に縛られていた。

西暦四七六年は西ローマ帝国が滅亡した年だが、この頃には中世社会がその形を整えていた。大地主たちはすでに要塞化した邸宅に住み、その土地で働く者たちの主人または保護者となった。西ローマ帝国に取って代わった新たな社会は、共和国にせよ帝国にせよ、個人に対する忠誠を中心にして団結していくことになった。しかしローマ支配の伝統はその消滅後も、ヨーロッパ人の記憶の中に長く留まることとなった（図28）。

第5章 政治の第二形態──封建制

西ローマ帝国に取って代わった国家は非常に原始的なものだった。国家の基礎は戦士の首領から成りあがった国王であり、王は家来たちに土地を与え、その見返りに家来たちは王に軍事力を提供した。こうして国王は税の取り立てもなく、精妙な政府を組織することなく、軍隊を手に入れた。このような形で家臣たちに与えられた土地は「封土」と呼ばれる。中世ラテン語でこの言葉はフェウドゥム(feudum)だったことから、ここから「封建制」(英語 feudalism)という言葉が生まれた。

家臣たちに分配するための土地にあまりにも大きく依存していた封建君主たちは、必然的に弱い君主とならざるを得なかった。理論からすれば、彼らは自分が家臣に割り当てた土地を統制し続ける者ということになるが、実際にはそうした土地は家臣たちの私有財産となり、父から息子へと引き継がれた。大地主は王に忠誠を誓ったが、彼らは王に反抗したり、王を無視したりできる絶妙な立場にあった。彼らは軍事力を備えていて、王は必要に応じてその力を利用できることになっていたが、その力を王に向けることもできたため、王は彼らを服従させるのに大変な苦労を重ねた。家臣たちはそれぞれ城に住み、同等の地位にあるライバルに対して、さらには自分の主人に対しても守りを固めることができた。

この頃、戦争方法に大きな変化が現れた。古代社会のギリシャやローマでは軍隊の中核を成していたのは歩兵だった。それがこの時からは騎兵が中心になっていった。東方世界の発明品「あぶみ」が西ヨーロッパにも伝えられ、馬上で戦う男たちの戦闘能力が飛躍的に進歩した。鞍をつけた馬にまたがり、あぶみを使う騎兵は、以前よりはるかに安全に騎乗できるようになった。歩兵にとって馬に乗った兵士を打ち倒すのは一段と難しくなり、騎兵の方は自分の力と重さに馬の重さを加えて戦うようになり、人馬はここでひとつの戦闘ユニットとなった。馬にまたがって全速力で走り、投げ槍を持つ騎兵は強力な戦闘マシンにほかならなかった。こうして馬に乗って戦う者はナイト〔騎士〕と呼ばれ、騎士となる訓練を積む者はスクワイア〔騎士見習い〕と呼ばれた。大地主すなわち領主は、王への奉仕のために数多くの騎士を供給することができた。

領主は王に対して個人的な忠誠の誓いをたてることで、王と結びつけられた。それはこのような手順で行われた。まず、領主はひざまずき、両手を握って上に掲げて忠誠を誓う。領主が握りしめた両手を王がさらに自らの両手で包み込むと、領主は王の家来になり、彼に仕えることを約束する。誓いの言葉を述べ終わると、家来となった領主は立ち上がる。王と家来は立ったまま口づけを交わす。これは互いに従属し合い、平等な関係であることを示す儀式であり、王が家来を守る限り、家来は王に忠実であることを約束するのである。西欧諸国で王権が確立し始めた頃から、支配者と被支配者の間には暗黙の契約があるものとされ、この考えは長きにわたって引き継がれていった。

両手を組み合わせる仕草は、祈りを示すものとして知られている。しかし、キリスト教徒たちは、初めのうちは、キリストが栄光のうちによみがえる東の方へ向いて立ち、両腕を大きく広げて祈っていた。現在の我々の祈りの仕草は、かつて領主が忠誠を誓ったときの仕草を模倣しているのである。この儀式の起源や両者の関係性が示すものは何か、といった点についてはさまざまな議論がある。それはゲルマン起源なのか、ローマ起源なのか。ローマ社会では、最盛期においても若者は有力な保護者を必要としていた。帝国が弱体化していくにつれて、人々は自分たちを守る強い人間をなおいっそう求めるようになった。しかし、両手を組み合わせて口づけを交わす儀式は、戦士とそのリーダーが絆を固めるゲルマンのものだった。

忠誠の誓い（ドレスデン版「ザクセンシュピーゲル〔ザクセン法鑑〕」写本、1220-1235 頃編集）

国家という概念は、実際にそれを動かしている人々を別にすれば、消滅してしまった。王が死ねば、仕えていた多くの重臣たちは新しい王に忠誠を誓った。その時初めて、その領域に新しい統治が成立することになった。統治は個人的な絆で構成されているので、王は領土を自分の子に分配することもできた。これはシェイクスピア劇のリア王も、また現実にカール大帝〔シャルルマーニュ〕も行ったことだった。帝国をまとめるために努力を積み重ねてきたにもかかわらず、その領土は我が子に分け与えた。新しい統治は、新しい忠誠の誓いによって作られた。王国の継続性はその土地によってではなく、王の血筋に由来した。ローマ帝国の皇帝たちは、自分の帝国を子どもに分け与えることができるとは思いもしなかっただろう。彼らの義務は帝国をひとつにまとめることだった。ローマ帝国が東西に分割された時も、それはその行政と防衛が改善されるようにということであった。

弱い立場にあった封建君主たちは、国内の権力を持つ人々から助言を受ける必要を感じていた。彼らには自分の意のままに動かせる軍隊もなければ、正規の徴税システムもなく、また役人たちの仕組みも持っていなかった。したがって彼らは重要な決断を下す前に、国内から主だった人々を招集して助言を受け、彼らの了承を取り付けるようにした。この助言を受ける方法は制度化されて、聖職者・貴族・平民という三つの身分の人々が議会に招集されるようになった。

一般に言う英語のエステート（estate）は「所有地」を示すものではなく、中世においてはある人々の集団を意味していた。封建社会には三種の人々が存在していた。聖職者（祈ることを義務とする人々）、貴族（戦うことを義務とする人）、そして平民である。平民は、社会において金儲けから肉体労働まで、さまざまな仕事について働く人々である。エステートは「階級」とは非常に異なるものだった。階級はいずれの場合も経済と関係を持つものだが、この三種の人々（聖職者・貴族・平民）は機能で分けられていた。それぞれの内部には、経済との関係で果たしている役割にせよ富にせよ、巨大な差異が存在した。聖職者には大司教や司教など非常に裕福な者もいたが、地方の教区教会の司祭な

3つの身分　左から、聖職者・貴族・平民

ど極貧にあえぐ者も含まれていた。貴族にしても、莫大な富を持つ大土地所有者から貧乏貴族までさまざまな者がいた。また平民の中には、大商人や銀行家など、貴族を上回るほど豊かな財産を持ち、多くの平民を働かせる雇い主もいた。裕福で資産家の平民は議会に代表を送ることができたが、半奴隷ともいえる農奴のような労働者の場合には、そうではなかった。

フランスには三つの議会があり、「(全国)三部会」と呼ばれた。第一の議会は聖職者、第二の議会は貴族、そして第三の議会が平民のものだった。イングランドでは聖職者は大司教と司教が代表者を送る議会に貴族の代表者も加わり「上院」〔貴族院〕を構成した。一方、平民たちは「下院」〔庶民院〕を構成した。この名称は中世に発して、君主政を経て、現在の英国議会にも引き継がれている。英国は現在民主政を行っているが、これは全員が下院議員選挙で投票できるようにし、上院の権限を制限して、君主政を「お飾り」〔名目上の指導者〕にした結果である。これは、古典期の民主政アテネとは異なる民主政である。

中世の議会は統治のために常設されたものではなく、君主が特に必要と判断した際に招集された。議会の主な仕事は法案を通過させることではなく、君主が通常より余計に収入を必要とする際に議会は招集されたのである。非常に低い基盤からスタートした王たちは、徐々に力をつけていった。彼らは自分の治める王領地から上がる収入と定期的に徴収する税を収入源としていた。しかし支出が増大すると（その主な原因は戦争だった）特別な税を課す必要に迫られ、そのためには議会を招集して、その承認を得なければならなかった。議会は王に対して苦情を言い渡すことができ、また議会は新しい法律を通過させたが、それらは王の閣僚だけではなく、議員たちから提出されることもあった。

中世において町が大きく発展すると、別の形をとる政治組織が生まれた。町を治めたのは選挙で選ばれた評議員であり、評議員は市長を選出した。中世の君主たちはあまりにも力が弱いため、町が発展してもその住民たちを直接支配することができなかった。君主たちは、町の住民が自分に忠誠を誓い、税を納めることの代償として、彼らによる自治を認めた。町の評議会では平等の立場の者が集まり、お互い同士で宣誓をし合った。これは領主と家臣という構図とはまったく別の世界であり、それが領国内のいたるところに存在していたのである。王国内の都市において、選出された機関である評議会と市長が自治を行う仕組みはヨーロッパの発明だった。強い権力を持つ君主たちは町の中に自分のライバルとなる組織が発展することを許さず、家来の中から都市を治める者を任命した。ヨーロッパでは、商人や銀行家、製造業者などが富を築き、より力をつけていき、半分独立したような地位になった。農村部を拠点とする大領主たちをおさえるために、君主はこうした町の実力者たちと、その富に頼るようになる（君主たちは彼らに税を課し、ときに借金をした）。これもまた尋常ならざる発達といえるものだった。

弱い君主は家臣である貴族と衝突し、議会とも争ってきたが、一四〇〇年頃からは、君主たちが優位に立つようになった。封建君主たちは、我々のよく知る絶対君主へと変貌を遂げていった。彼らはもはや議会を頼りにする必要がなかった。議会は廃止せず、もっと簡単に、議会の招集という面倒なことをしなくなったのである。君主たちは新たな資金調達法を見つけていた。フランスの国王たちは国家の官職を売却した。関税の徴税官になりたい者は国王に大金を前払いしてそうなり、その後でこの男は商人たちに手数料を課し、前金で費やしたものを取り返すのである。スペインの国王は新世界（メキシコとペルー）から産出される金という予定外の利益を手にしていた。

絶対君主の「絶対」は誤解を招きやすい言葉である。ヨーロッパの君主たちは思うがままに振舞ったことはないし、暴君でもなかった。彼らは通常法律を遵守し、臣民たちに対してどのような裁きが為されたのかを確認していた。ただし国の安全が脅かされた時には、面倒な相手がもちこむ問題を処理するため即決できる親臨法廷を持っていた。君主たちは、王は地上における神の代理人であるから、王に服従せよ、という考えを広めた。これは初期の王たちの主張よりも大胆な説だったが、君

	軍隊の組織構成	政治上の状態	挨拶の形式
古典古代	市民兵	前500年　ギリシャの民主政 ローマの共和政	共和政式敬礼
	有給の歩兵	前27年　アウグストゥス、 初代皇帝となる	共和政式敬礼
	有給の外国人歩兵	ディオクレティアヌス、 コンスタンティヌス	拝跪礼
		476年　西ローマ帝国の滅亡	
中世	騎士 （不定期）	封建君主と「エステート」	ひざまずく・口づけする
		仕事面で同等の人々が 町の統治を担う	互いに宣誓しあう

図29

主たちもその支配方法を神によって判断されることになるので、彼らもまた制約を受けていたことになる。いずれにせよ、絶対君主が封建君主よりはるかに強大でかけ離れたものであったことは間違いない。王と臣民がお互いに口づけを交わし合う儀式はもはや行われなくなっており、臣民が君主の前にひざまずくと、君主はその手を臣民に向けて、ここに口づけせよと命令した（図29）。

　君主たちは資金を使って、自身の軍隊をつくった。それは騎兵ではなく歩兵の軍隊だった。中世末ともなると、騎兵を馬から叩き落とす新たな武器、大弓とパイク〔矛〕が登場したからだった。イングランドではクロスボウ〔弩〕

よりも強力な大弓が発明された。イングランド兵はこの大弓を使って騎兵の鎧を打ち砕き、彼らを馬から叩き落とした。フランス兵はこれを不名誉な武器だと考えて、最初のうちは命令されてもこの武器を使用することを拒否した。しかし、第一次世界大戦で機関銃に向かって突進した兵士のように、フランスの騎士たちは大弓によってなぎ倒されていった。フランスの君主たちが自軍の中に弓兵を導入するまで長い時間はかからなかった。スイスが開発したパイクは、長く重い投げ槍である。歩兵は普段はこのパイクを肩に担いで進軍する。戦闘になるとパイクを下に向けて正方形の陣形にかまえて、そこからパイクの穂先を外に向けて一斉に広がる。敵の騎兵たちはこの攻撃で馬から打ち落とされるか、馬が穂先で突かれるという戦法がとられた。

ひとたび軍隊をわがものにすれば、君主たちは臣民に対して、すなわち王権に反抗する大領主に対しても、さらには納税を拒む貧しい農民に対しても、その武力を行使することができた。中世も後半に入るとヨーロッパに火薬がもたらされ、王の支配力が強化された。王の軍隊は敵の城の壁に向けて大砲を打ち込み、城を破壊することができた。

ヨーロッパはしだいに「正常化」されていき、政府がその機能を果たすようになってはいたが、支配される側が支配する側を左右しうるような当初からの奇妙な状況は、依然として存続していた。イングランドでは議会はなおも存続してさらに強力になり、フランスの君主は一七五年間も開催されていなかった全国三部会を招集することを余儀なくされた。

ヨーロッパ本土では、君主たちが互いに常に戦争状態にあったため、軍事力増大に関する強い発言権を持っていた。しかし、イングランドの君主は自国防衛のためには陸軍力ではなく海軍力が必要だと考えたのだが、しかし海軍では、国内に存在する国王の敵を制御するためには使うことができなかった。イングランドでは、大規模な常備軍の維持を望む王は、イングランドの自由に対する脅威と見なされたのである。これはイングランド国王が望むような、必要となれば自らの臣民に対して向けられる兵力を増強しようとすることを困難なものにさせた。こうした状況下でさえ、一七世紀のイングランドの君主たちは、ヨーロッパの絶対君主たちに肩を並べようと努めていたのである。

大弓（左）とクロスボウ（右）

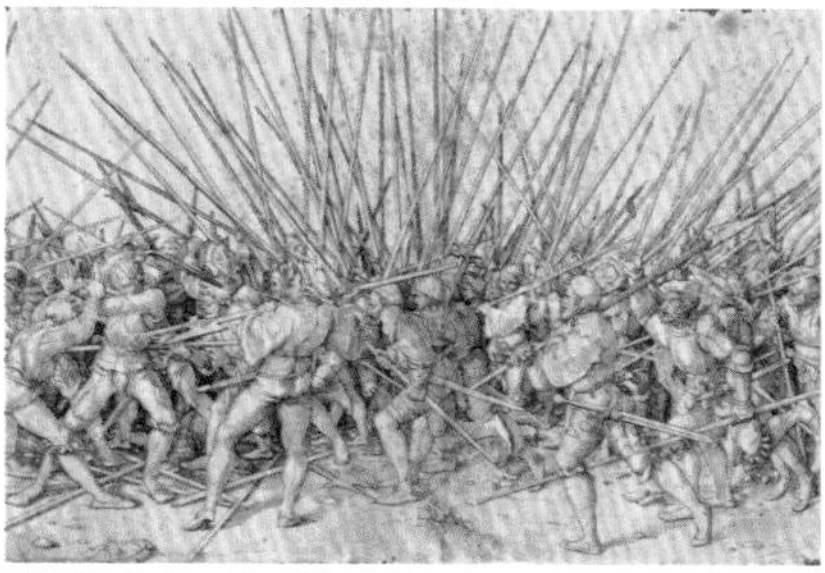
パイク（矛）で戦う様子を描いたハンス・ホルバインによる版画

＊　＊　＊

この試みを企てたのは、スコットランドに起源をもつステュワート朝の王たちだった。処女女王エリザベス一世が一六〇三年に死去し、スコットランドのジェームズ六世がイングランド王ジェームズ一世として即位した。ステュワート朝の彼の後継者たちはみな、イングランドとスコットランド両国の支配者となった（図30）。

ジェームズ一世、その息子のチャールズ一世、その孫のチャールズ二世とジェームズ二世はみな議会と対立した。彼らはしばしば事態を処理するにあたってまずい対応を取ってきたが、彼らの直面した事態は実際に大変な難問だった。彼らはより多額の歳入を必要としていたが、さらに多くの課税を要求する際にも王の政策を統制する権限の拡大を議会から求められた。当然ながら議会から激しい抵抗を受けたため、王たちは収入を得る別の方法を見つけようとし、議会に戻ることを必要とは考えなくなった。このことで議会はなおさら王たちに対して疑い深くなり、王たちがヨーロッパの君主がやってきたこと――議会をまったく無視して政治を進める――をするのではないかと危惧するようになった。王と議会との間で燃え盛った闘争の重要な点は、対立の起源に宗教があったために、議員たちは議会のためなら命を賭してあたる覚悟ができていたことだった。ステュワート朝の王たちはカトリックであり、カトリック教徒と結婚していた。少なくともプロテスタントの家臣たちにとっては、王たちはプロテスタント寄りではなかった。

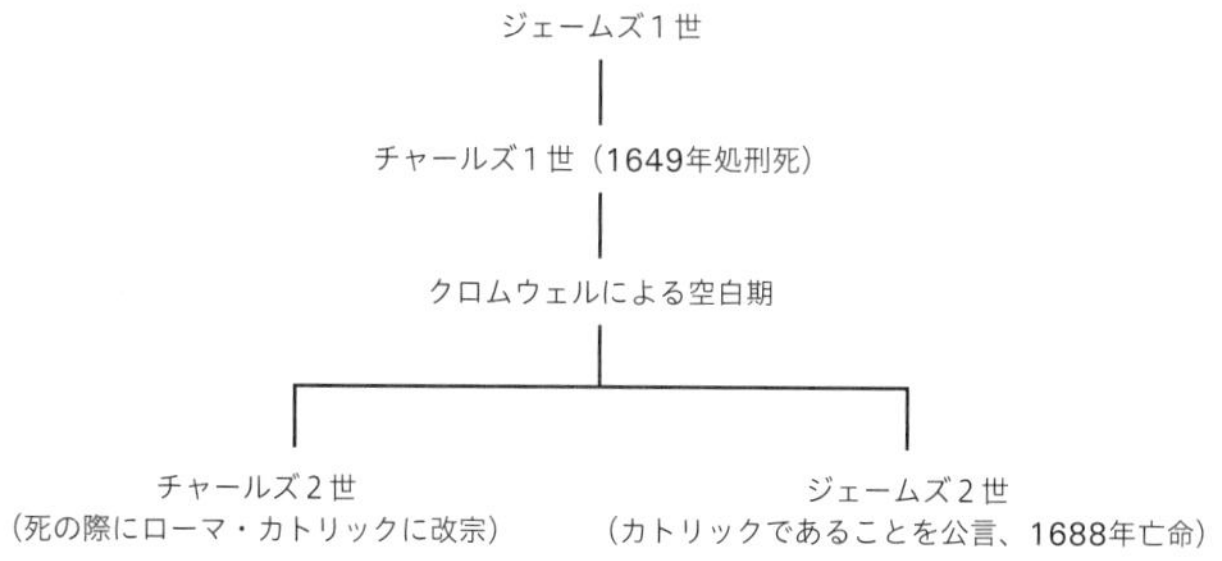

図30

イングランドは宗教改革を経験する中でプロテスタントの国となった。しかし、その成り立ちは、宗教改革の母国ドイツとは異なるものだった。イングランドには、ルターに相当する人物はいなかった。イングランドがプロテスタントに向かうきっかけを作ったのは国王ヘンリー八世だった。この王は六人の王妃を持ったことで有名である。王の最初の妻キャサリン・オブ・アラゴンはカトリックだったが、王妃として為すべき義務である、男の子を産むことができなかった。こうした問題の通常の解決策は、ローマ教皇にその理由を説明して結婚を無効としてもらうことだった。しかし教皇には協力したくない別の理由があった。王妃は歴代のスペイン統治者の家族の出であったため、彼らの不興を買うことを恐れたのである。そこでヘンリー八世は一五三四年に、ローマ教皇ではなく、自身がイングランドのカトリック教会の首長であることを宣言した。彼は自らの意のままになる大司教を任命してキャサリンとの結婚を無効にさせ、彼女の侍女のアン・ブーリンと結婚した。こうしてヘンリー八世以後、イングランド教会(いまやそう呼ばれるようになった)は着々とプロテスタントの道を歩み始めたが、それでもいくつかのカ

アンソニー・ヴァン・ダイク「イングランド王チャールズ一世」1635頃

トリックの儀式を残していたし、また大司教や司教もそのまま存続させていた。こうした一連の流れは、教会の徹底的な改革を望んでいた熱心なプロテスタント〔ピューリタン〕を怒らせた。

　ジェームズ一世はピューリタンたちの要求を拒絶したが、寛大にも聖書の新訳を作ることを認めた。ジェームズ一世版の『欽定訳聖書』の文章は優雅にしてみずみずしく、以後三世紀にわたって英語版聖書のスタンダードとなった。ジェームズ一世の息子チャールズ一世は、神学と儀礼においては高教会派と呼ばれる宗教が好みだった。そして、これはピューリタンのみならず、ほとんどのプロテスタントにとって、あまりにもローマ・カトリックに近すぎるものだった。チャールズ一世は、自分が首長を務める国家宗教イングランド教会に、自分の宗教観を強要するという失策を犯した。彼自身はカトリックではないが、王妃はカトリックであり、彼女は個人付聖職者をつけるという特別扱いを受け、その司祭は法廷でミサを唱えた人物だった。

　チャールズ一世は議会との交渉でたちまち行き詰まってしまったため、以後一一年間、彼は議会と関わることなく統治を行った。議会は王の命令によってのみ開催されることになっていたので、招集しないこともできた。より慎重に知恵を巡らせば、王は永遠に議会を招集しなくても済む方法を見つけたかもしれない。しかし彼は愚かにも、イングランドとは別のもうひとつの統治国の人々に自分の好む宗教儀礼を強要しようとした。その国とはスコットランドであり、よりプロテスタント的で、より激しやすかった。スコットランドはチャールズの考えを思いとどまらせるために、イングランドに向けて軍隊を投入した。スコットランドと戦うために、チャールズには軍隊が必要になり、そのための費用として国民に税金を課すことを議会に諮《はか》らなければならなくなった。こうして議会には、教会や国家に対する王の権力を制限し、さらに議会自身の権力を拡大するための絶好のチャンスが巡ってきた。議会はチャールズの首席閣僚と高教会派のカンタベリー大司教を死刑に処した。チャールズは当初、議会の温情を受けていたが、やがて彼は自分を支持する王党派の人々を集めたため、議会派と王党派との間に戦争が始まった。戦争は議会派の勝利で終わり、そのリーダーのオリヴァー・クロムウェルは特別法廷を設置して一六四九年にチャールズを処刑した。こうしてクロムウェルが王に替わって支配の位置についた。クロムウェルは議会を招集したがうまくは行かず、クロムウェル統治下のイングランドは事実上の軍事独裁国家となった。クロムウェルが世を去ると、彼の部下の将軍がチャールズ一世の時の議会を再招集した。こうして、逃亡中のチャールズの息子がイングランドに帰還し、チャールズ二世として王位に就くことになった。

チャールズ二世は王と議会の力関係を公式に変更することなく統治を開始した。しかし自分の父の処刑という強烈な記憶により、王は自身の主張を強く推し進めることはしなかった。チャールズ二世はカトリックに強く共鳴しており、その死に際してカトリックに改宗している。チャールズ二世は王妃との間に嫡子を得ることはなかった（愛人との間には数多くの子を成したが）。そこで、その弟のジェームズ二世が次の王となったが、この人物はカトリックであることを公表していた。議会は彼を王位から排除する法律を執行させようとしたが、王は議会を解散することでこれに対応した。しかし議会なしに、王は税を課すことはできなかった。王はこの問題を、フランス絶対王政のルイ一四世から秘密裡に資金を調達してもらうことで解決した。ルイ一四世はフランスを完璧なカトリックの国にするために、国内のプロテスタントに寛容であった措置を廃止することにしていた。こうして数十万人ものプロテスタントがフランス国外に脱出した。一六八五年、フランスのプロテスタントは激しい攻撃を受けていたが、その時プロテスタントの国イングランドはカトリックの王ジェームズ二世を国王に戴いていたのである。

ジェームズ二世は、自分が望まれた王ではないことを知っていたにもかかわらず、その行動には慎重さが欠けていた。彼は公然とカトリック信仰を広めようとした。それが彼にとっては真実の教えだったからだった。イングランド内戦〔ピューリタン革命〕におけるすべての争いごとやそれに伴う独裁政治が終了すると、議会派の多くの人々はジェームズ二世をなんとか我慢して受け入れる準備をしていた。しかし、彼の二番目の妻であるカトリックの王妃が世継ぎの男子を産んでいた。このままではイングランドがカトリックの王を戴く流れができてしまう。このことが発覚すると、ただちに議会は一致してこの王を排除することを決めた。議会のリーダーたちは、一人のプロテスタントの統治者を彼の軍隊とともに密かにイングランドに招き入れ、彼を王位に就けた。この人物がオランダ人のオレンジ公ウィリアムである。ウィリアムはジェームズ二世の娘メアリーと結婚していたが、メアリーはジェームズ二世の最初のプロテスタントの王妃の娘である。ウィリアムはヨーロッパのプロテスタント勢力の最大の擁護者であり、自国オランダをルイ一四世の手から守るために戦っていた。

議会の反逆は支障なく進んだ。追い風を受けて、ウィリアムの乗った船はイギリス海峡を驚くべき速さで渡った。ウィリアムが上陸すると、ジェームズ王の軍隊のほとんどは王を見捨て、敵であるウィリアムに投降した。ジェームズはアイルランドに逃亡した。これは議会にとっても都合のよい成り行きだった。これで議会は、ジェームズを審問にかけたり、彼の首を刎ねたりする必要がなくなったからである。こうして王の座は空き、ウィリアムと妻のメアリー〔メアリー二世〕がイングランドを共同統治することになった。

国王と議会の力関係は議会によって再定義され、その条件のなかで王位がウィリアムとメアリーに付与されたということになった。この時に憲法を改正した文書は「権利の章典」と呼ばれた。それは議会の権利と個人の権利を混合させた内容だった。

個人の権利

国王に請願することは臣民の権利であり、そのような請願を理由とした拘禁ないし訴追は違法である。
(ジェームズ二世は、自身の宗教政策に対して請願書を提出した聖職者を処罰していた)

法外な保釈金や法外な罰金を科してはならない。
残虐で尋常でない処罰を科してはならない。
プロテスタントの臣民が武器を持つことは合法である。
陪審員は王権に影響されてはならない。

今日の基準からすると、これは個人の権利についてはかなり限定的なものと見なされるが、この文言こそがこれに続いたすべての権利の声明の基本となっている。アメリカ合衆国の権利章典にも、この「残虐で尋常でない処罰」という文言が使われている。

議会の権利

議会は定期的に開催されなければならない。
国王は法律の効力を停止したり、その執行を停止したりしてはならない。
(ジェームズ二世は反カトリックの法に対して、これらを行っていた)
議会のみが徴税を認可できる。
(ジェームズ二世やその前の王たちは、王権のもとに徴税を行っていた)
議会の承認を得ることなく、平時において常備軍を持ってはならない。
(ジェームズ二世は軍隊を自身で組織した)

国王は自らの手で裁判所を設立してはならない。
（ジェームズ二世は教会の権力を弱めるために裁判所を設立した）
国王とその閣僚は議会の議員選出に干渉してはならない。
（ジェームズ二世は自分の政策に近い議員たちを選出するように画策した）
議員たちは議会において、訴訟の脅威なく自由に発言ができる。
（これは今日、議会の特権と呼ばれている）

エドガー・メルビル・ワード「ウィリアム三世と王妃メアリー二世」

議会はこのようにして、自身の手で憲法における永続的な条文を作り上げた。そしてこれらの出来事において一滴の血も流されなかったため、議会によるこの革命は「名誉革命」と呼ばれた。君主には、閣僚の選出、政策の指示、条約の締結、戦争の宣言など、依然としてかなり大きな権力が残されていた。しかし、君主は議会の承認なくして歳入を得られなかったため、議会において支持される人間を閣僚に選ばざるを得なかった。長い年月を経て、この制約が今日の英国を動かすシステムを形成することになり、このウェストミンスター式政治を踏襲するようになった国々においても同様で

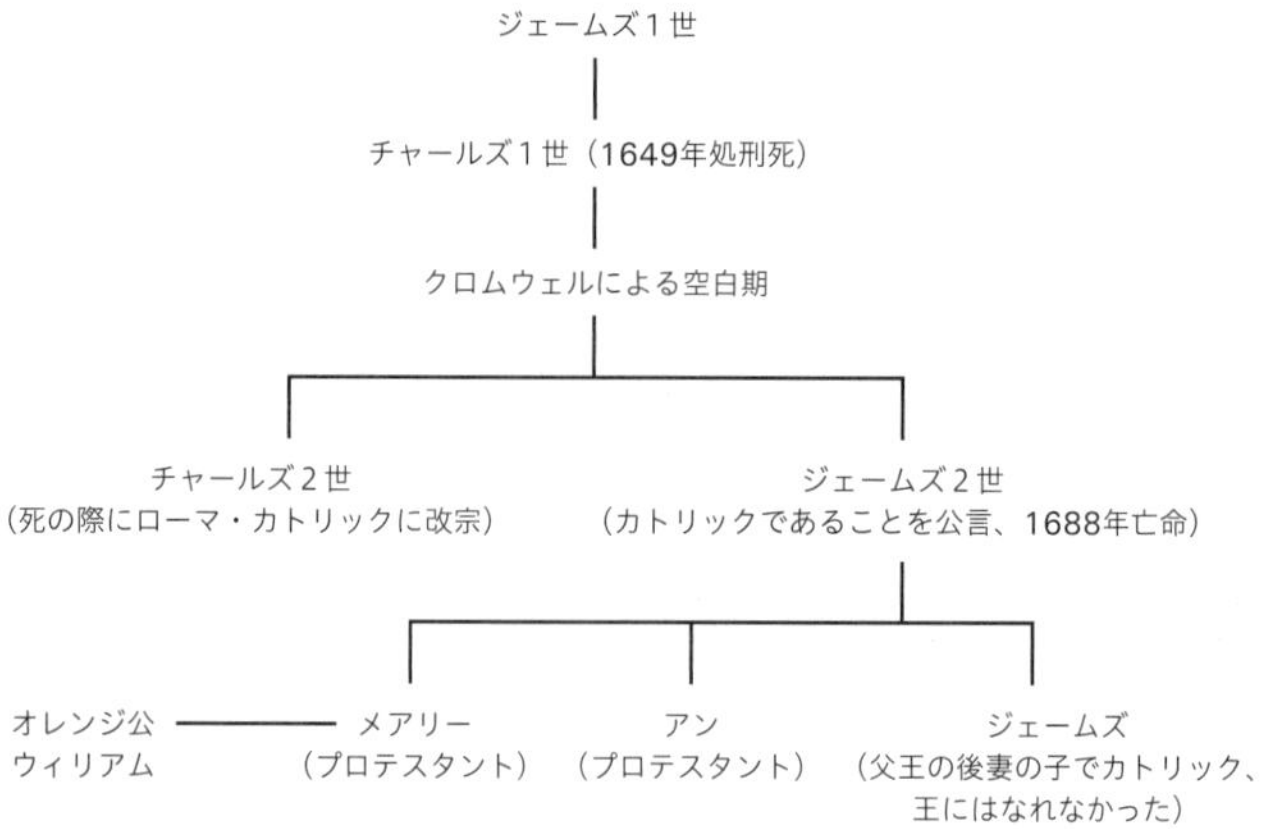

図 31

あった。君主またはその代理人は正当にその任に当たるが、すべての事項において、彼らは議会に対して責任ある閣僚たちの助言に従う義務があるのである。

　ウィリアムとメアリーには子どもがいなかった。メアリーの妹で、ジェームズ二世の娘のアンが彼らの後を継いで国王となった。しかし彼女には当時存命する子どもがいなかった。議会はアンの次の国王を決定する必要に迫られた（図31）。議会は要求の多いカトリックのステュワート家の家系に連なる候補は除外し、ドイツのハノーヴァー選帝侯妃でジェームズ一世の孫のゾフィー〔ソフィア〕を選んだ。彼女はプロテスタントだった。彼女やその相続人であれば新たな王家を作ることができる。自分たちの望む君主を作るための議会が組織された。しかしアンが没した時に、ソフィアも死去した。そこでソフィアに与えられるはずだった王位は、彼女の子のゲオルク〔ジョージ〕に与えられた。ジョージは英語が話せず、その生涯の多くの時間をドイツのハノーヴァーで過ごしていた。
こうしたやり取りを経験した議会は、二つの重要な法律条項を作った。これは現在もイングランド憲法の一部として残されている。

君主はプロテスタントでなければならず、かつイングランド教会に属すること。さらにカトリックの人間と結婚しないこと。
裁判官は君主によって任命されるが、議会の両院の投票によってのみ罷免することができる。

権利の章典は、立法府である議会が政治機構の中で強い権限を持ち、永続的かつ独立した機関であることを保証した。また、裁判官の独立をうたうことにより、彼らを任命した行政官〔王とその閣僚〕から彼らの身の安全を確保した。こうしてイングランドはプロテスタントの国家であることが確定され、この国における自由が保証されることになった。新教〔プロテスタンティズム〕はもともと個人の自由を支持するところから始まったものだった。新教は教皇と司教らの権威への挑戦と、個人の良心や経験の相対的高まりから生まれたものだからである。さらにイングランドは大きな自由への渇望を持っていた。イングランドの宿敵である絶対王政のフランスとスペインはカトリック国であり、議会を回避しようと試みたイングランドの歴代国王はカトリックか、あるいはカトリック寄りの人間だったからである。議会の保持とプロテスタント信仰の保持は、同一の信条となっていた。

議会を形成するイングランドの貴族層と地主階級のジェントルマンたち〔ナイトの下でヨーマンの上にあたる層〕は、自由国家としての制度的取り決めを確定させた。ただし、これはカトリックに対する敵意から始まったものなので、完全な自由という意味ではなく、またリベラルな原則を受け入れることによって成立したものでもなかった。議会は常に自らを、古くからの権利と自由を護持しているにすぎないと宣言していた。王と議会派による長期の内戦によって見えてきたものは、大陸の絶対君主のような政治を志向する王に打ち勝つためには何が必要なのか、ということだった。王は議会を招集しなければならない、王は議会の承認なくして課税することはできない、王は裁判官を統制してはならない。内戦に勝利したのち、このような、より広範な原則が明らかになった。

議会が起こした革命を支持するための自由の原則を唱えたのは、イングランドの哲学者ジョン・ロックだった。彼の著書『統治二論』は一六九〇年、つまり名誉革命直後に出版された。ロックは、自然法というローマの法思想を引用して、人々は生命・自由・財産に対する自然の権利を持っている。その人間が政府を作る際には次のような契約を結ぶ。人々は政府に力を授け、こうすることによって人々の権利が保護される。しかしこれらの権利が守られなかった場合、人々はその政府を棄却して新たな政府を求めることができる。王は神のごとき存在であるとか、臣下は王に従う義務があるといったようなすべての概念は一蹴せよ、政府の設立は商業のような取引なのである。しかし、政府を作ることは契約であると唱えたのは、ロックが最初ではなかった。これは封建君主とその家臣の間の暗黙の了解事項だった。議会は現実に存続し続けたが、たとえ人々の想像の範囲内だけだったとしても、君

全国三部会

主は家臣に反してではなく、家臣とともに支配するという概念は生き続けた――。イングランドでロックの著書は過去に起こったことを正当化し、それはもはや革命的とはいえないものとされた。他方、ロックの著書は、その後のアメリカやフランスの反逆者たちにとっては、反乱が正義の行為であることを保証し、新秩序を定義するための権利を記した書となったのである。

＊　＊　＊

フランス革命は、当初、イングランドのような立憲君主制を確立することを目的としていた。一七八〇年代にフランス国王が財政破綻に近づいた時、改革者たちはそれを好機だと捉えた。ルイ一六世から指名された財政改革担当大臣たちは、崩壊寸前の徴税制度を統一して、より公正かつより効率的なものに変えようと考えた。この新政策における最も劇的な変化は、史上初めて貴族に対しても他と同率の税を課すことだった。それまで貴族は、国の戦争にみずからと家臣とが参加して戦うことによって、国家に貢献しているとして、税はほとんど払ってこなかった。もはや国王の軍事力確保などは問題ではなくなっていたが、貴族たちは当然のようにこの税制改革に反対した。過去の絶対君主たちは国を支配しやすくするために貴族たちをのけ者にすることはあったが、ここまで排除することはなかった。貴族たちは巨大な威信を持ち、法廷では重要な地位を占めていた（彼らは王の出した法令を登録した）。それは王の宮廷や軍隊においても同様だった。貴族たちはより高い税率で課税を命じられると激しく抗議した。古くからの権利に対する「暴政的な」攻撃に対して示した彼らの抵抗姿勢は、奇妙なことに国民の多くから支持を得た。これは絶対王政の限界を示すものだった。ルイ一六世よりも、より大胆でより決断力のある王であれば、彼らを弾圧し変革を強行したことだろう。しかし王はそうする代わりに、あらゆる方面に助言を求め、新たな税制は唯一議会の権限においてのみ導入されるという案を受け入れた。こうして実に一七五年ぶりに全国三部会が招集されることになった。

たちまち、その議会の開催方法について激しい議論が沸き起こった。聖職者・貴族・平民（第三身分とも呼ばれる）の三つの身分ないし地位の人々は、それぞれ固有の議会場を持っていた。なんらかの措置が取られるとすれば、その前に、三つの議会はみなそれに同意していなければならなかった。法律家を中心とする第三身分の指導者たちは、貴族や聖職者から合意を得られれば、よりすっきりとした新憲法をフランスに導入するチャンスになることを心得ていた。彼らは三つの議会場をひとつにしてそこで投票することを要求した。そして、産業と富を握る第三身分の数の多さを考慮すれば、第三身分の代表者の数はそこではこれまでの倍でなければならない、と訴えた。最初のうち、王は議会招集における古いやり方を変更することを拒んだ。そこからルイ一六世ならではのやり方で、半分譲歩してみせるのだが、これが事態を悪化させた。王は第三身分の代表者の数を倍増することを認めたが、議会は相変わらず別々に開催されることになった。議会場が別々である限り、代表者の数が何人に増えようが、なんら違いはない。第三身分がどのような案件を提出しても、貴族と聖職者たちに否定されてしまうからである。

一七八九年に全国三部会が開催されることになっても議論は続いていた。第三身分の人々は自分たちこそ真の国民議会であると宣言し、聖職者や貴族に対しても彼らの議会に合流するよう要請した。ある日、ヴェルサイユの王宮内にある議会場に彼らが到着すると、その議会場の扉は閉まっていた。扉が閉められていたのはその室内の塗装をし直す予定のためだが、第三身分の代表者たちは神経をとがらせ、王が自分たちを抑えこむ気ではないのかと恐れた。そこで彼らはただちに近くの室内テニスコートに移動し、そこで新憲法が成立しないうちは解散しないことを誓った。この場面を王室画家ダヴィッドが描いているが、これは現実が芸術に描かれたようになる有名な事例となった。ダヴィッドは「ホラティウス兄弟の誓い」を五年前に描いていたが、そこにはホラティウスと息子たちが片腕を挙げて共和政の敬礼をしている姿が描かれていたのである。フランスに新憲法がもたらされるように第三身分の革命家たちが誓いを立てた際にも、同じ敬礼が行われた。

多くの聖職者と、一部の貴族がこの国民議会に合流した。王は憲法の中に、今後全国三部会を恒常的に開催するという一文を入れてもよいという態度を示したが、三つの身分の代表者が一堂に会することには同意しなかった。王は、三つの身分の代表者に対してそれぞれの議会場に戻るように脅したが、彼らの抵抗に合うと、暴力を行使することはなかった。王は前言を撤回し、他の身分の者たちも第三身分と合流するように、と力なく語った。

国民議会の指導者たちは啓蒙思想をよく学んでおり、彼らは非常に明確に自由と平等の原則を掲げていた。彼らのスローガンは「自由・平等・博愛」だった。国民議会は「人間と市民の権利宣言」（一般に「人権宣言」と呼ばれる）という標題をつけたマニフェストを出した。ここに記された権利はフランス人だけのためではなく、人類全体の権利を意味していた。以下はその主要な条項の概略である。


人はその権利において、自由かつ平等なものとして生まれている。

その諸権利とは、自由・所有・安全、および圧制への抵抗である。

主権は国民に存する。

自由とは他者を害することなく、すべてのことを行うことにある。

すべての市民は、自ら、またはその代表者によって、法律の作成に関与することができる。

いかなる人も、訴追され、逮捕され、拘禁されてはならない。ただし、法の正当な手続きを経て、罰を与えることだけが最も法にかなう場合はこの限りではない。

ジャック＝ルイ・ダヴィッド「テニスコートの誓い」1791

いかなる人も、宗教観も含めて、その意見の表明を妨害されてはならない。

すべての市民は、法律によって定められた自由の濫用について責任を負うほかは、自由に話し、書き、印刷することができる。

権力の分立なき憲法は、憲法ではない。

これは栄誉ある文書であり、現代の民主主義の根幹を成す基本文書である。しかし、それは不名誉な革命から生まれたものだった。これらの原則を推奨する人々はイングランドのような立憲君主制を求めていた。しかし、主権は国民にあると公式に表明され、人はすべて平等である、と宣言されたとき、王の身の安全はどうなるのだろうか。この文書の起草者たちは統治を望んでいたが、憲法を制定する際には、資産を持つ者だけが投票権を持つべきだと決めた。しかし、人はすべて平等であると宣言されたのに、平民をどうして排除することができるだろうか。ルイ一六世が人権宣言を受け入れることを余儀なくされたのは、まさに平民の行動によってだった。平民たちはバスティーユの要塞を破壊し、ヴェルサイユの宮殿から王を引き離して、民衆の住むパリ市内に住むように強要した。革命を成し遂げるのに力を貸した平民たちは、もはや立場をかえるつもりはなかった。

イングランド憲法の導入や、一六八八年の無血革命のようなものをフランスで起こすには、あまりにも多くの約束がなされすぎ、また状況の切迫も大きすぎた。フランス革命は、新たな原則に基づいて展開したわけではなかった。というよりも、新たな原則があまりにも多くなりすぎた。ただちに国王は、これらの原則を受け入れることはできないとし、できることなら、自らの統治に加えられた変更を元に戻したい、と表明した。これは急進派に大きなチャンスを与えた。急進派は、民衆と同盟を結び、どんなものであろうと新たな変化を確実にするため、王を排除しなければならないと訴えた。それは変化を望む人々にはある種の反応を起こさせたが、そこで望まれていたのは民衆を含んだ民主主義的な変化というわけではなかった。

革命家たちは、ほどなくしてお互いに争うようになる。ダヴィッドが「テニスコートの誓い」のスケッチを油彩画に描き変えなかった理由のひとつは、この絵の中に描き込まれた人々の多くが、のちに革命の敵として処刑されたからだった。急進派は、ドミニコ派（ジャコバン派）の修道院だった建物で集会を開いたことからジャコバン派と名乗るようになった。その指導者は冷酷かつ強靭な意志の力を持ったマクシミリアン・ロベスピエールだった。ジャコバン派は革命独裁政権に変化していった。

彼らは王の首を刎ね、敵対勢力を議会から追放し、新聞の発行を抑圧し、特別な裁判所を作って革命の裏切り者を処刑していった。彼らは独裁政権について、次のように弁明していた。「人権宣言」の原則をヨーロッパの君主制諸国家にも採用せざるをえなくさせようとして、革命家自身が戦争に突き進んだがゆえに、いまやフランスは国家存亡の危機に瀕しているからなのだ、と。

彼らがこの目的のもとに編成した軍隊は従来とは違う種類のものだった。国民皆兵、すなわち徴兵制が導入されたのである(p.164、図32)。

革命家たちはリウィウスの著書を読んでいた。革命的専制の守護聖人はブルートゥスだった。ローマ共和政の創設者であり、自分の息子の処刑に同意した人物である。議会の演壇の脇にはブルートゥスの胸像が飾られていた。市内にはブルートゥスと改名された通りがいくつも作られ、この頃生まれた男子にブルートゥスと命名する親も多かった。ジャコバン派が共和政を敷くと、人々は、キング・クイーン・ジャックが描かれたトランプで遊ぶことはできなくなった。これら

フランス革命初期の指導者ミラボーの肖像。彼のかたわらにはブルートゥスの胸像が置かれ、背後の壁にはダヴィッドが描いたブルートゥスの絵が飾られている。これは、彼の命令で処刑された息子たちの遺体が自宅に戻される場面を描いたものだった。

	軍隊の組織構成	政治上の状態	挨拶の形式
古典古代	市民兵	前500年　ギリシャの民主政 ローマの共和政	共和政式敬礼
	有給の歩兵	前27年　アウグストゥス、 初代皇帝となる	共和政式敬礼
	有給の外国人歩兵	ディオクレティアヌス、 コンスタンティヌス 476年　西ローマ帝国の滅亡	拝跪礼
中世	騎士（不定期）	封建君主と「エステート」	ひざまずく・口づけする
		仕事面で同等の人々が 町の統治を担う	互いに宣誓しあう
近代	有給の歩兵 （イングランドでは海軍）	絶対君主 （イングランドでは議会政治）	手に口づけする
	市民兵 （徴兵制）	1789年　フランス革命	共和政式敬礼

図32

に変わって描かれたのは、賢人・有徳の人・戦士だった。ブルートゥスは賢人の一人となり、キングはタルクィニウスに見立てられた。つまりかつてのローマと同じように、王政の復活を求めることは犯罪だった。そして、すべてを国家のために犠牲にしなければならないという信念や、流血という事態を受け入れ、それを浄化と感ずる心こそが「妥協を許さぬ共和政の美徳」とされたのだった。それこそが、近代で最初の全体主義国家に対するローマ文化の貢献であった。

第6章

皇帝と教皇

クロヴィス一世の墓（サン＝ドニ大聖堂）

我々の見てきた歴史は偉大な帝国と、その崩壊から始まった。ヨーロッパはローマ帝国から多くの遺産を受け継いでおり、またその崩壊という事実は国家の特徴にも深い影響を及ぼしている。エドワード・ギボンの偉大なる歴史書『ローマ帝国衰亡史』の内容は、我々の意識に強く刻み込まれている。この大事件の後に生きる人々は、過去に偉大なる文明があったこと、そしてそれが今は失われていることを知って、どうしたらよいのだろうか。しかし、もしも読者が中世の領主や学者に対して、ローマ帝国がなくなった今、あなたはどのように暮らしていますか、と質問したとしても、彼らはとまどうばかりだろう。彼らの目にはローマ帝国はその当時もなお存在していたのである。実際、ローマ帝国と呼ばれるべきものは一九世紀まで存在していた。最後のローマ皇帝は、初代アウグストゥスまで、その家系をたどることができる。どうしてそんなことができるのだろうか。

アウグストゥスの治世は前二七年から始まり、彼の築いた帝国は西ローマ帝国崩壊まで約五〇〇年続いた。後四〇〇年頃になると、帝国は西と東に永続的に分断されることになり、東の帝国はさらに千年間、すなわち一四五三年まで続いた。西ローマ帝国に侵入した「蛮族」〔ラテン語を理解しない異民族のこと〕たちも、東の帝国のことを知っていた。フランク王国初代の王クロヴィスは東ローマ帝国の皇帝から「コンスル」〔Consul 執政官〕という称号を授与された。ローマで存続していた教皇もまた東ローマ帝国のことを知っており、多くの「蛮族」が侵入し、西ローマ帝国が崩壊した後もなお、彼の目には、古い体制の重要な部分はいまだ無傷であると見えていた。ローマには教皇がいて、一方には皇帝がいた。それはキリスト教ローマの皇帝だが、その住む所はコンスタンティノープルだった。教皇と皇帝という二つの権威は協力してキリスト教世界を支配することもできた。しかし教皇が、東ローマ帝国の皇帝の助けが実際に必要になった時でも、皇帝は教皇のために多くのことをしてやらなかった。

教皇が危機に陥ったのは八世紀、ゲルマン人が第二の侵入をした際の、ランゴバルド人の活動だった。彼らはイタリア（ローマを含む周辺諸国）を完全に乗っ取る態勢を整えていた。これは教皇には大いなる脅威だった。今日もなお、教皇はその私有地ヴァチカン市を所有している。これはごく狭い土地だが彼の国である。これは教皇がイタリアに属していないことを意味している。歴代教皇は自らの独立性を失うことを常に恐れており、領土が無くなれば統治権も消滅する、と考えていた。もしもヴァチカンがイタリアの一部であったらどうなるだろう。イタリアは、教会を含むすべての社会生活において人々は平等な機会をもつべきである、という法律を作るかもしれない。教会は、教皇はもちろんのこと、女性の司教すら認めていないことを理由に、調査を受けるかもしれない。教会の莫大な富にはイタリア国家から税が課されるかもしれない。またイタリアはすべての公衆トイレにコンドームを設置すべきであるという法律を作るかもしれない。

八世紀の教皇も同様に、ランゴバルド人の支配下に置かれることを望まなかった。教皇は東ローマ皇帝に助けを求めたが、皇帝の方は自国内に侵入するイスラム教徒の対策で手いっぱいだった。そこで教皇はアルプスの北のフランク人に救いを求めた。フランク人はゲルマン人の一部族で、西ヨーロッパ最強の国家を作り上げていた。これが後のフランスになる。キリスト教徒のフランク王ピピンはイタリアへと南進し、ランゴバルド人を征服した。ピピンはローマを囲む帯状の領土が教皇のものであることを確認した。何度もの国境線変更が行われたが、教皇領は一九世紀まで存続した。イタリアという統一国家において、教皇がハンカチのような狭い領土に閉じ込められたのは、まさにこの時だった。

ピピンの子シャルルが後のカール大帝〔シャルルマーニュ〕である。彼はフランク王国の領土をとてつもない大きさに拡げた（図33）。その領国は、西はピレネー山脈を越えてスペインまで、南はイタリア半島の北半分までで、その中には彼の父が教皇に割り当てた領土も含まれていた。さらに東はオーストリアまで広がり、ここには現代のドイツの大部分が含まれている。ローマ帝国没落以来のヨーロッパ

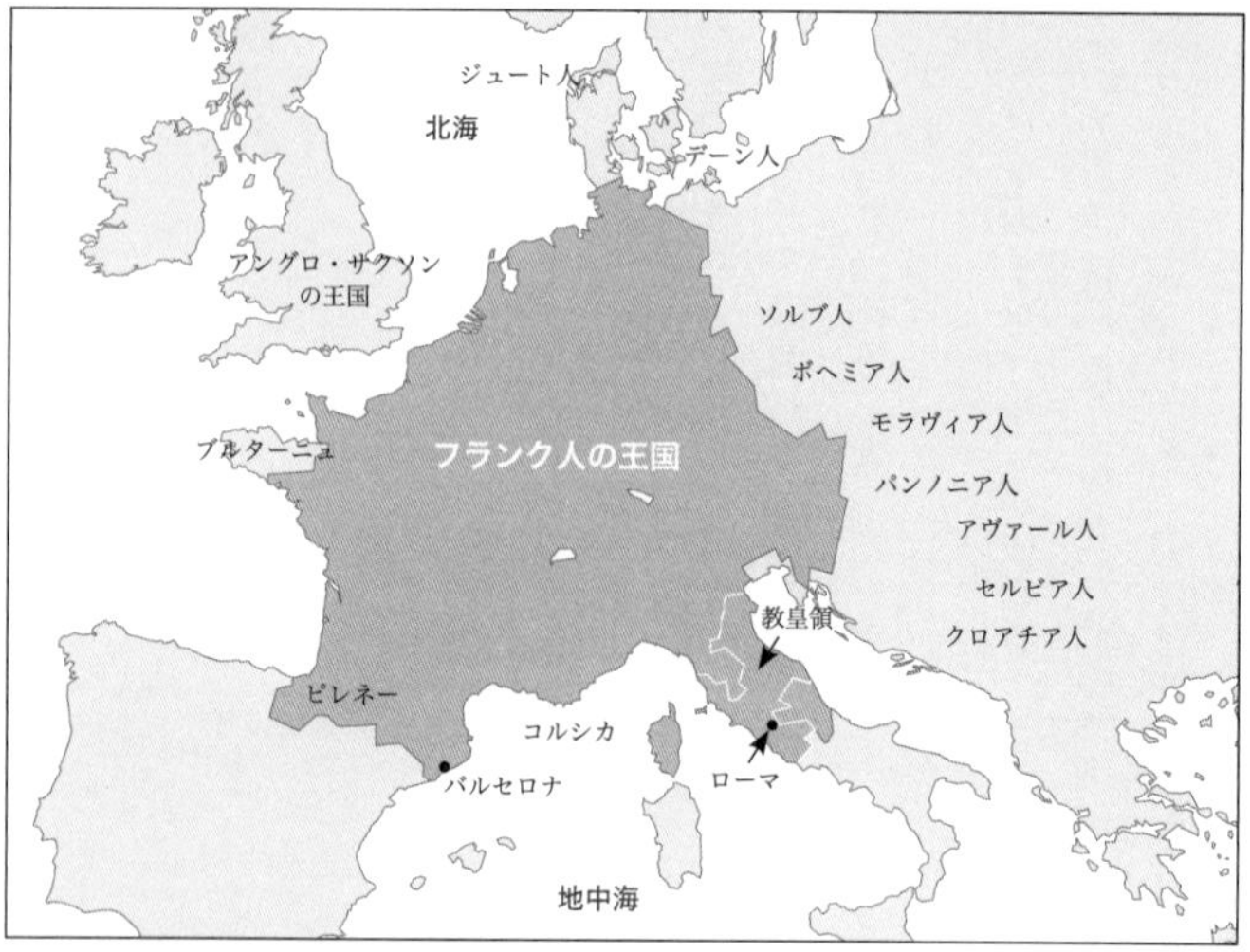

図33　フランク王国の領土は、現代のフランスに、ドイツ・スペイン・イタリアの一部を加えた広大なものだった。

で、単一の国家でここまで広い領土をもった国はなかった(ただし、ごく短期間のナポレオンとヒトラーの帝国は除く)。カールがドイツで苦労した相手はサクソン人だった。ちなみに、このサクソン人はローマ帝国の領土を脅かした経験はなかった。サクソン人は異教徒だったため、カールは彼らに、キリスト教に改宗する方がいいか、あるいは奴隷となって元の奥地に送り返される方がいいか、という選択肢を与えて迫った。

西暦八〇〇年、カールはローマを訪れ、クリスマスの日のミサに参加した。周りの者には予告なしの行動に見えたが、ここで教皇はカールの頭に帝冠を載せ、彼がローマ帝国の継承者であることを宣言した。教皇は自分を保護するだけの力をもつ独自の皇帝を作ったのだった。しかしこれは東ローマ帝国の皇帝に対する背信行

カール大帝の戴冠

為だったため、教皇は自身の行為の弁明をしなければならなかったが、これはとてつもない難事だった。この頃コンスタンティノープルで初の女性皇帝〔エイレーネー〕が誕生していた。彼女は実子である皇帝を失明させて追放し、帝位を我が物とした。しかしこの前例なき女帝は、西ヨーロッパでは皇帝と認められなかった。

のちに西暦八〇〇年のクリスマスの大聖堂で行われたことに関して、歴代の教皇と皇帝の間に大論争が起こった。教皇たちは、カールの頭に帝冠を載せたのは教皇だったのだから、これは皇帝より教皇が優位にあることを示すものだと主張した。しかし、カールへの戴冠の後で教皇はカールに頭を下げたのだから、教皇は皇帝の力の優位を認めたのだというのが皇帝たちの反論だった。教皇は自分の保護者としてカールを選んだだけであり、カールは自身の力でそこまでの権力を持つにいたったのである、というのが皇帝たちの理論だった。カールの力は教皇の地位を頼ったものではなかったのである。

カール大帝の帝国はローマ帝国とはまったく異なっていたし、彼自身がローマ皇帝とはまったく異なる支配者だった。彼は基本的に、その時もなお「蛮族の王」だった。しかし、彼はみずから学び、文字を読むことを学んだ。そうしてカール大帝はラテン語を読むことができた。ただし書く方は苦手だった。彼は死ぬ間際まで、自分のベッドのかたわらに小さな蝋盤を置き、文字を書く練習をしていたが、完全に習得するまでには至らなかった。しかし、彼は自分の帝国に文明という力が必要であることを明確に認識していた。彼はそのことをローマ帝国から学んでいたのである。彼の祖先であるゲルマン人の生活手段は略奪であり、ローマ帝国に侵入した理由は、より多く略奪できることを望んだからだった。彼らにとって統治体〔政府〕とは、彼らに力を与え、彼らとその友人を豊かにすることを目的とする略奪のための組織にすぎなかった。この点については古代も現代も変わりはないと言えるのだが。西ローマ帝国が終焉を迎える頃に生きた聖アウグスティヌスは、『神の国』で、こう記した。「正義がなければ、王国など規模の大きな盗賊に過ぎない」。カール大帝はアウグスティヌスの著作のことを知り、この点についても正しい理解を示していた。アウグスティヌスは彼の好きな作家の一人だった。東方のサクソン人に対して、カール大帝は凶暴かつ残忍に振る舞うこともできた。ただし、それもサクソン人がキリスト教に改宗するまでのことだった。サクソン人が自領内のキリスト教徒になると、カール大帝は彼らを正当に統治することを受け合った。

カール大帝自身はほとんど教育を受けていなかったが、率先して教育を推奨し、学者たちの保護者となり、彼らに古代の文献を見つけ出させ、それらの写本を作ることを命じた。現存するラテン語文献のほとんどは、このカール大帝の時代に写本として残されたものである。もしも彼がいなかったら、古典古代の遺産はずいぶんみすぼらしいものになったことだろう。

カール大帝は帝国の経営にあたり大きな問題に直面した。彼は官僚を持っておらず、通信手段は貧弱で、交易はごく小規模なものに留まり、点在する町はみな小さかった。いたるところが混沌の塊だった。これらすべての点からして、カール大帝の帝国はローマ帝国とはまったく違っていた。彼の政治形態は、領国内の各地方領主を守るために諸侯を派遣して、自分への忠誠を誓わせるというものだった。彼の帝国には制度的基盤がなく、帝国内の政治は各地の指導者の個人的権力に依存していたのである。

カール大帝はアーヘンに自分の宮殿を建設した。この地は現在、ドイツとベルギーが国境を接する場所だが、彼の時代においてはここが帝国の中心にあたっていた。現在この町には彼が建設した教会に由来する大聖堂だけが残っている。この大聖堂はローマの様式に倣ったロマネスク様式で建てられていて、半円アーチが特徴となっている。アーチを支える柱は実際にローマのもので、カール大帝がイタリアからわざわざ取り寄せた。

カール大帝は大変な努力を重ねて広大な帝国を築いたが、ゲルマンの慣習に従って、自分の死後にはその領土を息子たちに分割して与えることに決めた。しかし、彼の死に際して相続する息子が一人しかいなかったため、帝国の分割は彼の孫の世代で行われた。孫たちはその遺産をめぐって争い、カール大帝の帝国は三分割されることになった。西側の領土は結果的に今日のフランスになり、東側の領土は今日のドイツの基礎部分となった。しかし、孫同士の争いと、ノルマン人の侵入という混乱の中で、カール大帝が意図した分割統治のもくろみは消滅してしまった。諸侯は地方の有力者におさまり、王と名のつく者なら誰にでも従い、わずかばかりの忠誠心を誓っていた。こうしてヨーロッパはたちまち西ローマ帝国崩壊後の状態に戻ってしまった。権力は非常に細かく分散し、各地の王たちは強大な王国を作るためには、まず諸侯を征服しなければならなかった。

カール大帝の帝国が消滅すると、教皇はふたたび強力な保護者を失った。そこでしばらく教皇は、地方の君主を見つけては帝冠を与えるといった方法でなんとかしのいでいた。しかし九六二年、かつてのカール大帝のドイツにあたる地域に強力な王オットー一世が登場した。教皇は彼にローマ皇帝の帝冠を与え、以後、ドイツの王なら誰であろうと、教皇から帝冠を授かればローマ皇帝になることができた。これが後に神聖ローマ帝国皇帝となる。

ドイツの王たちはヨーロッパで唯一、選挙で選ばれる王であった。もともとローマ帝国に侵入する前から、ゲルマン人の社会では相続と選挙を組み合わせた慣習が実践されていた。ある王家の男性たちは選挙の候補者になることが定められていた。これは優れた戦士が確実に王になるように考えられたシステムであり、ゲルマンの男たちは役立たずな者を王に戴くことを嫌ったのだった。

フランスでは長い間、歴代の王の息子たちがすべて優秀だったため、しだいに王の跡継ぎがそのまま将来のフランス王となるように決定づけられた。しかし優れた相続人を輩出することができなかったドイツの王たちはこの選挙制度を長い間適用しており、のちの神聖ローマ帝国皇帝においてもこの制度が適用されたのだった。神聖ローマ皇帝はすべてのキリスト教世界の監督者でなければならないという理由により、この理論に立って、皇帝はキリスト教徒の君主の候補者から選挙で選ばれることになった。実際に選ばれるのはほとんどいつもドイツ人の君主だった。最初のうちは大司教や諸侯など数多くの選挙人がいたが、しだいに皇帝の選挙には特定の七人が「選帝侯〔選挙侯〕」という資格を持つようになった。

ドイツ人の王／皇帝は、どの国の王にも言えることだが、地方の有力者に対していかに自分の権力を行使するかという面で苦労した。ことに有力者の中に選帝侯がいればなおさらのことである。皇帝はその地位を獲得するためには選帝侯にへつらうことも必要となり、彼らに対しては権力を振るうよりもむしろ譲歩する道を選んだ。その状況はさらに複雑になった。領土支配のための地方勢力との闘争に加えて、何世紀にもわたって、皇帝は権力と威信において彼に匹敵する人物との戦いにも巻き込まれていた。それがローマ教皇である。

教皇と皇帝は協力し合って互いの権力を築き上げてきた。皇帝は教皇権の保護者であり、とくに重要な教皇領の保全の役を担ってきた。ときには、聖ペテロの座〔教皇位〕を巡って、複数の野心家ではなく、より敬虔な教皇候補を推挙するためにローマに介入することまでも行ったのである。教皇は皇帝に帝冠を授けることで彼らに権力を与え、彼らにローマ皇帝の称号を与えた。しかし一一世紀頃から両者の協力体制は崩壊した。教会の運営はローマの指示に従うべきであり、王や諸侯はこの件に介入してはならない、と教皇が主張するようになったからだった。

カトリック教会は中世における最大の国際機関だったが、王と地方の実力者たちが自分のなわばりにおいて司教の任命権を握っていたので、実態としては常にその権限を脅かされていた。司教の任命はかなりの難題であり、この件に関して王や諸侯は当然のごとく口をはさんできた。司教の仕事は司祭や教会職員の面倒を見るほか多岐にわたっており、教会に直接収入をもたらす土地の管理も任されていた。教会の土地はしばしば領土内の三分の一を占めていたが、ドイツにおいては半分近くもあった。世俗の権力者は、巨大な力を持つ司教たちにいかに影響力を及ぼすか腐心していたのである。

教会が国際組織であるということについて、こう考えてみよう。トヨタという日本の自動車メーカーがある。本社は東京〔東京本社〕にある〔トヨタ自動車には、愛知県豊田市に本社、東京に東京本社がある〕。アメリカにトヨタの工場ができると、その最高経営責任者はアメリカ合衆国の大統領によって任命され、工場長は工場所在地の市長によって任命される、と仮定してみよう。公式には工場長も最高経営責任者も東京本社に忠誠を誓っている。しかし現実として、二人は現地の大統領と市長によって任命されたので、大統領と市長に常に気を遣っており、彼らの機嫌を損ねることなどもってのほかである。さらに大統領や市長は、自動車の専門家ではない人間を最高責任者や工場長に選んでいるかもしれない。この二人は従業員に仕事を与え、毎週を楽しく過ごしたいと考えている……。中世の教会はだいたいこのようなものだった。教会組織は地元の有力者やヨーロッパの君主たちによって弱体化され、内部

ひざまずいてトスカーナ女伯マティルデ・ディ・カノッサに教皇グレゴリウス七世への仲裁を懇願するハインリヒ四世（カノッサの屈辱）

から破壊され、略奪されていたのである。

この「心地よい仕組み」全体をひっくり返し、より強固な権限をローマに奪い返したいという意志をもった教皇が登場する。それが一〇七三年に教皇となったグレゴリウス七世である。彼は、これ以後司教は自分が任命する、と宣言した。神聖ローマ皇帝ハインリヒ四世はこれに対して、司教の任命はこれまで通り自分が行うと答えた。皇帝の態度があまりにも強硬だったため、教皇は皇帝を破門した。つまり皇帝は教会から追放されたのである。皇帝はミサに出席できず、教会が施すすべての礼拝も受けられなくなった。破門は教皇が持つ最終兵器であり、その領国内の人々は破門された王に従うことが禁じられた。常に皇帝の支配から逃れようとしていたドイツの諸侯は、ハインリヒ四世の破門と無支援という事態を歓迎した。

ハインリヒ四世は、北イタリアのカノッサ城に滞在していた教皇のもとに向かった。それも冬のさなかにアルプスを越えてのことだった。皇帝は城門の外で雪の中を二日ないし三日、ただ教皇との面会を願って待ち続けた。彼はすべてのレガリア〔王冠・王笏など王権を示す品物〕を投げ捨て、粗末な衣服に身を包んでいた。ついに教皇が態度を軟化させると、皇帝は彼の前にひざまずき、許しを乞うた。教皇が皇帝の破門を取り消したため、ドイツ諸侯の間に大きないらだちが広がった。これはハインリヒ四世にとってはもちろん屈辱的な事件だったが、実はきわめて巧みな策略でもあった。一人のキリスト教徒として、教皇は許しを拒むことができなかった。皇帝はその地位を完全に失ったわけではなかった。教皇と皇帝による争いはその後数年間続き、最後に両者は和解した。皇帝は司教の任命に関してある程度の影響力を行使することができたが、司教に職員をつけ、聖なる衣服を支給するのは教皇の役割と定められた。

教皇と皇帝との争いはその後も長く続いた。それは文字通り闘争だった。教皇は皇帝に戦争を仕掛けた。読者は、教皇が戦争を仕掛けるとはどういう意味かと不審に思うだろう。教皇はその地位に伴う権利として君主である。彼には自分自身の領土があり、そこから税収を得ており、これを使って兵隊を雇うことができる。彼は周辺を見渡し、どこにでも自分の同盟者を見つけることができる。時に

聖ペテロ戴冠像（サン・ピエトロ大聖堂）

教皇は、皇帝の臣下に収まることをよしとしないドイツ諸侯の中から同盟者を作り出すこともできる。そしてその同盟者は教皇に向かって正面扉を開けてくれる（実際には、皇帝の背後から、という時もあった）。北イタリアの諸都市は中世になるとヨーロッパで最も裕福な都市になったが、皇帝の支配を嫌った。皇帝は自分の領土をさらに南に拡げようとしていたが、これらの諸都市は教皇を交えて同盟を結び、皇帝軍をしばしば撃退することもあった。これらの諸都市が敵味方に分かれて争うこともしばしばあったが、その理由は利害関係がらみという打算的なものだった。

ルネサンスの芸術家チェッリーニの『自伝』には、戦士としての教皇の姿が活写されている。多くのルネサンス人にはよく見られたことだが、チェッリーニはマルチな才能の持ち主で、彫金師として優れた腕を持つ一方で、武器の扱いにも長けていた。ある外敵がローマに戦闘を仕掛けてきた時に、彼は城砦の胸壁の上に立って砲撃の指揮を執ることになった。教皇には多くの敵がいたが、その中の一人は年輩のスペイン人将校で、かつて教皇の側に立って戦ったこともあったが、この時は敵方に回っていた。この男は遠く離れた場所にいて、自分が砲撃の射程内に入っていることにまったく気づいていなかった。男はくつろいでいて、剣を自分の前に放り投げて突っ立っていた。チェッリーニは砲手に向かって「撃て」と命じた。それは恐ろしい一撃だった。砲弾はその将校の剣に当たり、後方に跳ね飛んだ剣は将校の首を半分切り裂いた。この光景を目にしたチェッリーニはひどく苦しんだ。まだ死ぬ準備すらしていなかった人間を自分が殺したことに衝撃を受けたのだった。チェッリーニは教皇の前にひざまずき、自分の犯した罪に対して赦免を求めた。しかし、教皇はチェッリーニのしたことをたいそう喜んでいた。教皇はこう言った。「よろしい。そなたを許そう。教会のための奉仕であれば、私はそなたの犯すすべての殺人を許すことにする」。

ここに、初代のローマ司教とされる聖ペテロの彫像写真がある（p.177）。豪華なマントを身にまとい、大きな宝冠をかぶった中世風な姿で造形されている。彼が漁師だった貧しい出自のことを忘れていない証拠に、片方の足は裸足になっている。中世のほとんどの人々は、この豪華さに対して反感をもつことはなかった。教皇は一人の偉大なる君主なのだから、王の権威にふさわしい豪華な装飾を身につけるべきである、教皇は教会の最上位に立つ人間であり、また他の君主たちとも対等に立つべき存在なのだ……。

教皇と皇帝は互いに争いを続け、最後には行き詰まってしまった。彼らはお互い、決して完璧な勝利を収めることはできなかった。彼らの議論は雇用主と労働者の闘争の構図とよく似ている。労使間では、一方にストライキ、別の一方に解雇の威嚇がある。それらはときに激しく、苦痛を伴うものだが、読者もよくご承知の通り、両者の紛争はいつか必ず解決がつくし、どんな場合でも、使う側と使われる側とが存在するのである。この教皇と皇帝の闘争の意義は、教皇は皇帝になろうとしたことが決してなく、皇帝もまた決して教皇になろうとしなかった、という点にある。両者はともに相手の存在を必要なものであると認識していた。彼らはともに相手の相対的な権力について論じ合っていた。この点が西ヨーロッパの重要な特徴であり、東のビザンティン帝国との大きな違いだった。コンスタンティノープルの慣例では、東ローマの皇帝は帝国内の民事の統治者であるだけでなく、教会の統治者でもあった。この帝国には東方教会の総主教が存在していたが、この総主教は皇帝によって任命され、皇帝の支配下に置かれていた。西ヨーロッパの教会と国家における二大権威は分離し、それぞれ独立した権限を持っていた。これは、王たちが個別を超えた普遍的な主張をすることを、常に阻む障害として存在し続けた。

教皇と皇帝の闘争があまりにも長く続いたため、両者はともにひどく疲弊してしまった。ドイツからイタリア北部・中部にかけた、ヨーロッパ中部における両者の長い闘争の影響はここに掲げた地図の通りである（図34）。それはまさに小国家、公国、都市のパッチワークである。ヨーロッパ西部では、この時代にはイングランド・フランス・スペインが統一国家となっていた。これらの国の諸侯は王の

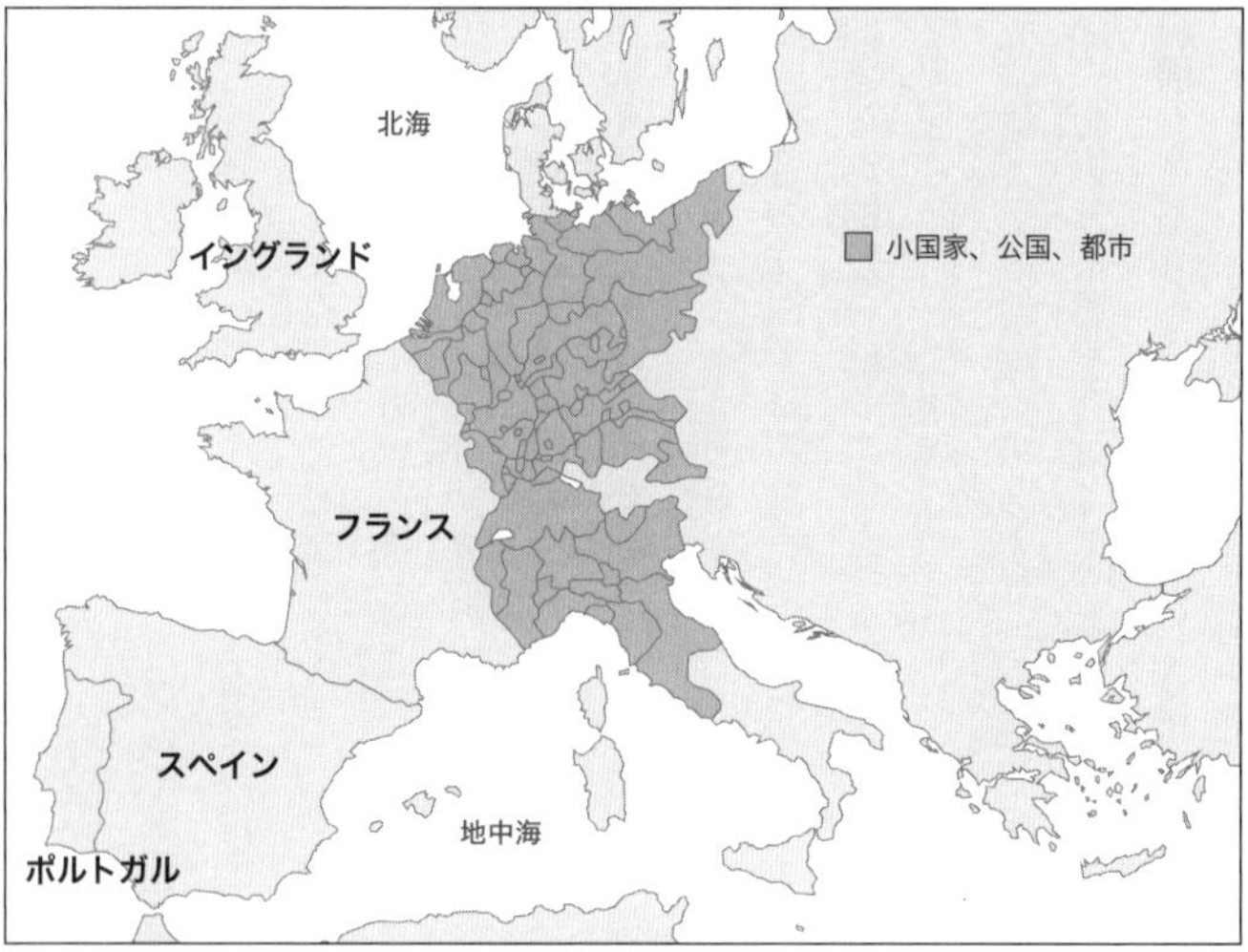

図34　1648年におけるヨーロッパ西部と中部

支配下に収まり、王の法令は領土の全域に浸透していった。イングランドをこのような状態に向かわせたきっかけは、一〇六六年のノルマン・コンクエストだった。ノルマンディー公ウィリアムが武力によってこの国を完全に支配下に置き、ヨーロッパ本土よりも強力な君主政国家を築いたことは将来に大きな影響を及ぼしたのである。しかし、ヨーロッパ中央部では、教皇と皇帝という二大勢力が長く闘争を繰り広げ、戦いのために両者は各地方に有していた権限を手放してしまった。その結果、きわめて小規模な国や町は、失うものよりも得るものが多くなった。それらは巨大な勢力の影響をごくわずかしか受けない自治体だった。一四〇〇年以降、まさにこの地でヨーロッパの二大改革――ルネサンスと宗教改革――が起こった。二大改革が「なぜ」起きたのか、その理由は答えるのが難しい。しかし、二大改革がなぜ「ここで」起こったのかは簡単に答えられる。

ルネサンスが起こった北イタリアの諸都市は小規模の都市国家であり、かつて古代ギリシャに存在した都市国家によく似ていた（図35）。これらイタリアの都市同士は軍事面・文化面でライバル関係にあった。これらの都市は互いに戦争に軍を送ったり、芸術の素晴らしさにおいて相手より抜きんでたりしようとしていた。これらの都市は、都市であると同時に国家でもあったため、多くの才能ある人々を一か所に集中させることができた。貴族たちは、ヨーロッパの他の地域の人々とは違って、自然豊かな自分たちの所領を本拠地とせず、都市に暮らすことも好んでいた。都市生活の多様性と活気は、おのずと社会全体に明確な特徴を付与するようになった。これらは、古代世界を作り直すという計画を思いつかせ、それを実行に移すための場所となった。

ルターの宗教改革はドイツという土地で生まれ、大きな運動に発展した。ここでは世俗的な権力が分散されていたからである。ルターの唱えた異説を弾圧するのは皇帝の役目だったが、皇帝はその行動に着手するまでに時間をかけすぎた。皇帝やドイツ諸侯の前で審問にかけられる前に、ルターは身の安全を確保することができた。ルターが自説の否認を拒否すると、皇帝は彼を異端者だと宣言した。これはもはや誰も彼を支持してはならず、彼がいずれ逮捕されることを意味していた。皇帝がルターに下した命令はザクセン選帝侯フリードリヒ三世をおおいに失望させた。フリードリヒはルターの身柄を預かり、彼を匿った。ルターはフリードリヒの城で聖書のドイツ語訳の作業を開始した。フリードリヒをはじめルターを支持したドイツの君主たちは、ルターの説によって、教会と土地を管理する

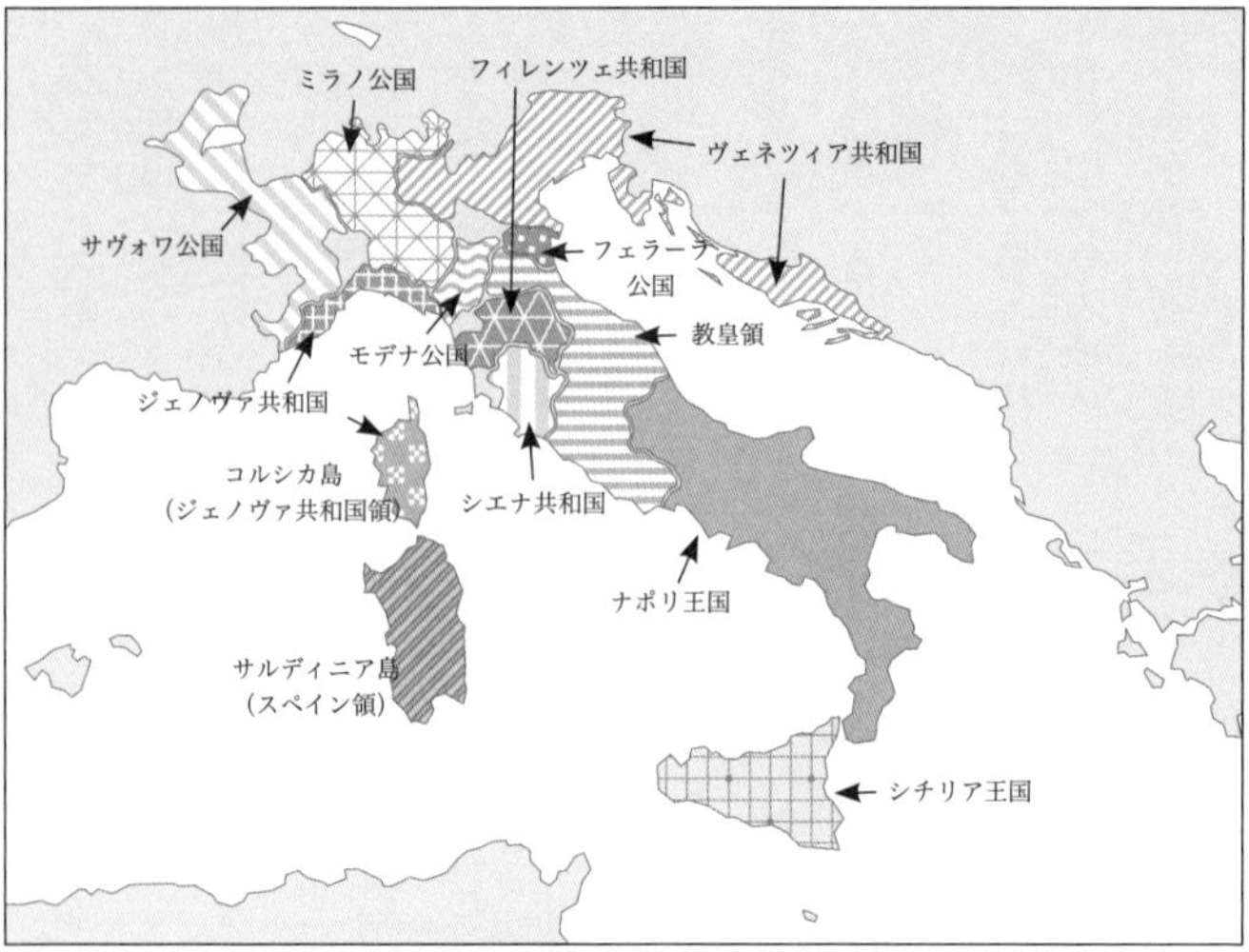

図35　ルネサンス期のイタリアの小国家（1494年頃）

うえで自分たちが有利な立場になることを理解していた。彼らは教皇と皇帝の権威を犠牲にすることで、自分たちの実力を増大させていった。こうしてルター主義〔福音主義〕が生まれたのである。

ドイツとイタリアは一九世紀後半まで小国家に分断されていた。この両国は国家的統一が非常に遅れたため、古い国に比べて、ロマン主義運動の申し子である強烈なナショナリズムへと突き進む傾向が強かった。二〇世紀において、ファシズムの名のもとに最も積極的かつ排他的な形でナショナリズムを採用したのが、この二つの国だった。

神聖ローマ帝国は、皇帝としての権力はあまり強くなかったものの、長く生き延びた（図36）。そして、中世後半からある一族の出身者が常に皇帝位に就くようになっていた。それが、ヨーロッパの偉大なる王朝のひとつ、ハプスブルク家である。この家系は、スペイン、オーストリア、イタリア

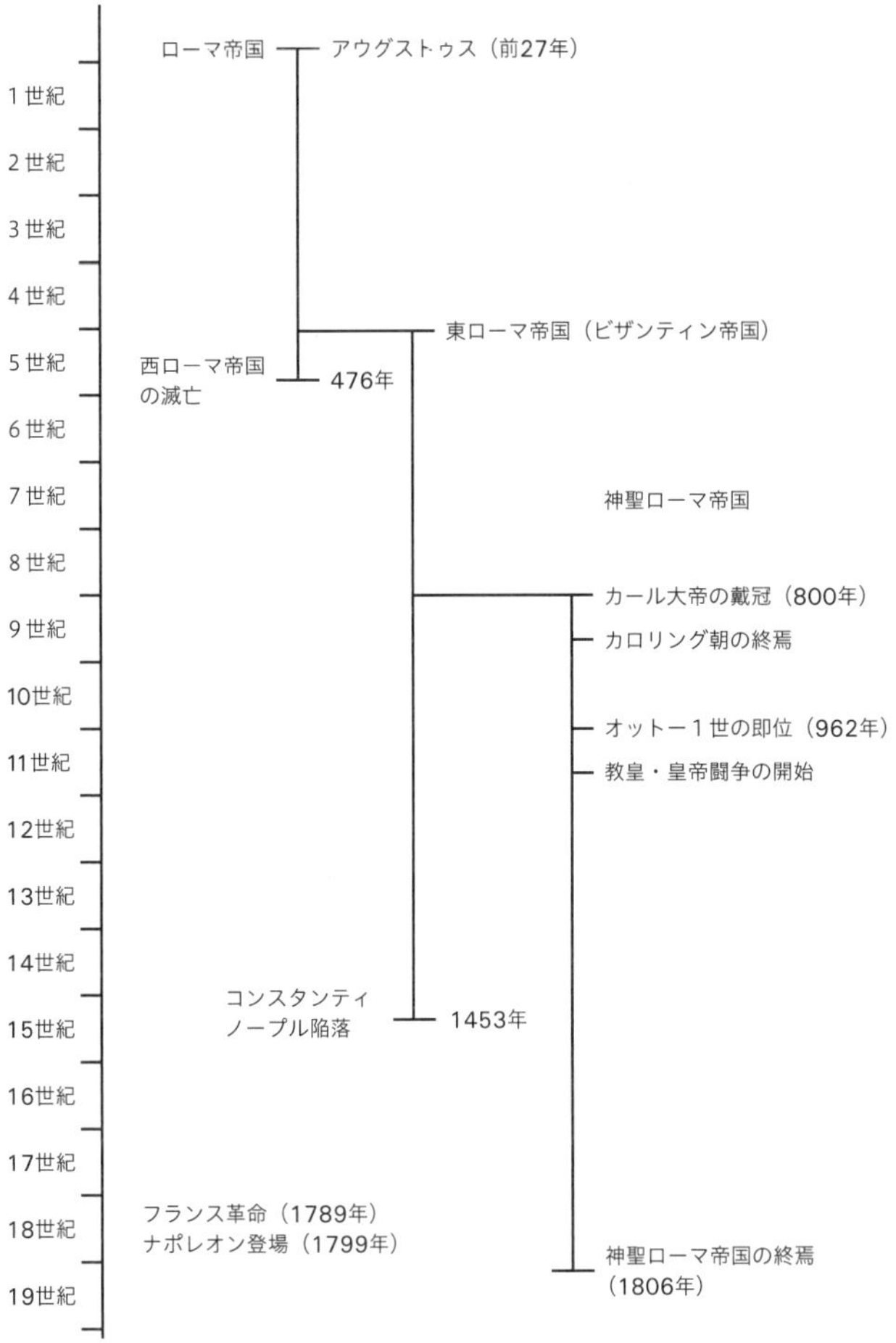

図36　ローマ帝国の継続を示す概念図。神聖ローマ帝国はカール大帝の家系から連なっているが、ビザンティン帝国皇帝の流れも受け継いでいる。つまり、この系統は初代ローマ皇帝アウグストゥスにまでさかのぼるものだった。

の一部、さらにオランダ・ベルギー・ルクセンブルクなどの君主を輩出していた。彼らにとって皇帝の地位を保持し続けることは自分たちの威信を高めることにつながっていたが、その権力は皇帝位ではなくそれぞれの王国を基盤としていた。啓蒙主義の「導師」ヴォルテールは、神聖ローマ帝国は、神聖でもなければ、ローマでもなく、帝国でもない、と嘲笑した。その指摘は見事に的を射ているが、この帝国が長く存続した事実は、その名前と理想ときわめて古めかしい形式には、常に魔法のような特別なものが付いて回っていたことを意味している。この奇妙な古めかしい帝国を滅ぼしたのは、新しい帝国の支配者だった。フランス革命勃発から一〇年後の一七九九年、フランスの運命を一手に引き受けた男、ナポレオン・ボナパルトがその人である。

フランス革命は自由・平等・博愛を旗印にして始まったが、四年間のうちには断頭台に象徴されるジャコバン派独裁の時代も含まれていた。対外戦争の危機が過ぎ去ったにもかかわらず、ロベスピエールがさらに恐怖政治を続けるかに思われた時、彼は突然反対派によって逮捕・処刑された。革命家の中の穏健共和派が革命の安定化を図ったのである。革命を推進したい平民と、数を増しつつあった君主政復活支持者たちとを介入させないことが、その理由だった。政府は生き残るためにこれら二つの反対勢力に対して権力を行使し、その結果すべての信頼を失ってしまった。このチャンスを逃さなかったのがナポレオンである。フランスは革命に伴い、ヨーロッパの君主政国家と対外戦争を始めていたが、ここで将校として名前を売ったのがナポレオンだった。この男は「啓蒙主義の息子」にして革命原理の信奉者だったが、民衆による自治政府については否定的だった。一七八九年以後、フランス人は明らかに失敗を犯してきたので、ナポレオンの方針は非常に魅力的に見えた。彼は最も魅惑的な独裁者だった。彼はいかなる集団も特権を享受することを望まず、すべての市民は平等に扱われるべきであり、すべての子どもたちは国家が施す教育を受ける機会を持つべきであり、能力を持つ者にはすべての職業への門戸が開かれている、と訴えた。彼は自分の政府に才能のある人間を集めて登用した。その人間が革命において何をしてきたのかを問わず、王党派か共和派か、ジャコバン派かその反対派かということも問わなかった。ナポレオンは秩序ある合理的な政治体制をフランスに築き上げるための任務を彼らに与えた。

フランスの君主たちのいわゆる「絶対主義」にあまり重きが置かれなかった理由はいくつかあるが、そのひとつは、君主は独自に権力を築きあげたのだが、それは統一的な国家としてではなく、つぎはぎ状態のまま支配したことであった。法律と行政にはそれぞれ違ったシステムがあり、そこには無数の特権・免除・譲歩があった。君主はそのすべてを新たな分野で確保し、そのすべてに自分に対する新たな忠誠を誓わせたのだった。革命家たちはこれらすべてを一蹴した。彼らの目的は統一されたネイションの形成だったからである。しかしその後、互いに争い合う混沌状態の中で、革命を目指した者たちは新たな政権や体制を確立するには程遠いところへ向かってしまった。ここから先をまとめたのがナポレオンの仕事であり、彼が集めた専門家たちに与えられた任務だった。彼らが達成した最大の業績が『フランス民法典』の改良である。『ナポレオン法典』とも呼ばれるこの法典は、ユスティニアヌス帝の『ローマ法大全』の模倣ともいえるが、あらゆる主題に関する法律が定められた単一の文

図38　パリの凱旋門。皇帝となったナポレオンが1806年に自身の権力の象徴として建設を開始させた。

図37　コンスタンティヌスの凱旋門（ローマ）。ローマ帝国の西方副帝コンスタンティヌス（後の皇帝コンスタンティヌス一世）が、312年にライバルの正帝に勝利したことを記念している。系統は初代ローマ皇帝アウグストゥスにまでさかのぼるものだった。

書として高い価値を持つ。
　ローマの前例にならうことは、ナポレオンにとって重要だった（図37・38）。ナポレオンは当初、自身でコンスル（統領）と名のり、ついで皇帝を称した。アウグストゥスと同様、この称号を名のることでフランス共和政の尊厳を消し去る意図は持っていなかった。ローマ人のように、共和政のフランスの原則が公正で秩序ある社会の基盤となっているような、巨大な帝国を作り出すことを計画したのだった。彼はヨーロッパ列強国との戦争を継続した。この対外戦争は革命初期に革命家たちが始めた戦争であったが、彼は驚くべき勝利を挙げた。ナポレオンはフランスの国境を大きく広げ、さらにフランスを越えた地域に大公国や王国を建設し、兄弟たちを派遣してその経営を任せた。彼は大陸を横断するかたちで、中世以来のさまざまな権利、特権、変則を一掃し、新しく合理的な社会秩序を確立した。ヨーロッパ諸国が長い時間をかけて協力し合って、よ

ジャック＝ルイ・ダヴィッド「ナポレオン一世の戴冠式」1805–07

うやくナポレオンを打倒した時、ナポレオンの残した業績の多くは、もはや過去のかたちに戻せなくなっていた。大西洋の孤島セントヘレナ島に流され、流謫の地で自身の生涯を回顧したナポレオンを最も喜ばせたものは、全ヨーロッパで『ナポレオン法典』が採択・使用されている――、つまり生き延びていることだった。生き延びられなかったのは神聖ローマ帝国だった。一八〇六年にこの帝国を滅ぼしたナポレオンは、ドイツのいくつかの小国家をまとめてライン同盟を成立させていた。

ナポレオンは何物も信じない男だった。神も信じなかった彼は、幸運と運命の偉大なる信者だった。しかしナポレオンは、人々がどれほど宗教に固く結びついているか、さらに道徳や良き秩序の維持のために宗教がいかに強い効果をもつものかがわかっていた。「啓蒙主義の子」である初期の革命家たちは、組織化された宗教に対する敬意を持たなかった。フランス社会を分裂させ、人々を革命から遠ざけた最大の原因は、カトリック教会を攻撃したことだった。革命家たちは教会の土地を押収し、独自のフランス教会をつくろうとしたが、教皇はそれを承認しなかった。革命家たちが引き起こした苦痛と分裂という事態に対して、ナポレオンは終止符を打つことを決めた。彼は教皇と協議し、カトリック信仰がフランスの大多数の人々の宗教であることを認めたコンコルダ〔コンコルダート〕を締結した。ナポレオンは、カトリックがフランス人すべての宗教ではなかったので、宗教の自由を撤回せよという教皇の要求には同意しなかった。プロテスタントやその他の宗教も制約を受けることなく、フランス国内でそれぞれの宗教の実践を行える必要があるからである。司教の任命については、コンコルダは古い慣行を再実践することを定めた。つまり国家が司教を指名し、教皇がその地位を与える、というものである。

ナポレオンの皇帝としての戴冠式は教皇の臨席のもと、パリのノートルダム大聖堂で行われた。教皇はナポレオンとその皇妃のジョゼフィーヌに対して成聖式を行い、二人に塗油を施した〔二人が聖別されたことを意味する〕。教皇は、宝珠、正義の手、剣、王笏など、帝国のレガリアを祝福した。しかし、その後ナポレオンは帝冠を手に取り、自分の手で頭に載せた。これはかつての教皇がカール大帝の頭に載せた冠の複製品だった。軽く、外側に開いた形をしているが、これはローマ人が戦争の勝利者に与えた月桂冠を模したものだった。

第7章 言語

ローマ帝国には二つの普遍的な言語が存在していた。西のラテン語と東のギリシャ語である。ギリシャ語は少しその形を変えながら現代でも話されている。ギリシャ本国はもとより、東地中海のかつてのギリシャ植民地で、さらにギリシャ系移民のいる場所などである。一方ラテン語は、現在地球上のどの地域でも日常語として使用している国はない。ラテン語は一般的に「死んだ言語」とされているが、もしもこれを字義通りに捉えるなら、それは「異例に活発な死体」であった、ということになる。

ラテン語を最初に話したのはローマとその周辺地域の人々だった。ローマの支配する領域が広がるにつれて、その数百年後には西ヨーロッパ全域でこの言語が使用されていた。西のラテン語と東のギリシャ語の境界線は現在のセルビア付近を通っている。ラテン語はバルカン半島の大部分の国、イタリア本国、フランス、スペインの母国語のルーツになっているが、イギリスは事情が異なっている。ローマ人がブリテン島に渡った時に、そこで話されていたのはブリトン人の言語であるケルト語だったからである。西ヨーロッパの各地方で使われていた言語はどこもみな次第に消滅していき、人々はラテン語を選択していった。

ローマ人は賢明にも、属州化した地域で自国の言語を強要する政策を持たなかった。公共政策における最も自制的な行為といえよう。生まれた土地に住む人々の言語を抑制して、別の言語を教え込むのは非常に困難なことであり、古代世界でそのようなことを考える者はいなかっただろう。ローマは非常に包括的《インクルーシブ》な帝国だった。ローマによって征服された社会の指導者はそのまま指導者として残り、のちにこれらの人々がローマのエリートになり、さらにはローマ軍の将軍、さらには皇帝になることすら可能だった。二一二年、帝国内のすべての人々はローマ市民になる、そのために法を遵守せよ、との宣言が出された。これにより人々はいっそうローマ帝国に身を捧げ、三百年から四百年後には帝国内の地方言語はすべて消滅してしまった。ラテン語は法律、軍隊、商業など政治・行政で用いられる言語だったため、結果として全領域でこの言語が完全なる勝利を得たのだった。

ローマ帝国内でもかなり僻遠の地で話されていたのは、正式なラテン語ではなかった。この「正式なラテン語」とは、学者や法律家、政治家たちが用いたもので、また読者が現在、学校や大学で学ぶものである。兵士、地方の役人、交易商人などが使ったのは正式でないラテン語であり、帝国崩壊以前から地方にはそれぞれ固有のラテン語が存在していた。イタリアで話されていたラテン語は、フランスで話されていたラテン語とはかなり違っていたことだろう。こうしてついに帝国が崩壊すると、ラテン語はそれぞれの国の言語として進化していった。これがロマンス語と総称されるものである。

このロマンス語とは、ローマ人様式の言語という意味であり、ローマの様式をルーツとする建築のことをロマネスク建築と呼ぶのと同じである。

ロマンス語の主要言語はフランス語、イタリア語、スペイン語である。「馬」のことを各国語でどう呼ぶか、比較してみよう。フランス語は cheval、スペイン語は caballo、イタリア語は cavallo である。これらの単語はラテン語の「馬」equus に由来したものではない。英語では馬は horse だが、これはゲルマン語由来である。しかし英語には equestrian という騎手や馬術を表す単語もあり、こちらはラテン語に由来したものである。我々の言語においてラテン語は、より正式かつ上品な表現の際に用いられる。horse から派生した horsy〔「馬の、馬のような、馬好きの、馬に乗る」などの意味を表す形容詞〕という言葉があり、我々も誰かのことを horsy person と呼ぶことがある。しかし、こういう場合はより上品な equestrian か、さらに洗練された言い回しとして (someone) interested in equestrian events ——馬術に関わる（人）などと表現している。ラテン語には馬を表す、よりくだけた単語がある。それが gee gee（お馬）や nag（老いぼれ馬、駄馬）などを表す caballus である。こちらの俗語的な単語がロマンス語の「馬」のルーツとなっている——フランス語 (cheval)、イタリア語 (cavallo)、スペイン語 (caballo)。この場合、フランス語よりも、イタリア語とスペイン語のほうが起源となる単語に近いことがわかる。

フランス人は言葉に関して非常にデリケートな感覚を持っている。フランスのアカデミー（学士院）は、どの英単語をフランス語に加えてよいかを審議している。例えば、t-shirt（Tシャツ）は良いか？ bulldozer（ブルドーザー）はどうか？　といった具合なのだが、認めた場合、その定冠詞は le なのか la

なのか。フランス語には男性名詞と女性名詞があり、Tシャツを男性名詞とすればle t-shirtになり、女性名詞とすればla t-shirtになる（フランスではTシャツは男性名詞。ただし綴りはle tee-shirtとなる）。幸運なことに、英語ではこのようなことで煩わされることはない。ここで、フランス人が必死に守ろうとしている言語が、ラテン語の「なれのはて」であることを指摘するのはやめておこう。

ラテン語は高度な屈折語である。これは文中の単語の意味は、その単語の末尾（屈折）で決まるということを示している。ラテン語で「年」はannusである。英語にはこの単語から派生したannually（毎年、年ごとに）という単語があるが、これはyearlyよりは形式ばった単語である。ラテン語で「主人」または「主（神）」を示す単語はdominusである。ラテン語で「主の年に」という際は、annusとdominusの語の末尾が変化して、anno dominiとなる。Annoは「……の年に」、dominiは「主の」、である。このanno dominiから、AD（紀元後）という略語が生まれた。つまり主＝イエス・キリストが生まれた年から数えて何年目、という意味である。ラテン語は屈折語であるため、英語のinやofにあたる前置詞がない。英語でin the year of the lordは六つの単語を必要とするが、ラテン語はたった二つanno dominiで済む。「簡にして要を得た」ラテン語が、標語《モットー》などで、しばしば用いられる理由である。メインとなる単語さえあれば、細かいことに気を遣う必要はない。英語のtheにあたる定冠詞も、a (an)にあたる不定冠詞もいらない。Annusという一語でthe yearまたはa yearを表すのである。

またラテン語では、文中の語順を気にしなくてもよい。anno dominiではなく、domini annoとしても意味は同じく「主の年に」である。これが英語だと、語順を変えると違う意味になるか、またはまったく意味をなさなくなる。In the lord of the year と of the lord in the year で考えてみるとよい。

ラテン語には in, at, of といった、ある意味を強調したい時に使う単語もあった。ラテン語は文法に詳しい知識を持たない人々の間で話されていくうちに、in, at, of にあたる語が頻繁に使われるようになった。これらを用いると、単語の語尾を正確に変化させる必要がなくなるからである。次第にラテン語は、単語の語尾を変化させる言語から、in, at, of などの前置詞を用いることにより、その後に続く名詞の語尾を変えなくて済む言語に変わっていった。これこそロマンス語が名詞を変化させない言語となり、その分だけ、文章では単語の語順が極めて重要になったことの理由だった。

またラテン語には the にあたる語がなかった。しかしそれでは「私はあのリンゴが買いたい」とか「その桃をくれ」と言いたい時にはどうしたらいいのだろうか。こういう場合に that にあたるものに ille または illa という単語があり、後に続く名詞が男性か女性かで、そのどちらを使用するかが決まっていた。ラテン語を話すのが不慣れな人間は、この ille か illa を過剰なまでに使うようになり、名詞の語尾変化をいっさい気にしなくなった。この ille と illa はフランス語ではより短くなって le と la になり、すべての名詞の前に必ず置かれるようになった。スペイン語ではこれにあたるのが el と la であり、イタリア語では il と la である。ラテン語に不慣れな人々が話したり、指示したりする言葉が、現在のロマンス語の定冠詞を生んだのだった。

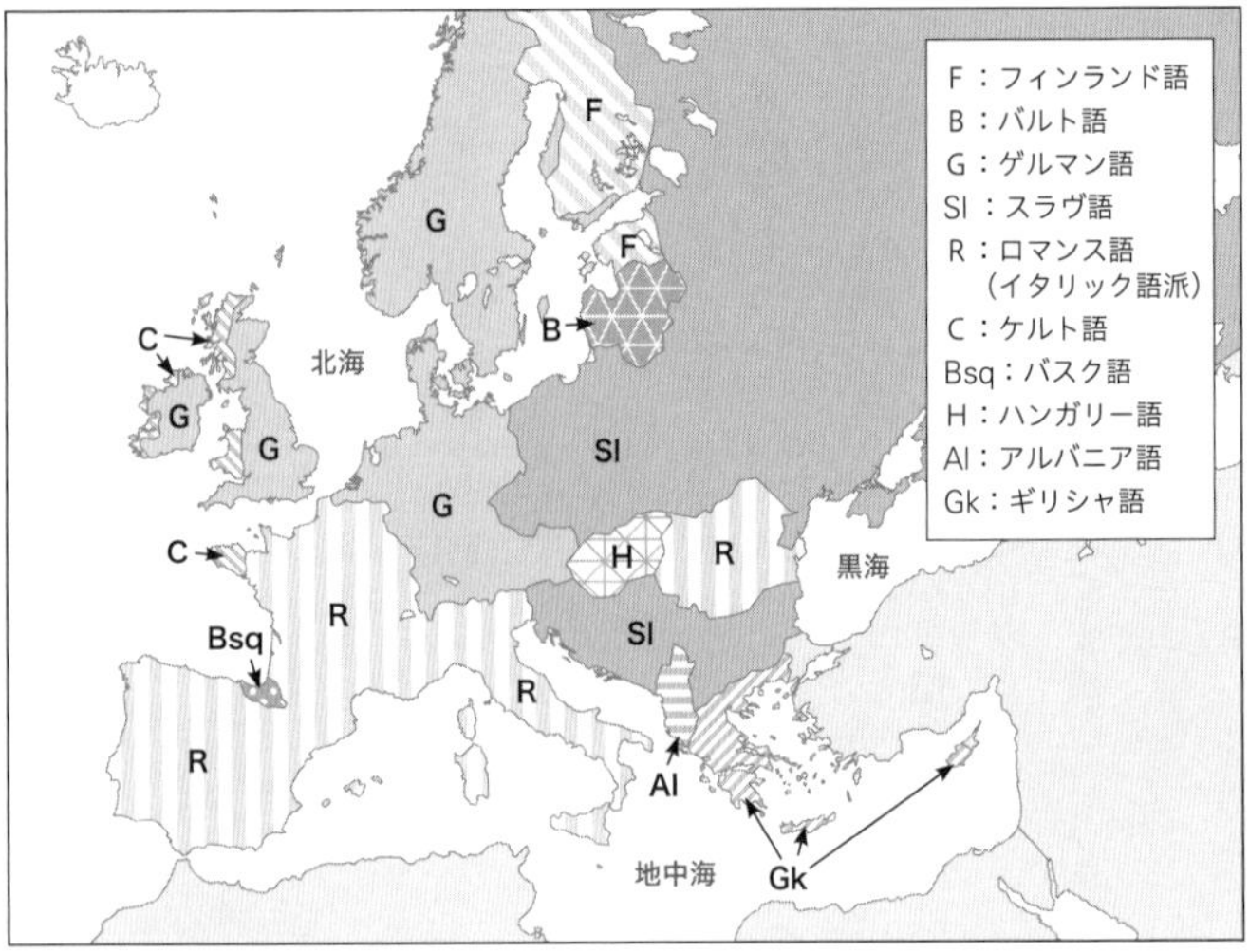

図 39　ヨーロッパの言語地図

五世紀になると、ゲルマン人が今日のフランス、スペイン、イタリアにあたる土地に侵入した。その当時、これらの土地の人々はラテン語に由来する言葉を話していた。これはどういう事態を導いたのか。いよいよヨーロッパの言語地図を参照する時がきたようだ（図39）。

ヨーロッパで現在話されている言語のほとんどは、ロマンス語・ゲルマン語・スラヴ語という大きな「語族」のいずれかに分類できる。これらに属さない国の言語は他のどの言語とも関わりを持たない「孤独な言語」である。ギリシャ語、アルバニア語、ハンガリー語、フィンランド語などがこれにあたり、ほかにもいくつかの言語がある。

西ヨーロッパでは、北部をゲルマン語が占め、南部をロマンス語が占めている。両者が混在している国が二つある。ベルギーでは北部がゲルマン語、南部がロマンス語を話している。スイスでは、北部でゲルマン語が話され、南と東と西の隅でロマンス語が話されている。さらにロマンス語の国のなかでは少数派に属するが、三大ロマンス語〔フランス語、スペイン語、イタリア語〕に隣接する言語にポルトガル語があることも忘れてはならない。そして驚くべきことに、東ヨーロッパのルーマニア語もロマンス語のひとつである。ローマ帝国の東半分ではドナウ川が北の国境線となってきたが、ルーマニアはドナウ川の北側にある。ローマ人は数百年をかけてドナウ川の北の出っ張り部分を支配下に置くようになったが、この地がルーマニア人の拠点となるにはまだ時間が足りず、ラテン語もあまり浸透しなかった。しかし現在ルーマニア語がロマンス語系統の言語である、という事実からは、ルーマニア人はドナウ川の南部の住人であり、ラテン語を話せるまで習熟していたが、その後、彼らはドナウ川の北に移住したのではないか、という推測を立てることもできる。ただし、ルーマニア人がロマンス語を話すことで幸福になれたかどうかはわからない。

ヨーロッパの中央部から東部にかけて最も話されているのはスラヴ語である。ポーランド、チェコ共和国、スロヴァキア、ブルガリア、旧ユーゴスラヴィアなどがこれにあたる。これはドイツよりもはるか東の住人であるスラヴ人が、六世紀と七世紀に東ローマ帝国内に侵入し、バルカン半島に定着したという歴史的事実を反映している。もともとローマ帝国とは関わりのなかった地域は、現在のポーランド、チェコ共和国、スロヴァキアである。ヨーロッパに定住したスラヴ人はキリスト教に改宗した。西ヨーロッパの影響が強かったポーランド人はローマ・カトリック教徒となったが、バルカン半島の住人はコンスタンティノープルから距離が近いため、ギリシャ正教の信者となった。

ラテン語（その分家のロマンス語も含む）、ギリシャ語、スラヴ語、ゲルマン語はみな共通の祖先〔母語〕から発生している。それがインド＝ヨーロッパ語である。言語学者たちは、各言語の共通点から時代をさかのぼり、この母語の要素を解明しようと努めている。彼らはインド＝ヨーロッパ語の起源となるものははるか東からやってきた、と考えている。この母語には「雪」を表す単語があり、また「海」を表す単語があるが、この「海」は内陸の海＝湖と関連があるらしい。インド＝ヨーロッパ語と呼ばれているのは、インドの古い言語であるサンスクリット語とイラン語もこの母語に由来すると見られているからである。

インド＝ヨーロッパ語という概念は一八世紀になって生まれたものだった。それ以前のヨーロッパの言語学では、ヨーロッパの諸言語はヘブライ語起源だと考えられていた。ヘブライ語はイエス・キリストの話した言語であり、そこから最初の人類であるアダムとイヴが話したのもヘブライ語ではないかと思われていた。ヘブライ語はヨーロッパの言語とはまったく異なった言語であり、インド＝ヨーロッパ語とも起源を異にしている。したがってヘブライ語を追究しようとしても、最後は完全に行き詰まってしまっていた。しかし一八世紀の啓蒙主義の時代になると、言語学者は聖書の枠組みに捕らわれることから解放され、新しい言語理論を発達させた。その突破口を切り開いたのは、英国人のウィリアム・ジョーンズだった。彼はインドの裁判所の判事を務めていた。彼はインドの古い言語であるサンスクリット語とヨーロッパの言語に基本的な文法において明確な類似点があることに気がついた。具体的に言えば、それは数の名称、体の部分の名前、家族の呼称などである。ここで英語の場合のbrotherを他の言語と比較してみよう。

Brother（英語）
Bhratar（サンスクリット語）
Broeder（オランダ語）
Bruder（ドイツ語）
Phrater（ギリシャ語）
Brat（ロシア語）
Brathair（アイルランド語）

ジョーンズはこれらの類似はもはや偶然ではありえないと判断し、これらの言語は、今はもはや存在しない共通の祖先から生まれたものではないかという推論を立てた。こうしてインド＝ヨーロッパ語の再構築という作業が始まったのである。

ヨーロッパの諸言語の中で、ハンガリーとフィンランドの言語だけはインド＝ヨーロッパ語を起源としていなかった。この二つの言語は互いに関連している。この二つの言語の話し手はアジアからやってきたのだが、それぞれまったく別の移住活動によるものである。フィンランド人は先史時代にすでに現在の地に到達していた。ハンガリー人はかなり遅れてやってきた。彼らは九世紀から一〇世紀にかけてやってきた、略奪を生活手段とする騎馬民族だった。ちょうどこの時期は北の住人であるノルマン人〔ヴァイキング〕が海からヨーロッパを荒らしまわっていた。ハンガリー人はドナウ川周辺地

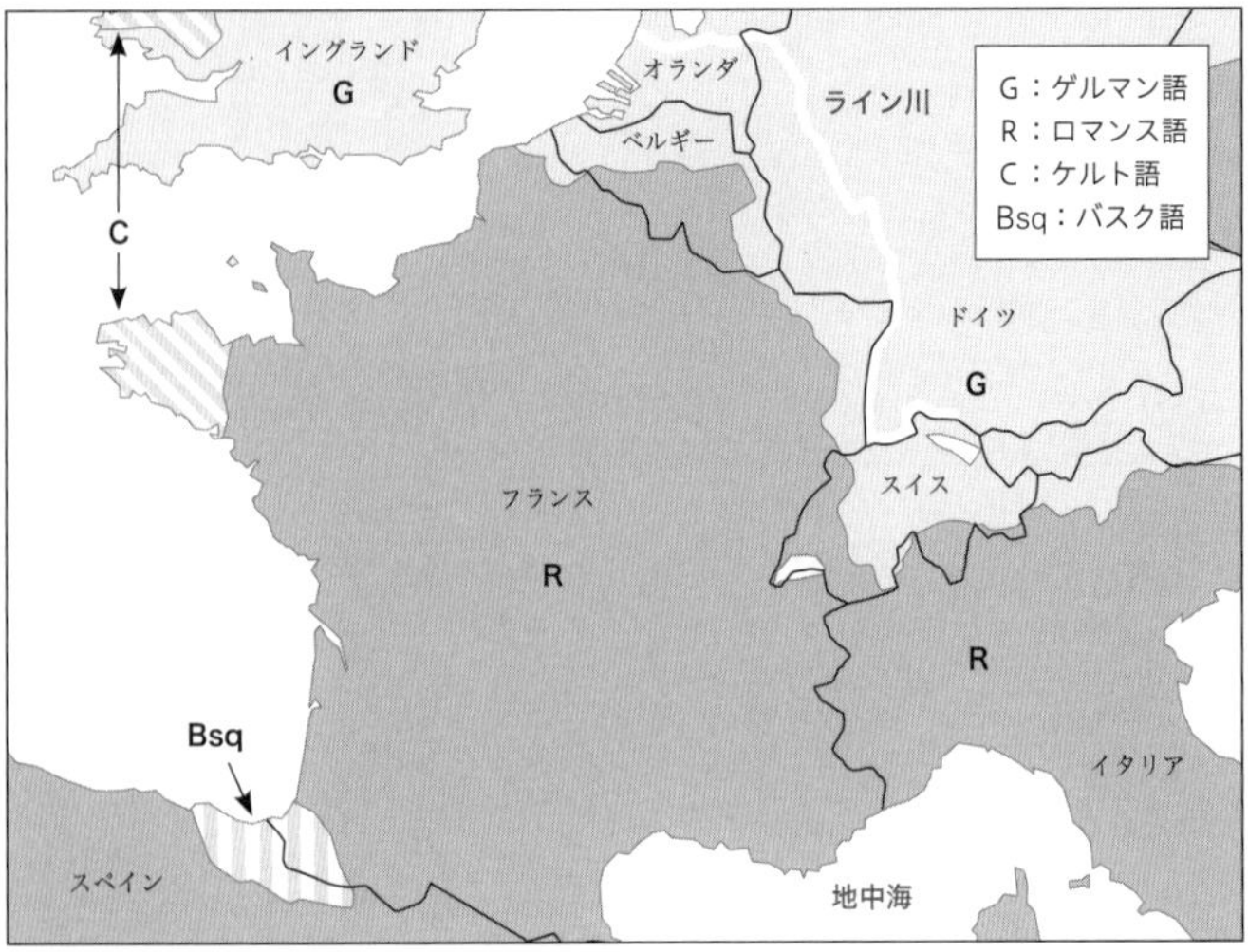

図40　ゲルマン語とロマンス語の境界線

域に定住することを決め、のちにキリスト教に改宗したのだった。

前に示した言語地図（図39）は、現在の言語の分布域を示したものである。この分布状況はスラヴ人とゲルマン人の侵入以後の時代から大きく変わっていないだろう。ローマ帝国へのゲルマン人の侵入は言語に関してなんらかの変化を与えたことだろう。しかし、ここまで見てきたように、ローマ人の言語であるラテン語は、フランス語、スペイン語、イタリア語などロマンス語という形で生き残った。変化の過程は、上の地図で見ることができる。この地図（図40）ではゲルマン語とロマンス語の境界をより詳細に、現在の国境線と重ねあわせて見たものである。この地図はゲルマン語がライン川を越えてどこまで侵入してきたかを示している。ライン川はローマ帝国の境界線である。ゲルマン語はライン川からあまり遠くまで進んでいないことがわかるだろう。

図40の地図の言語境界線がなぜこのようになっているのか、その理由を知ることは困難である。ベルギーの国内を言語境界線が走っているが、その場所は開けた田園地帯であって、川や山脈など何かを分けるための特徴的な地形ではない。ここのまっすぐな道に沿って車で西から東に走ってみれば、車の右側がロマンス語〔ワロン語〕を話す村で、左側がゲルマン語〔フラマン語〕を話す村である。この言語境界線の位置は一五〇〇年間ずっと変わっていない。ここから考えられることは、ここにはローマ軍の防衛線が西から東にまっすぐ走っていて、この防衛線がゲルマン語の侵入を食い止めていたということだろう。ライン川を越えたゲルマン人は、さらにその先まで侵攻するつもりだったがここで止められたのである。しかし、ゲルマン人はベルギーの東側にかけては南下に成功したことが地図から明らかに見てとれる。

ライン川と言語境界線の間にある細長い土地は、大まかに言えば、約一〇〇キロから一五〇キロの幅があるが、南部の山岳地帯はかなり狭くなっている。この細長い土地にはゲルマン人定住地が密集しており、ゲルマン語がラテン語または初期のロマンス語に取って代わる可能性は十分すぎるほどあった。ちなみに、ゲルマン人の一部は西ヨーロッパを横断してスペインへ、さらにその先のアフリカまで到達した。しかしそれらの土地はみなラテン語かロマンス語の地域となっている。これはこの地域のゲルマン人の定住密度が境界地域より小さかったことを意味している。

一七世紀から一八世紀にかけてフランスが大きな力を持ち、国土を北と東に拡げたことがあったが、それでも言語地図が変わることはなかった。フランスの東の国境に接する地域の住民たちはゲルマン語を話し続けたのである。フランスの北、大西洋岸の人々の言語はゲルマン語のひとつ、フラマン語である。図40の地図はフランス国内でもフランス語が話されていない地域がいくつかあることを示している。南西端のスペインと国境を接する地域ではバスク語が話されている。バスク人はフランスにもスペインにも属さず、独立を保つことを主張している。バスク語はインド＝ヨーロッパ語系統の言語ではなく、この言語がどこからやってきたのかわかる者は一人もいない。また西部のブルターニュ半島ではブルトン語〔ブレイス語〕が話されているが、これは現在まで生き残ったケルト語のひとつである。ゲルマン人のアングル人・サクソン人・ジュート人がブリテン島に侵入してこの地を占拠し始めると、一部のブリトン人〔ケルト人〕がイギリス海峡を渡ってブルターニュ半島に移住した。これがこの地でブルトン語が今も話されている理由なのだが、現在ブルトン語を話す人々は減少している。

ゲルマン人がフランス国内に侵入しても、ゲルマン語がラテン語やロマンス語に取って代わるまでには至らなかったが、ゲルマン語はこの発展途上の言語〔のちのフランス語〕にいくつかの影響を及ぼしている。とくに封建制度における王や政治に関する単語――新しい支配階級に関する専門用語に見られるものである。フランス語の「恥」や「誇り」に関わる単語はゲルマン語起源であり、それはゲルマン人戦士にとって非常に重要な概念だったことの証である。

ゲルマン語が完璧な勝利を収めたのはイングランドである。これはアングル人・サクソン人・ジュート人が原住民のブリトン人地域を侵略し尽くした結果だった。さらに九世紀から一〇世紀にかけてこの地に第二の侵略の波が襲ったが、それもまたゲルマン語を話すノルマン人〔ノース人、古代スカンジナヴィア人〕とデーン人によるものだった。これらの様々なゲルマン語の混淆から、現在の英語の語彙と文法の基礎が形成されていったのである。この過程の中で英語は、ゲルマン語起源の語形変化を失った。

一〇六六年、イングランドに第三の侵略の波が押し寄せた。ノルマンディー公ウィリアムによるノルマン・コンクエストである。ノルマン人の起源は北方の古代スカンジナヴィア人であり、彼らはフランス国王から、侵略をやめる代償として北フランスに定住地を与えられていた。この北フランスのノルマン人たちは彼ら独自のフランス語〔ノルマン・フランス語〕を話していた。この言葉はロマンス語に分類されるものだが、ラテン語の要素を数多く残していた。イングランドの新しい支配階級は一〇六六年以後も数世紀にわたって、彼らの言語であるノルマン・フランス語を話し続けた。この言葉もやがて英語の中に取り込まれていくのだが、結果として英語は非常に豊富な語彙を持つようになった。英語にはほとんどどのような物にも二通りの単語がある。英語には king や kingly という単語の他に、royal や regal、さらには sovereign といった王や王の権限を表す単語がある。英語はドイツ語やフランス語に比べて、その数倍の数の語彙がある。つまりこれは、英語がドイツ語とフランス語の「合金」であることの証である。

ここに、ローマ帝国崩壊後の西ヨーロッパの言語と英語の発達をまとめた表がある（図41）。

一般の人々の話し言葉としてのラテン語は消滅してしまった。しかしラテン語は学問や文学、さらに教会で用いる言語として生き残った。これがすべてのヨーロッパの言語の中に数多くのラテン語が

	西ヨーロッパ	イングランド
５世紀 ゲルマン人の侵入	・ゲルマン語がライン川より150km先まで侵入 ・ロマンス語がラテン語に取って代わる	・ゲルマン語が完全にケルト語に取って代わる
９世紀 ヴァイキングの侵入	・北フランスに定住 ・ノルマン人の話すゲルマン語がロマンス語に取りいれられてノルマン・フランス語になる	・イングランド東部に定住 ・ノルマン人の話すゲルマン語が、アングロ・サクソン人の話すゲルマン語に取り入れられて、英語が形成される
1066年 ノルマン人の イングランド侵入	・ノルマン・フランス語がイングランドの支配階級によって話される	・フランス語（とラテン語）が英語に取り入れられる

図41

入り込んでいる理由である。教会関係者や学者は今でもラテン語を読み、書いている。その意味ではラテン語は生きた言語である。生きた言語であるがゆえに、ラテン語は変化しやすく、より厳密な基準から見れば、「劣化しつつある」という見方もできる。教会や学問の世界におけるラテン語ですら、ロマンス語の道を歩む可能性が高かった。最初のラテン語改革の仕事はカール大帝の指示によって始められた。古いラテン語の手書き原稿の写本が作られ、ラテン語をローマ時代と同じように日常用語として用いる努力が積み重ねられた。

ラテン語は学問や文学の言語であるため、学問と文学は極端に一般民衆から離れたものになってしまった。学問を身に付けたいと思ったら、まず外国語を学ばなければならない、というような状況である。中世においては、民衆のほとんどすべては読み書きができなかったが、とくに不便さを感じることはなかった。さらにとんでもないことは、裕福な者や権力を持つ者もまた読み書きができなかったことである。つまり彼らもラテン語の知識がなかった。したがって社会で通用していたのは、歌や語り聞かせの物語といった口承の文化だった。領主は、自分の城にやってくる道化師や吟遊詩人の歌や物語を楽しんだが、領主が引退して読書生活を送るということはなかった。この当時で最も重要なものは伝統と慣習だった。なぜなら、世界のほとんどのことは理解できないものであり、それを文字に書き記して管理することもできなかったからである。ヨーロッパの貴族や騎士が十字軍によって聖地エルサレムに到着した時、ヨーロッパ人があまりにも粗野で読み書きができないことに、イスラム教徒の上層階級が衝撃を受けたのも無理はない。

時代が経つうちに、その土地固有の言語で書き表された文学が登場するようになった。それは万人向けに書かれた最初の文学作品であり、しかもラテン語で書かれたものではなかった。フランスで最初に書かれた物語はロマン（roman）と呼ばれた。まず最初に物語が誕生し、後から文字で書かれた。これは田舎臭い粗野な内容で、否定的な意味合いで「ロマン」と呼ばれた。この「ロマン」がフランス語で「物語」を意味するようになった。これらの物語の内容は騎士を主人公とするものが中心で、英雄の武勲、美女との恋愛などが描かれたが、こうした物語は「ロマンス」（Romance）と総称された。「ロマンス」には、奇妙なことに、「ラテン語に由来する言語」と、「くだらない内容の物語」という、まったく違う二つの意味があるが、それはこのような理由によるものである。

ラテン語にはその後、ルネサンス期に第二の偉大なる改革が行われた。学者は中世を軽蔑していた。なぜなら、何にも増して、この時代がラテン語を貶め、純粋でないものにしたからである。ルネサンス期の学者の目標は、古典古代の偉大な作者たちのラテン語でものを書くことだった。ルネサンス期の先駆的な学者ペトラルカは、キケロの書簡の写本を求めてヨーロッパ中を探し回った。彼はついにそれを発見し、完璧なラテン語で、キケロその人に宛てた書簡を書いてみた。今や、貴族や紳士はラテン語教育を受ける。ラテン語が教会や神学論争のための言葉だからではなく、古典古代の作品を読むことができ、古典古代と同じ文章が書けることを望んだからである。二一世紀を迎えた今日でも、ラテン語は中等教育や高等教育の中心学問となっている。私自身、大学入試に合格するためにラテン語を学んできた。大学の卒業式の式典はラテン語で行われ、学生に与えられる称号にもしばしばラテン語が用いられる。ad eundem gradum（同程度に）、cum laude（優秀）、summa cum laude（最優秀）、honoris causa（名誉称号のために）などがその代表的な例である。

ラテン語はヨーロッパ各地の教育を受けた男たちを結ぶ偉大な絆となった（女性はラテン語を学ぶことができなかった）。それは彼らにとって第二の言語であり、社会的な絆であり、互いを認め合うための一種の符合でもあった。英国の下院（庶民院）では、演説者は有名な古典作品の文言を引用するが、決して翻訳することはなく、ラテン語の原文のままである。もしもその意味がわからない者がいれば、その人は、そこに出席したとは言えないのである。印刷して公表することができないような性的な用語も、ラテン語なら印刷できる。一般の人々には理解できない、したがって堕落することもない、という論理である。小説を読んでいてちょうど面白くなったところで、急に意味のわからない言葉が出てくるのはこういう理由による。英語にはこういうあたりにその伝統が残っている。例えば生殖器のことをgenitaliaと表現するが、これはラテン語である。外陰部を示すpudendaも同様である。この用語はラテン語の「簡にして要を得た」表現の見事な使用例であり、性に関するピューリタン的な態度にも合致する。すなわち性器、とくに女性器を示す用語なのだが、それは文字通り「恥ずかしいことがら」を意味する表現でもある。

ルネサンス期にラテン語が復活したころ、それぞれ個々の地方の言語が新たな地位と尊敬を勝ち取った。その第一の理由は一四五〇年代の印刷術の発明である。最初に印刷された複数の書物は古典期の作品だった。しかしその需要はかなり限られていた。そこで印刷業者はより大きな市場を求めて、各地方の言語で書かれた本や、古典期の作品の翻訳の印刷を手掛けるようになった。シェイクスピアはラテン語やギリシャ語の知識がほとんどなかったと言われているが、彼はプルタルコスの『対比列伝』〔通称、『プルターク英雄伝』〕を読んで、古典の歴史を学んだ。それは一五七九年に出版されたトマス・ノースによる翻訳版であり、当時シェイクスピアは一五歳だった。この本から彼は『ジュリアス・シーザー』や『アントニーとクレオパトラ』の題材を得たのである。第二の理由は、一六世紀のプロテスタントの改革者たちは、民衆が自分自身で聖書を読めるようになることを希望した。そのためには聖書を地方の言語に翻訳しなければならない。ルターの最初の仕事は聖書をドイツ語に翻訳することだった。プロテスタントの信者たちにとって、ラテン語は聖なる言葉ではなくなったのである。

ヨーロッパでは、学者などが論文を発表する際にはラテン語で書く伝統が続いていた。この習慣により、ヨーロッパ中の高い教育を受けた人間はすぐにその成果を知ることができた。最初に地動説を唱えたコペルニクスも、天体の運動法則を唱えたケプラーも、科学革命の完成者であるニュートンも、みなラテン語で論文を発表した。しかし一七世紀以後、科学者や哲学者は自国語で論文や作品を発表するようになり、より多くの人々がその内容を知るためには、それらを各国語に翻訳する必要が生まれた。

さらに一八世紀になると、ラテン語は別の重要な意義を持つようになった。スウェーデンの植物学者カール・リンネが植物の新しい命名法を開発したのである。リンネは学校でラテン語を学び、自然界の秩序を分類するアリストテレスのラテン語の論文を読んだ。彼が考案したのは、植物の学名をラテン語の二語〔属名と種小名〕で表現する二名法という分類法だった。新しい植物の発見者の名前が学名の一部になる場合は、発見者の名前はラテン語で表記される。オーストラリア原産の、ブラシに似た花を咲かせる「バンクシア」は、偉大なる航海者ジェームズ・クック〔キャプテン・クック〕の航海に同行した植物学者ジョゼフ・バンクスに由来している。彼は自分の名前をこの低木性植物に与えることで、バンクスという名前を永遠化したのである。

キリスト教が広まると、ラテン語は西ヨーロッパの万国共通語となった。それは、教会の統治、教義の議論、信仰の宣言、そして教会の運営のための言葉となった。それは、預言者ムハンマドの話したアラビア語が聖なる言語とされた状況とはかなり異なっている。イエス・キリストが話したのはアラム語であり、彼の言葉は地中海東岸地域でギリシャ語によって記録された。旧約聖書はヘブライ語で書かれている。ラテン語はすべての敬虔な信者を結集させ、第二ヴァチカン公会議〔一九六二〜六五年〕

が現地語の使用を許可するまでの長きにわたり、カトリックの公用語であり続けた。ただし、教皇の回勅（教皇が全司教に送る勅書）はいまだにラテン語で書かれている。教皇パウロ六世が避妊や人工中絶に反対する考えを発表したのも、『フマナエ・ウィタエ』（『人間の生命について』一九六八年）という回勅だった。より信仰に忠実な人々の中には、ラテン語による教会奉仕を行う者もいた（ただし、ほとんどが非公式の儀式だったが）。前教皇のベネディクト一六世は、ミサにおけるラテン語の使用に好意的だった。しかし、二〇二一年、フランシスコ教皇はラテン語によるミサを強く制限するようになった。

ローマ帝国の理想と同様、ラテン語もまた死にかけている。

第8章 普通の人々

読者はみな「普通の人々」が好きだろう。彼らは汚れていて、臭くて、栄養が足りず見た目は魅力的でなく、服は着古して、病気の痕があり、暑い日も寒い日も激しい労働で、すっかりくたびれ果ておびえている……。それでもなぜあなたは彼らが好きなのか。それは彼らの運命が簡単に想像できるからである。彼らは何世紀にもわたって同じことをやり続ける。彼らのほぼ全員の仕事は食べ物を育てることだった。

ここにひとつのグラフ（図42）がある（ただし、あまり変化のないものだが）。このグラフは食糧を生産する人々、ないし食糧関係に極めて近い分野で働く人々の分布を示している。つまりこのグラフは、田舎の農村や集落の住民に、彼らの農作業を支える車大工や修理工、鍛冶屋と肉体労働者などを加えた「農村部の人口比率」である。この数字はあくまでも粗い見積もりである。ローマ帝国においては九〇％の人々が農村部に暮らしていた。帝国内にはローマは別格として、それ以外にもいくつかの大都市があった。しかし、これらの都市の住人は全体の一〇％にすぎなかった。これらの都市には食糧

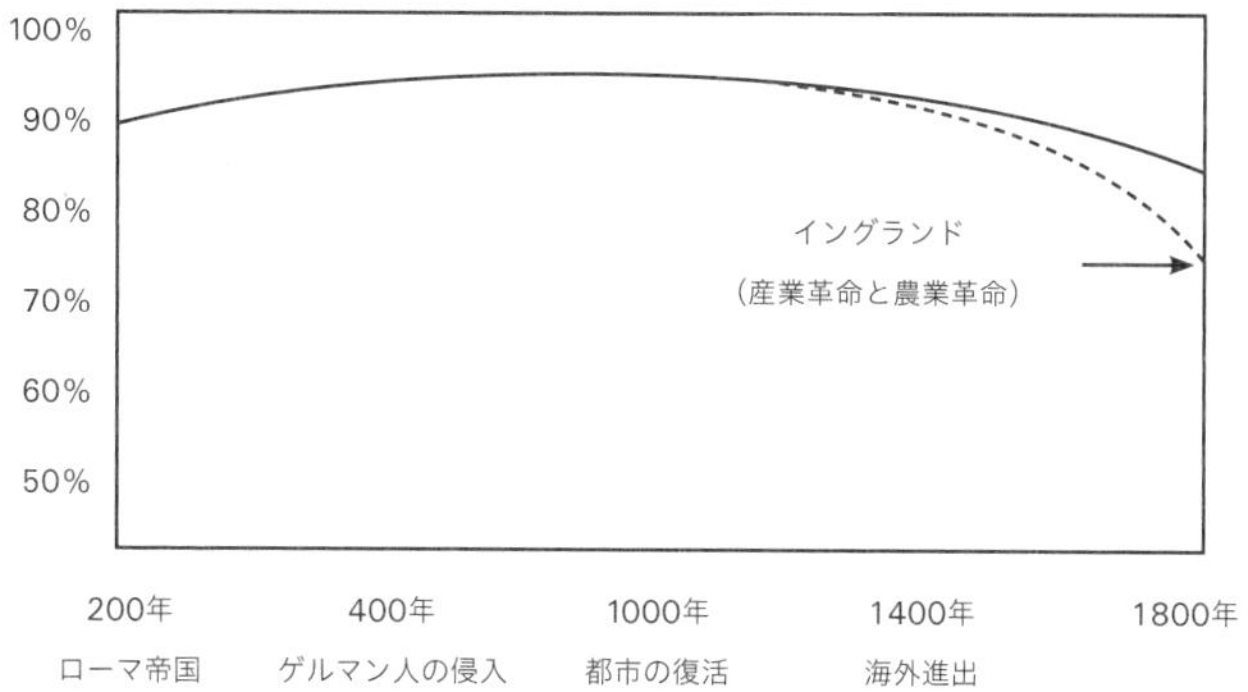

図 42　農村部の人口比率（ヨーロッパ）

となる穀物が供給されたが、穀物は重量のある製品であり、都市が求める消費量すべてを荷車で陸送することはできなかった。ローマへの穀物はエジプトから海路で運ばれた。この方がはるかに輸送費が安かったからである。帝国の時代も後期になると、政府はローマの人口を維持するために、穀物の供給に対して助成金を支払うようになった。ローマは今日の第三世界の都市に似ていた。地方から磁石のように人々を吸い付けるが、集まってきた人すべてに十分な生計を立てられる職を供給できなかったからである。ローマはコロッセオで定期的に開催される見世物の際に、観客に無償でパンを配った。ローマの風刺詩人ユウェナリスは、この政府の施策を「パンとサーカス」と表現した。

ただし、穀物の交易は例外である。ローマ帝国の交易品の多くは価値のある贅沢品であり、これらは荷物として軽く、高い輸送コストに見合うものだった。ローマ帝国では、一九世紀までのヨーロッパと同様に、ほとんどの人々は自分の土地で穫れるものか近隣で作られるものを食べて生きていた。食糧、飲物、衣服、住まいなどはみなその土地で作られたものだった。ヨーロッパの田舎で古い藁ぶき小屋をよく見かける理由は、それが「絵になる」からではなく、藁の方がスレートより安くて扱いやすい素材だからである。ローマ人は経済においてもその力を発揮していた。彼らの発明は、ただひとつの法律で帝国と軍事組織をまとめあげたことであり、これは非常に効率的だった。ローマ人が建設した直線道路は、現在もその一部を見ることができる。これらの道路は大量の兵士たちをある場所から別の場所に素早く移動させることを第一の目的として、軍事関係者が設計したものだった。もしも馬車や荷車の移動のための道であれば、これらの道路の勾配はもっと緩やかになっていたことだろう。

ローマ帝国末期の二〇〇年間は、ゲルマン人の攻撃を受けて帝国内の都市人口は減少していった。交易の規模は縮小され、地方では自給自足の必要性が一層高まった。帝国の最盛期の時代、都市には防御壁がなかった。ローマに敵対する勢力は前線のかなたにいて、都市には近づけなかった。しかし三世紀になると、都市の周囲には防御壁が建設され始めた。これらの壁が囲む範囲が以前よりも狭くなっているのは、都市が衰退したことの証拠である。西ローマ帝国が消滅した四七六年、田舎に住む人の人口比率は九五％まで上昇していた。

この比率はその後、数世紀間変わらなかった。ゲルマン人の侵入に続いて別の侵入が重なったからである。七世紀から八世紀にかけてのイスラム教徒の侵入により、南フランスとイタリアは大きな被害を受けた。続く九世紀から一〇世紀にはヴァイキングの侵入があり、社会は大混乱に陥った。一一

犂で農地を耕す農民の様子（『ベリー公のいとも豪華なる時祷書』より、15世紀）

世紀から一二世紀になってやっと平和が訪れ、交易と都市生活が復興した。五世紀以後、完全に消滅した都市もいくつかあったし、また惨禍を生き延びた諸都市もその人口を大きく減らしていたのである。

農村部の人口比率のグラフ（図42）は、このあたりから少しだけ下降する。一五世紀になると、ヨーロッパは海外進出に向かい、これによって商業、金融、輸送が盛んになり、都市もまた大きく広がった。一八〇〇年代になると、西ヨーロッパの農村部の人口比率は八五％まで落ちた。これはローマ帝国の頃よりもわずかながら低い数値である。わずかな変化ではあるが、ここに至るまでに非常に長い年月を要している。例外はイングランドである。イングランドでは一八〇〇年代に農村部の人口比率は急激に下降した。これはこの頃から新しい都市が次々に生まれたからであり、一八五〇年になると、イングランドの全人口の半分が都市の住民となっていた。

食糧を作る人々の地位は以前とは異なっていた。かつてはどの時代においても彼らの立場は変わらなかった。小規模自作農、奴隷、元奴隷、農奴、元農奴、小作人、肉体労働者などであり、我々はこれらの人々をまとめて「農民」と呼ぶ。しかし、どの時代であろうと、誰であろうと何をしようと、する仕事は同じだった。イタリア、南フランス、スペインで、一九世紀に犂《プラウ》〔すき〕を使って耕す人々は、基本的にローマ時代の人々と同じ作業をしたのだった。犂は原始的な道具である。犂の基本の形は、先端に切り刃がつき、根元が二股の持ち手になっている棒である。牛や馬に犂を引かせることもある。操る人間は犂の持ち手を握り、進む方向に舵を取る。先端の刃は表面からあまり深くない程度に土に切れ目を入れていく。ただし作業は、土の表面をさっと引っ掻くだけでは終わらない。農民は、畑の縦と横に犂を動かして、チェス盤のような模様を作ることにより、畑全体を耕すのである。

中世初期の偉大なる発明のひとつに「(重量)有輪犂」がある(図43)。誰が発明したのかはわからない。これは犂よりも深く重い土を耕すことができ、北フランス、ドイツ、イングランドで用いられた。原理としては現在の動力を使った耕運機と同じもので、動力源が機械ではなく動物であるという違いしかない。有輪犂には、土を切り取る鋭いカッターと、切り取った土を持ち上げて回転させる金属板がついていた。この新しい犂は、表面の土を引っ掻くだけではなく畝《うね》を作ることができた。畝は同じ方向に向けて何列も平行に作られ、以前の犂が縦と横の網目状に土を引っ掻いたものとは明らかに違っていた。こうしてできた固い土壌の畝には水を流すことができた。犂を使うのは重労働で、農民はただ犂を動かす方向の舵取りをしていればよい、というものではなかった。この犂の持ち手を肩と腕の力を使ってしっかりと支えなければ、犂の刃が土を切り取る前に、犂もろともひっくり返ってしまうのである。この犂を使う辛い作業が終わると、次に畝に種を蒔く。これは比較的楽な仕事である。畑全体を歩き回ってまんべんなく種を蒔き終わると、まぐわを使って種の上に土をかぶせて、ようやく作業が終わる。

春に男は犂耕を済ませ、秋に男と妻とその子どもたちは収穫をした。安全に収穫できる期間が短かったため、農民たちは町から人を雇うか、あるいは兵舎に寝泊まりしている兵士にも声をかけるかして、収穫作業を手伝ってもらった。穀物の収穫には、円形の刃に持ち手がついた草刈り鎌が用いられた。考古学者が最も古い定住地を発掘した際にもこの草刈り鎌が見つかっている。これがヨーロッパにおける収穫の最も基本的な形であり、二〇世紀初頭まで

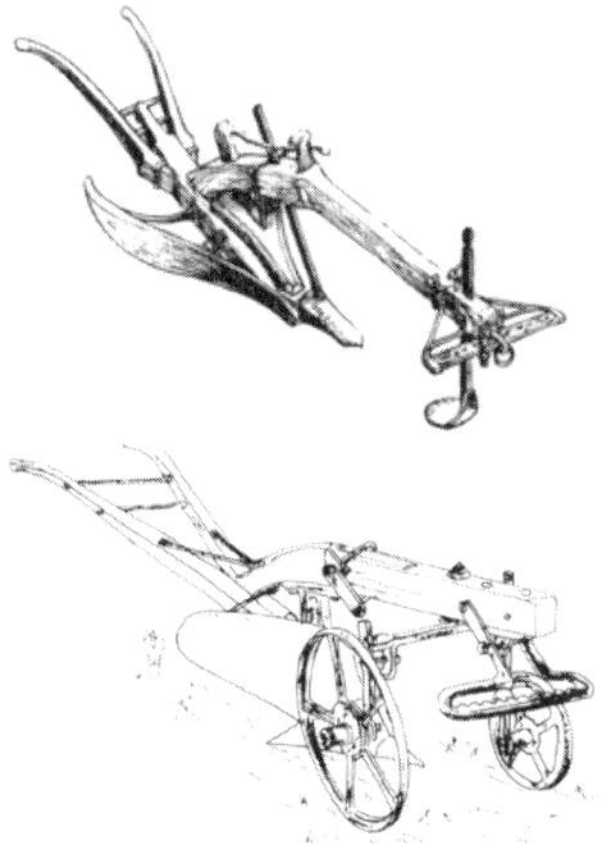

図43　初期の犂は比較的軽量で、土の表面を引っ掻き、土地に四角な縦横の網目を作った（上）。有輪犂は重量があり、北ヨーロッパの重い土を深く切り取って、上部で回転させて畝を作ることができた（下）。こうしてできた細長い耕作地をファーロングと呼んだ（現在、この長さの単位は競馬で用いられている）。

この光景を見ることができた。一九一七年に起こったロシア革命でも、その旗には農民と労働者を称えるために草刈り鎌とハンマーが描かれている。草刈り鎌は農民の象徴、ハンマーは都市部の労働者の象徴だった。

我々は耕作や収穫を、現代のように、畑の上を空調の利いた大型トラクターで運転するものと決して想像してはならない。農民たちは、畑の上をとぼとぼ歩き、腰をかがめ、神経をすり減らすような作業を何年も繰り返してきたのである。

収穫された小麦や大麦の茎は集められ、穂の部分を叩いて麦の粒を取り出した。この時に使う道具が殻竿《からざお》であり、長い木製の持ち手に平らな板が皮ひもで結びつけられていた。この持ち手を握って殻竿を振り回し、納屋の床の上に置かれた麦の穂の上に平らな板を叩きつけて粒を穂から落とすのである。納屋の扉は開けておく。もみがらは風に飛ばされていき、床の上には麦の粒だけが残るという仕組みである。

麦の粒から粉が作られ、この粉でパンを作る。パンは生きる支えである。肉はいつも食べられるものではなかった。パンにはバターを塗るか、チーズを添えて食べたことだろう。パンはそのものが食事であり、これにサイドプレートが付くことはなかった。パンは洒落た籠にスライスしたものを数枚載せて供されることはなく、たいていは一度に三〜四個の塊を食べていた。裕福な家庭なら、一人が一日約一キロのパンを食べていた。大きな塊を毎日消費していたことになる。穀物はありとあらゆる場所で栽培されていた。耕作には不向きな土地でも、また今日ならとうてい穀物を育てない場所でも作られていた。これはその輸送が非常に難しく、穀物は消費地に極めて近い場所で栽培するしかなかったからだった。したがってどこか遠くから運ばれてくる穀物はきわめて高価だった。次第に穀物輸送は海運に頼るようになり、内陸部では必要とあればどれほど距離があろうと、運河を造って船で運ぶように努めていた。

ドイツの写本『スペクルム・ウィルギヌム』（1200 頃）に描かれた収穫の場面。

誰もが気にかけていたのは収穫のことであり、天候は気軽な日常会話の話題ではなく、自分たちの運命に関わる重要な検討事項だった。穀物が実らないか、または収穫前に悪天候で大きな被害を受けると、共同体全体が危機に陥った。どこか遠隔地から運んで来ようとしても金がかかりすぎる。穀物が不足すると、パンの値段は二倍から三倍に上がった。現代の我々にとって、パンはスーパーマーケットに並ぶ数多くの食べ物のひとつにすぎないし、パンがない時は別の何かを食べることができる。しかし昔の人々にとってパンは食糧のすべてに等しく、それが二倍から三倍の値段になれば、たいへんなひもじさを味わうことになり、最悪の場合は餓死することもあり得た。

農民は穀物を育てているのだから、その価格が高騰すれば恩恵があるのではないかと思うことだろう。しかし、それは大規模な土地を持ち、余剰生産物がある者のみにいえることだった。ほとんどの農民は自分の家族が食べる分しか育てておらず、売り物に回せるのはごくわずかだった。収穫に失敗すれば、自分たち家族を食べさせることができなくなり、どこかから買うしかない。農民は狭い土地しか持つことができず、条件のいい時でさえ、家族をまかなうには収穫量が不足しがちだった。食べる分が足りない者は大土地所有者の畑で働き、そこから余剰穀物を買うしか方法がなかった。さらに自分の土地すら持てない肉体労働者も多かった。雇用主の所有地内で生活し、食糧を支給されている者は、それほどひどい待遇とはいえなかった。彼らは雇用主の小屋で暮らし、パンを定期的に買っていたのである。都市生活者ももちろんパンを買っていたので、穀物価格が上昇すると、多くの者が深刻な状況に陥った。

穀物不足になると所有者(大規模耕作を行い、取扱量も多い者に限られるが)は、ただちに自前の穀物を抱え込んでさらなる価格高騰を待つか、すでに高値をつけている場所に行って穀物を売りつけた。後者の場合、地元民には穀物が回らなくなった。大まかに言って一四〇〇年以降、少しばかり気の利いた政府が、こうした価格上昇に便乗するビジネスを取り締まるようになった。政府は地元が穀物危機に陥ると、穀物の不当な備蓄、及びよその土地への移送を禁止する法律を作った。行政の長がこの法律を執行しない場合は、住民がその執行を請願することができた。役人たちは穀物の不当備蓄を調査して回り、大規模所有者には強制的に販売を命じ、さらに、よその土地で収穫した穀物を積んだ荷車や船を差し押さえた。これは暴動の根を摘み取り、政府が社会不安に巻き込まれないための予防措置だった。

ほとんどの人間はほとんど常に食糧危機を心配しながら生活していた。毎日きちんと食べられることは贅沢であり、肥満は美であった。祝日は飲み食いの大宴会となった。現代の我々が感謝祭やクリスマスを盛大に祝うのは、当時の社会の悲しき記憶に由来しているのだろう。この日はたくさん食べられる日、朝から晩までのべつ飲み食いできる日として前から皆が期待する。私の場合、他の日には絶対に七面鳥を食べない。こうすることで、祝宴の日の気分が盛り上がるよう、期待感を大事にしまいこんでいるのである。

文明を生み出したのは、全人口の八五%から九五%を占める農民たちだった。もしも農民が自分たちの食べる分だけの穀物を育てていたら、都市も、領主や聖職者も王も、さらには軍隊も生まれていなかっただろう。これらの人々は皆、農民が作る食糧に依存していたからである。農民たち自身が望もうと望むまいと、彼らは他者に食べ物を供給しなければならなかった。この構図が最も明確にわかるのは、中世初期の農奴である。彼らは自分が作った穀物の一部を地代として領主に納め、さらに別の一部を「十分の一税」〔教会維持のために納める税金〕として教会に納めた。また領主の土地で無償で働く

図44　ローマ時代、農民は収税人に税金を支払った。この左に納税記録台帳が見える。この浮彫はライン川の前線付近で発見された（200頃）。

ことにより、自分自身の穀物を確保していた。時代が進むと、労働の義務はなくなり、領主や教会への支払いは現金で行われるようになった。

中世初期には国家が課す税金は存在しなかった。その前のローマ帝国の時代と、それ以降のヨーロッパに都市が発達する時代には、農民は納税者だった。ローマ帝国時代の納税の様子がわかる浮彫がある（図44）。ここでは農民が収税人に税を納めにやってくる様子が描写されている。業務内容の記録は紙に書くのではなく、蝋板に刻み込まれた。この納税記録こそローマ帝国経営の鍵となるものだった。つまり役人は農民から税を集め、それを兵士の給料として支払うのである。農民から金を搾り取ることがローマの文明の基盤だった。この浮彫からは税の取り立てがいかに直接的なものだったかがわかる。農民は書類を書いて収税人に提出するのでもなく、小切手も切らない。稼いだ分の控除もされない。収税人は納税者を徹底的に探し出す。納税を拒否すると、収税人は一度は引き返すが、次は力づくで納税させにやってくる。納税という行為は官僚のお役所仕事ではなく、収税人と農民の一対一の対決にほかならなかった。ローマ帝国では、収税人は「プブリカニ」(publicani)と呼ばれた。大衆(public)から税金を集める人という意味である。彼らは嫌われた。イエス・キリストは、「自分を愛してくれる人を愛したところで、あなたがたにどんな報いがあろうか。徴税人でも、同じことをしているではないか」(「マタイ伝」5章46節)と語っている。イエスですら、収税人を悪者というステレオタイプで捉えていたのである。イングランドのジェームズ一世による『欽定訳聖書』では、プブリカニはパブリカン〔publican、「public の人」という意味〕と訳されている。イエスは「徴税人も悪人も」という表現を使って批判している。しかし、これは酒類販売の免許を持つパブの主人にとってはあまりにひどい表現といえよう〔英国などの酒場「パブ」〈public house の略〉の主人を publican と呼ぶ。publican という単語には「酒場の主人」と「収税人」の二つの意味がある〕。

税を搾取される農民という表現は、もちろん、非常に一方的な見方である。ひょっとしたら、彼らは税金を納めることを楽しんでいたかもしれないし、または、少なくとも、不平・不満を口にしただけだったかもしれない。税を納めることが好きな人などどこにもいないが、納税によって政府が提供するサービスの恩恵を得ることができる、という考え方もある。しかし、農民は公共のサービスを受けることはなかった。当時の政府は学校を経営していなかったし、医療制度も備えていなかった。農民たちは道路整備にはほとんど携わらなかった。道路整備は特別な軍事的意義がないかぎり、地元の懸案事項だった。ローマ人は、水の供給や下水道の整備など、都市住民の公衆衛生に関しては面倒見が良かったが、田舎に対してはほとんど何もしてこなかった。ごく最近まで、集められた税金の八〇

〜九〇％は軍事面に使われた。すると農民にとって、外国からの敵を寄せつけないことが納税の恩恵だったのだろうか。いや、それも違う。戦争は農民にとって大事な畑が戦場となって荒らされ、また食糧や家畜を軍隊に奪われるという大損害を意味していた。

身分の高い者から威圧的な要求を受ける農民たちは、彼らに従うことを義務づけられ、納税を強要されるだけの弱い存在ではあったが、それでも上の者に対して抗議、暴動、反乱を繰り返し起こしていた。農民たちは自分自身の世界観で行動することで自らを鼓舞していた。たとえ、王や司教、地主たちから見捨てられたとしても、それはそれでまったくかまわないという気持ちを持っていた。その自信の根拠は、食糧を自分で作り、家を自分で建て、自分が飲む酒を自分で作り、そして布を自分で織り、自分で服を縫いあげていることに由来しているのだろうと、想像がつく。現代人の多くは、こんな生存競争からはやばやと脱落していたことだろう。当時の農民たちにとって生きるために必要なものは、自分が食糧を育てる土地だけで十分だった。現代人なら、ジーンズに麻薬、酒とＤＶＤを買うためには、またガソリン代と電話代を支払うためには、長い間ひとつの場所に留まっている必要はない、と考えることだろう。そうして農業をほったらかしにして、パートタイムの職業に就くが、しばらくすると、元のフルタイムの農業に戻ってくるだろう。しかし、昔の農民たちには自給自足こそがまぎれもない現実だった。恩恵を与えてくれない政府と教会は彼らにとって重荷なだけであり、自分たちから金を取るのは強盗の行為だと見ていたのである。

＊　＊　＊

農民たちの反乱は常に鎮圧されてきた――フランス革命初期の五年間までは。他の国と同様、フランスの農民は、中世は農奴の身分だった。中世末期になって、西ヨーロッパの農奴制は終わりを告げた。元農奴には、さまざまな状況が用意されていた。フランスでは、農民は土地所有者でなければならず、土地を売ることも、土地から離れることもできる、と法律で定められていた。そうはいっても、農民など土地を購入した者はみな、古い封建制によってなにがしかの地代を支払わなければならず、領主に対する義務も負っていた。例えば、領主の娘が結婚する際には贈り物をする、一週間のうち何日かは領主の土地で働くといったものである。こうした贈り物や奉仕は、次第に現金で支払うように変わっていった。したがってそうした土地を持った農民たちは、依然としてあれやこれやの金を払わなければならなかった。土地所有者でかつ借地人であるかのような状況、これは最も通常ならざるものであった。

広大な土地をもつ地主はたいてい領主だったが、時に中流階級の金持ちもいた。彼らは頭のいい法律家を雇い、記録をチェックして、地代や義務がすべて現金によって滞りなく支払われていることを確認した。地代や義務がすべて現金払いに変わった時、物価の上昇は考慮されていなかった。つまり現代の我々の言葉で言う「物価に合わせた価格のスライド」が行われなかったのである。そのため領主は、義務に関して支払われる金額に見過ごしや計算間違いがないかチェックするために、報奨金制度を導入していた。しかし、このことによってどこかに迷惑がかかったり、関係悪化を招いたりすることはめったになかった。領主は土地の所有権は農民に引き渡されたと見なし、そのかわり、古くからの地代や義務のために支払う価格を段階的に引き上げていくことによって、損失を補填しようとしたのである。農民たちはこれに反撃した。彼らは金を出し合って彼らのための法律家を雇い、領主の法律家に戦いを挑んだのだった。

一七八八年、国王が全国三部会を招集した時、農民たちはこれから新しい夜明けが訪れることを期待した。彼らに押し付けられていた憎むべきものすべてが、ついに取り払われる時がやってくるはずだった。ここに厄介な遅滞が生じた。農民たちはバスティーユ監獄陥落と、国王が国民議会を承認したという知らせを聞いた。しかし、領主への支払いについては依然、昔のままである。なんらかの汚い陰謀が起こっているに違いない。パンの価格は高く、しかも高騰を続けていた。これは前年の収穫が不作で、この年の収穫がまだ行われていないからだった。そこに、貴族やならず者たちが改革を止めようとしている、との噂が田舎を駆け巡った。すると農民たちはならず者たちのいる所に大勢で押しかけ、彼らを打ち負かしてしまった。さらに彼らは貴族の館に向かい、領主かその使者に対して、彼らの支払記録が記された台帳をすべて破棄することを要求した。領主がこの要求をのめば農民たちは満足して引き返すが、拒否したら館に火を放つ、と脅した。

パリの革命家たちは、農村部を席巻しているこの反乱の嵐に対してどうしたらよいかわからなかった。それは彼らが望んでいたものとはまったく違っていたからだった。やがて人権宣言と新憲法を公表する時になったら、彼らは農民たちの不平・不満に取り組むつもりでいた。ただし、厄介な問題があった。それは革命家たちの中にも、自分で土地を購入したことにより農民に負担を支払わせている人々がいたことだった。

農民反乱に対するそれまでの通常の対応は、農民を統制するために国王が軍を派遣することであったが、革命家たちは、それを望まなかった。いったん王が軍隊を出動させて反乱を収めてしまえば、今度はその相手が革命家たちになるのは目に見えていた。そこで国民議会の指導者たちは、農民たちが望むことを自分たちがすべきであると結論づけた。一七八九年八月四日の夜半から、一晩中の議事のなかで、演説者たちは封建的特権（地代と義務）の廃止を宣言した。農民から恩恵を受けていた者たちは互いに糾弾しあい、改革を誓い合った。それは半分芝居がかった行為であり、また半分ヒステリー状態に陥った結果でもあった。しかし革命家たちはまだ冷静な判断力を失っていなかった。ここで明確な線引きをしたのである。個人に対する奉仕に関連する特権はただちに廃止するが、財産に関連する特権は後日その所有者に損失補填をする形で行うというものだった。これらはかなり区別しにくいものだったため、農民たちはこの宣言の受け入れを拒否し、これ以後、いかなる義務による支払いも行わなくなった。一七九三年、革命がますます急進的になると新しい憲法が制定され、地代と義務は完全に廃止された〔この「一七九三年憲法＝ジャコバン憲法」は実際に施行されることはなかった〕。

農民は土地の完全な所有者になり、地主から完全に自由になった。こうなってしまうと、農民は一九世紀の百年間はフランス政治における保守勢力となり、都市の急進的な労働者階級と対立するようになった。後者は私有財産を攻撃し、社会主義社会の建設を目指していたからである。フランスの大物たちは常に農民に味方し、彼らを支持することで社会主義を抑え込んだ。農民たちが所有するのは狭い土地であり、これはフランスの農業がいつまでも小規模で非効率な状態に留まっていることを意味していた。しかし今日ではフランスの農民はヨーロッパからの補助金の恩恵を受け、オーストラリアの大規模で効率的な農家に全面的に対抗して、低価格の農産物を生産し続けている。フランスの農民は、今ではオーストラリア国民を締めつけるようになったのである。

イングランドでは農奴制廃止の結果として、まったく違った土地制度を作り上げていた。地代と義務など封建的特権はいかなる形においても存在しない。農奴は近代化して借地農となり、地代を地主に支払うだけである。借地農は、時には長期間、あるいは一生分の賃借契約権を保有していた。しかしこの賃借契約権の期限が切れると、地主はこれを借地農から取り上げ、別の借地農と新たな賃借契約を結ぶことができた。フランスの農民は土地を奪われることはなかったので、厚く保護されていたともいえるが、その代わり封建的な地代と義務による支払いを負わされていた。しかし、地主と借地農の間にこのような近代的かつ商業的な関係が築かれていたことにより、イングランドは農業生産における飛躍的な発展を遂げた。それが農業革命と呼ばれるものである。

農業革命には二つの要素があった。農法〔農業技術〕の改善と土地所有制度の再整備である。これらは農業機械の改善とはまったく関係がなかった。トラクターや収穫設備などは、もっと後になって登場したものである。

第一の農法について見てみよう。すべての耕作者にとって最大の問題は、同じ土地で耕作を続けると土壌が疲弊してしまう〔地中の栄養分が枯渇する〕ことだった。これをいかに解決するか。ローマ帝国の「外」にいたゲルマン人の農民は、土地が疲弊してくると、新しい土地を探して耕すということを単純に繰り返していた。これは「半永久農法」である。ローマ帝国内部では農地は二つに分けられた。耕すのはひとつだけで、残りの土地は休耕地にしていた〔二圃式農業〕。休ませている土地では、馬・牛・羊などが草や前年の麦の切り株などを食べ、動物たちの落とす糞を土地の肥やしにした。十分休んだ土地には犂が入れられ、新しい種が蒔かれた。すると前年まで畑だった土地が次の休耕地になる。この農法は南ヨーロッパでは一九世紀まで行われていた。中世の北ヨーロッパでは三圃式農業が発展した。畑を、冬穀〔秋蒔きの小麦・ライ麦など〕と夏穀〔春蒔きの大麦・豆など〕と休耕地〔放牧地〕の三つに分けて、これをローテーションにして耕作する農法である。耕作する土地が半分から三分の二になるのだから、その効率性の良さは明らかである。

一八世紀のイングランドでは農地は四分割され、そのすべての土地で別々の作物を育てる方法が開発された。これが農業革命である。その仕組みはどうなっているのか。ひとつの土地でずっと耕作を続けていると地力が低下してしまう。ここに見事な水平思考が応用された。二つの土地では穀物を作る。残りの二つでは家畜の飼料用に蕪やクローバーを植える。穀物と飼料用作物は土壌からそれぞれ別の養分を吸収する。したがってこれを交互に切り替えれば土壌が疲弊することなく、連作が可能になる。クローバーは空気中の窒素を地中に取り込んでタンパク質などを合成するので、土地を再生す

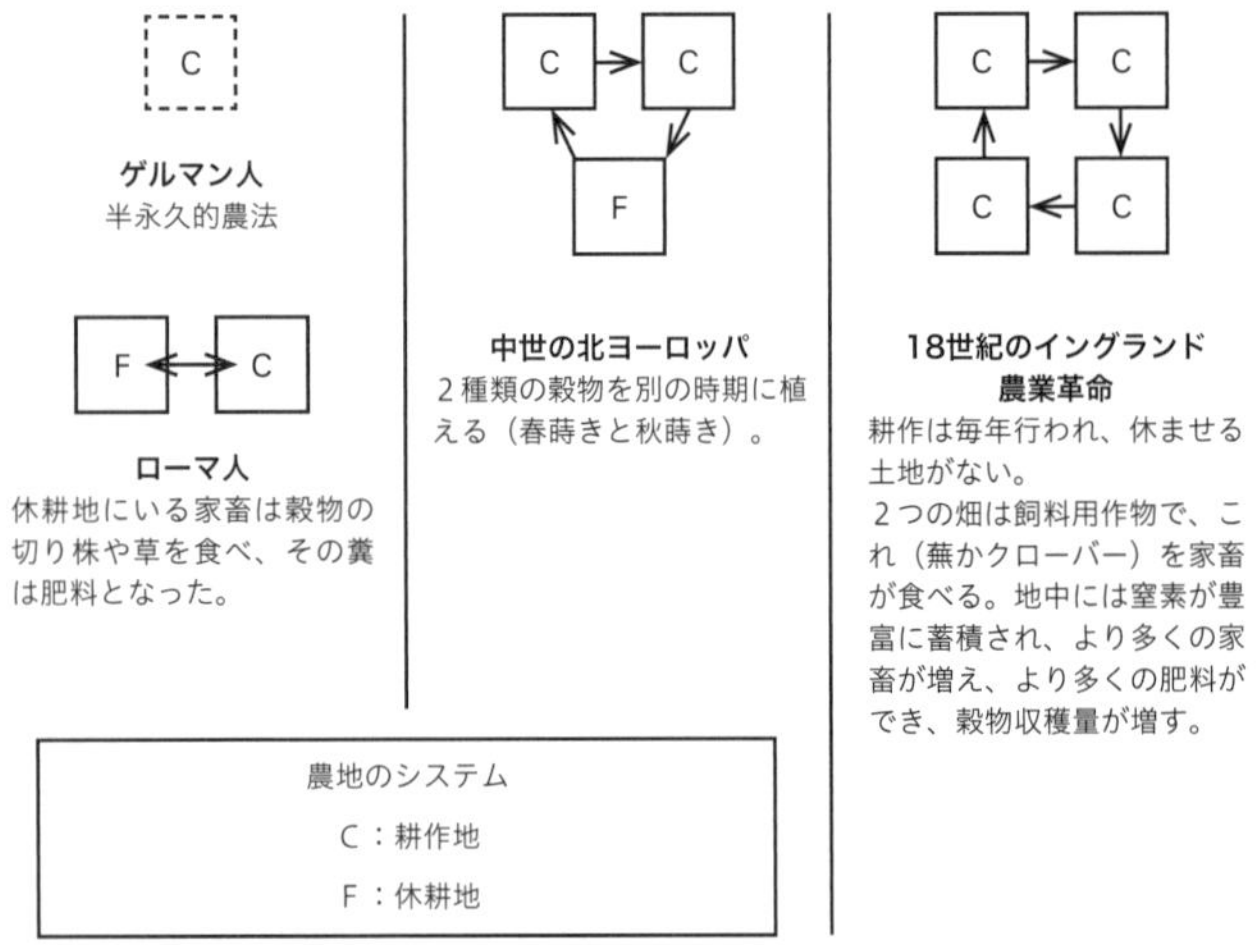
C
ゲルマン人
半永久的農法
F
C
ローマ人
休耕地にいる家畜は穀物の切り株や草を食べ、その糞は肥料となった。
C
C
F
中世の北ヨーロッパ
２種類の穀物を別の時期に植える（春蒔きと秋蒔き）。
C
C
C
C
18世紀のイングランド
農業革命
耕作は毎年行われ、休ませる土地がない。
２つの畑は飼料用作物で、これ（蕪かクローバー）を家畜が食べる。地中には窒素が豊富に蓄積され、より多くの家畜が増え、より多くの肥料ができ、穀物収穫量が増す。
農地のシステム
C：耕作地
F：休耕地

図45

る働きを持つ。一方、それまでは休耕地で草をはんでいた家畜は、飼料用作物を食べてよく育ち、体を大きくし、その糞は土地の肥料となる。こうして牛や羊の放牧場だった休耕地は、翌年のよく肥えた土壌の穀物畑になるのだった。これは家畜にも穀物にも好都合だった。こうして完成したのが新たな四圃式農法〔日本では「輪栽式」といわれてきた〕だった（図45）。

この同じ時期に、土地所有が再編成され、各農家は明確な境界線を持った自らの土地を所有するようになった。これは中世の土地制度に取って代わるものだった。その古い制度では、農民は村の三つの共有地の中にある帯状の土地のどれかを担当して耕すことになっていた。この制度では個人の農地を持つことができない。なぜなら農地は村のものであり、しかもその所有権は領主に握られていた。それぞれの村は何を、いつ、どこに植えるかを決め、全員の家畜が休耕地に集められた。三つの共有地の外

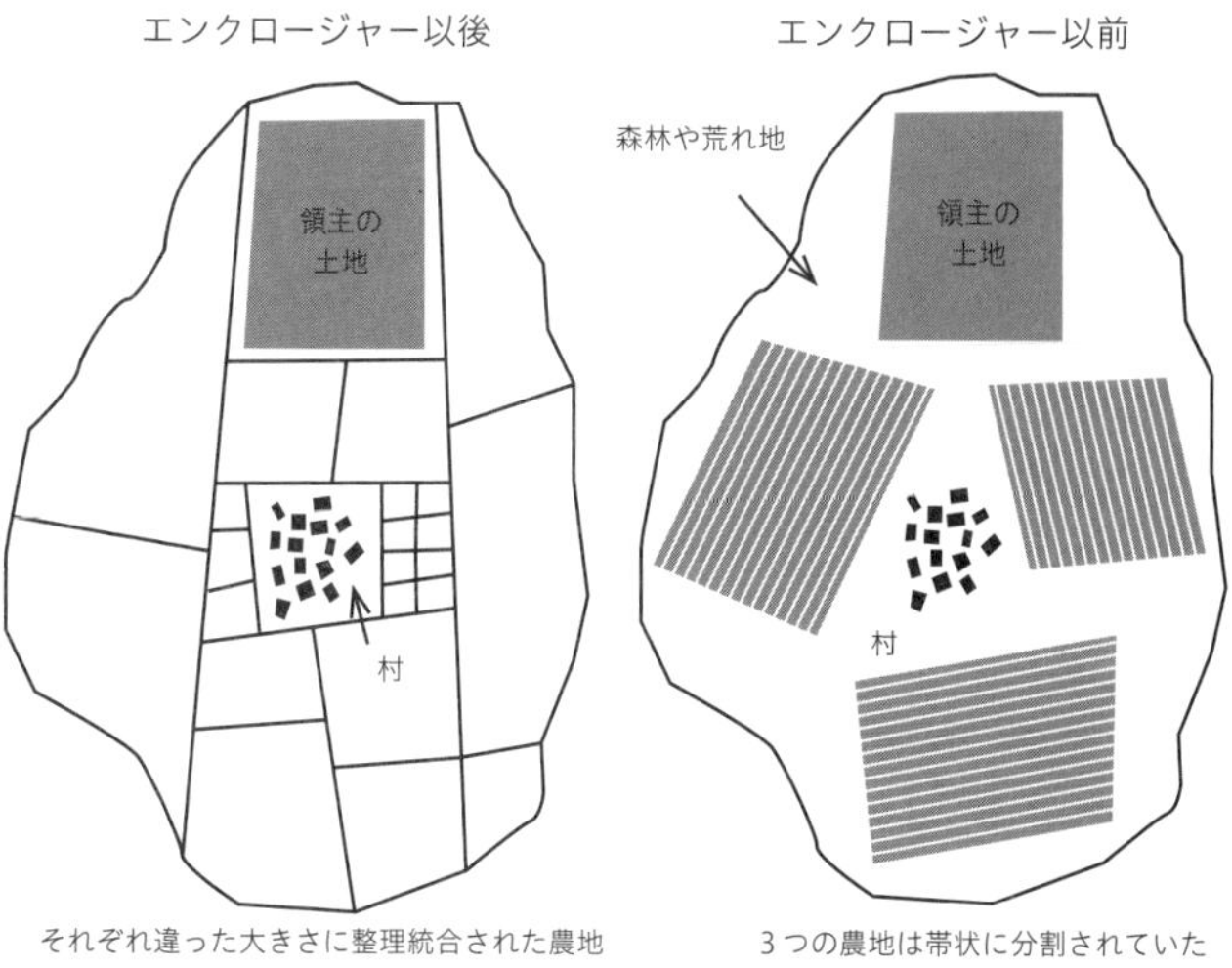

それぞれ違った大きさに整理統合された農地

3つの農地は帯状に分割されていた

図46

側は荒れ地か沼か森林で、共有地では村人なら誰でも家畜に草を食べさせ、藁や薪を取ることができた（図46）。

土地の再編成および整理統合に関する法律が議会に提出された。これは各農村に関わる特別な法律だった。イングランド議会は大土地所有者たちの集まりであり、議員たちはこの整理統合（一般にはエンクロージャー＝囲い込みと呼ばれる）が、新しい農業技術とその正しい運用のためにぜひとも必要だと考えたのだった。新たな穀物の栽培や家畜のより良い飼育法などは、村による共同管理よりも個別的な注意が必要であった。地主たちは自分の土地の収穫量を増やし、地代として課す金額を高く引き上げたいと望み、新しい農法の採用を囲い込んだ農地の賃借を認める条件にしようとしたのだった。蕪の栽培を拒む農民は放り出せばいい。そうすれば地主は賃借権を更新しなくてよいのだから。

土地の囲い込みは慎重に行われた。地方の行政官は、既存の権利がどうなっているかを確認するため、村人全員を調査した。村の共有の農地内にある数多くの帯状の土地の権利、共有地で家畜を放牧する権利は、一定の大きさをもつ整理統合地の権利に置き換えられていった。この土地統合によって被害を蒙ったのは、共有地で放牧する権利しか持っていない日雇いの農夫たちだった。この囲い込みで彼らが交換として受け取ったのは、ハンカチの大きさほどの土地で、何の役にも立たないものだった。こうして土地を奪われた農民たちは都市へと向かった。しかし、囲い込んだ土地で行う新たな農法は、全体的に見てより多くの（少なく、ではなく）労働力を必要とした。都市に向かう大脱出が始まったのは急激な人口増加が原因だった。

農業の生産性向上は都市の成長を可能にした。全体として少数の人々が、皆への食糧提供をまかなうことができるようになった。イングランドの例は、近代における大規模な、最初の飛躍的な進歩だった。フランスにも同じような土地の再編成を望んだ農業改良家は存在した。しかしフランスでは農民が土地を所有し、共同体の生活が土地に根付いていて、絶対君主といえどもこの伝統を突き崩すことはできなかった。

一八世紀の半ば以降から、農業革命と間をおかずにイングランドで産業革命が始まった。かつて木綿と羊毛は労働者が各自の家で紡ぎ、織るものだったが、これらの仕事は工場で新しい発明による機械で行われるようになった。その動力として最初は水力、次に蒸気が用いられた。労働者は機械の管理や整備をする役目にまわり、かつてはそれぞれの親方のために働いていた人々は、経営者のために時計に従って働くようになった。綿糸工場や毛織物工場がある都市の人口は急増した。すべての新たな経済活動は、最初は運河によって、続いて鉄道によって結びつけられていった。こうしてイングランドは、大量の商品が安価に国内各地に運ばれるような国になったのであった。

イングランドは産業革命を計画したというよりも、議会が政府を動かしやすかったため、この革命を容易にしたという方が正しい。ヨーロッパの絶対主義の政府であれば、国家の経済力と軍事力を増強するために、産業を計画し、促進し、保護したことだろう。イングランドの貴族と土地持ちの紳士層は議会を構成し、新たな経済活動に関わっていたが、彼らは自由放任を望む傾向が強かった。産業と雇用を規制する古い規則は脇に追いやられるか、期限切れのまま放置されたのである。

二つの革命によって引き起こされた社会変化は大きなトラウマを残した。しかし、世界初の都市的で産業的な国家が、ぎりぎりの生活でなんとか生きてきた、そして苦しみの多かった「普通の人々」に、未曽有の繁栄という夢をもたらしたのはまぎれもない事実である。

ヨーロッパとは何か

中国文明は長きにわたり、ヨーロッパ文明よりも優位に立っていた。ヨーロッパは中国から、印刷術、製紙、羅針盤、火薬、運河と水門などの技術を、直接あるいは間接的に学んできた。しかし、ヨーロッパは産業革命により確実な経済発展を手に入れた。そしてヨーロッパは、近代の証である間接民主制と個人の権利を最初に発達させた。ヨーロッパには何が起こったのだろう。

一四八〇年、中国の明王朝は海外における開発と貿易を禁じた。この法令以後も商業活動を続ける者は国家から密輸業者と見なされ、軍隊が派遣されて、居留地を破壊され、持ち船を焼かれた。ヨーロッパではいかなる王もこうした権力を行使していないし、このような自己否定的な法令を発することはなかった。ヨーロッパ各国の国王は、ライバルとなる国家同士のネットワークの中で生まれてきたが、中国の皇帝は自分と同等の力をもつライバルを作らせなかった。このように、ヨーロッパでは競合する諸国が海外での活動を推進させたのだった。

西ローマ帝国の崩壊以後、西ヨーロッパでは、大陸全土を支配する単独の権力は二度と現れなかった。もしも西ローマ帝国の崩壊に際して、中国における満州人、インドにおけるムガル人、中東におけるオスマン人のような単独の権力が登場していたら、歴史はどうなっていただろうか。征服という行為により、征服者は新たな王国の主人となることができる。しかし、西ローマ帝国を終わらせた征服者はさまざまなゲルマン人諸部族であり、それぞれが相争うライバルであった。彼らはごく限られた範囲の主人でしかなかった。彼らは帝国を完全に征服したわけではなかった。帝国は踏みにじった足の下ですでに消え去っていたことに気づいたからだった。ゲルマン人たちは定住した国を政治的に支配する経験もなく、ローマ帝国が築き上げた徴税のメカニズムを使いこなすこともできなかった。彼らは徴税によって国家を運営する普遍的な政府の存在を否定したのだった。

ヨーロッパ史の多くは、この創建の時期から生じてきているものである。統治の側は、その民をつかみきれていなかった。為政者は人々に忠誠を誓わせるために、非常な努力をしなければならなかった。為政者は自分の権力を拡大させるために、人々に「善き政治」(王の平和)を提供しなければならない。彼らは、かつてアジアや中東の帝国や王朝が行ったように、税や年貢を徴収するために単純に組織を運営することはできなかったのである。

数世紀にわたり王の支配を脅かしてきたものは、国民の中の最強者=土地持ちの貴族層だった。貴族たちはたまたま王に従ってはいるものの、自分の領地では常に最強の存在であり、私的財産の保全を強く願っていた。「すべてが王のものというわけではない」……それがヨーロッパの自由と繁栄の基礎だったのだ。

貴族を支配下に置くために、王が頼ったのは支配下の都市の商人、貿易業者、金融業者だった。これらの人々は王の官僚機構に融資と人材を提供しており、その財産には税がかけられるからだった。ヨーロッパの君主たちは、「金の卵を産むガチョウを殺さないように」通常は穏当に課税を行った。アジアの諸国家の支配者はより恣意的で、制裁的に税を取り立て、自身がひどく金に困っているときは直接手段に訴えて、商人や貿易業者の財産を没収することすらあった。ヨーロッパの君主は慎重であることを余儀なくされた。なぜなら君主はライバル同士の国家間の精妙なバランスのもとで動く「プレーヤーの一人」にすぎず、商人たちはその気になればいつでもライバル国に拠点を移動できたからだった。君主は常に経済発展や技術の進化（とくに軍事テクノロジー）に注意を傾けていた。そして現在同様に、防衛経費からは大きな副産物も生じていた。彼らはローマ帝国の記憶を有しており、キリスト教徒の国王たちは専制政治からも自己満足からも身を遠ざけるべきとの義務を認識していた。この精神こそアジアの支配者よりもヨーロッパの支配者が優れていた美点だった。

君主たちは旧来の貴族を抑えるようになるとともに、新しく精力的な人々＝都市の市民たち（ブルジョワジー）のパトロンになっていった。君主の力がいまだ弱い時期に、都市の市民たちは自身で都市を運営する権利をもつようになり、彼らが財力を得ていくうちにきわめて重要な特権をも有するようになった。武装した男たちを指揮して城内で自衛できる貴族たちに比べれば、都市の市民たちは平和的で、何ら脅威にはならなかった。しかし、いかに反抗的な態度を見せようと、貴族は王を当然のトップとする社会体制の中には位置していたが、市民は王制を特に必要としておらず、長い目でみれば王の統治にとって障害となるのは貴族ではなく、都市の市民たちのほうだった。

当初は弱い位置からスタートしたヨーロッパの君主制は次第に力をつけていった。ただしイングランドでは、国王が主要家臣の諮問を義務づけられていた中世以来、その議会が存続しており、君主の権力は議会の力で抑え込まれていた。フランスですら、絶対君主制と呼ばれながらも、王はあらゆるところで命令をくだすことができたわけではなかった。王は国家をまとめるために、数多くの譲歩と特別な措置を取る必要に迫られていた。フランスの全国三部会はもはや機能せず、周辺部の州にあった小型の三部会は、一七八〇年代に国王が命じた課税制度改革に反対する役割すら担った。提案に失敗した国王ルイ一六世は、全国三部会の招集を迫られた。改革主義者たちはイングランドの議会制民主主義をフランスにも導入しようとしていた。いっぽうヨーロッパ中央部（つまり今日のドイツとイタリア）では、皇帝と教皇との長年に及ぶ権力闘争の影響で、いかなる君主も強力な国家を作り上げることができなかった。結果として、そこにはヨーロッパにおける極めて特殊な権力分散化が生まれ、事実上の独立国家（都市、都市国家、公国）が群生することになった。これらのミニ国家がルネサンスと宗教改革の基盤となり、これがヨーロッパ全体の変革につながっていった。

ヨーロッパがさまざまな分裂を起こす一方、中世以来しぶとく生き残るひとつの文明が存在していた。「キリスト教世界」である。宗教改革が起こるまで、カトリック教会はすべての国境を越えた普遍的機関だった。教会はしばしば国家を統制する野望を抱いたが、しかし各国の王は信仰の護持者たることを強いられたとはいえ、教会の指示に常に従わなければならないとは考えなかった。皇帝と教皇の衝突は教会と国家の絶えざる緊張関係を長い間派手なかたちで見せた例だが、これがしだいに権力の分散につながることになる。

キリスト教世界の高度な文化を支配していたのは教会だった。教会は聖書の守護者であり、同時にギリシャ・ローマの学問の守護者でもあった。中世において学者たちは聖書と古典世界の学問を土台にして、首尾一貫した神学に紡ぎあげていた。教会の脆弱性は、――ローマ的支配をモデルにして作りあげられた構造である――教会そのものについては黙して語らない聖書のうちに内包されていたが、また、知的学問においては異教の学者たちの著作がローマ以来保持されてきたのだが、その点にも教会の弱点はあった。そうした矛盾が、宗教改革とルネサンスによって一気に露呈したのである。

中国では、権力は明白に皇帝に帰するものであり、高度な儒教文化が帝国の体制を強く支えていた。儒教は公私における行動規範であり、社会と国家の基盤を成していた。国家を公式かつ非公式に支配するすべての者は儒教に精通しており、官僚を目指す者は儒教を論ずる厳しい試験（科挙）に合格することを義務づけられていた。

ヨーロッパでは権力は分散的で、高度な文化は多様な要素の複合としてあり、世俗支配に強く結びつけられることはなかった。中国人は非常に賢い民族だが、その賢さは抑制された範囲を超えることはなく、彼らにおける技術革新は基本的に社会秩序をゆるがすものではなかった。ヨーロッパの開かれた社会では、いつでも「遠くまで戻る」ことができた。近代ヨーロッパの経済におけるダイナミズムや批判的知性の論戦は、良きにせよ悪しきにせよ、そこにいくつもの力が作用していた、という事実に由来している。ヨーロッパは過去の多様な遺産を最大限に活用し、発展させた。ギリシャ人の数学信仰は近代の科学革命として現実化し、技術革新の新たな基礎を築くことになった。

経済史家は、ヨーロッパがなぜ最初の産業化に成功したのか、世界の他の社会も同じような軌跡を辿ったのに、なぜヨーロッパが最初にゴールテープを切ることができたのか、と問う。多くの有益なアイデアを本書に提供してくれたパトリシア・クローンは、問いを次のように立てて答えている。「ヨーロッパのゴールは〈最初〉だったの？　それとも〈ふつうじゃなかった〉の？」彼女はこう答えた。「まちがいなく〈ふつうじゃなかった〉のよ」。

破壊的な諸力

DESTRUCTIVE FORCES

導入

破壊的な諸力

ヨーロッパは国家の集合体であり、その内部では常に争いが起きていた。二〇世紀になって、ヨーロッパ諸国は、これまでにない大きな規模で兵士や市民が虐殺されるという、二つの恐ろしい戦争を経験した。第二次世界大戦ではアドルフ・ヒトラーの指揮のもと、ナチス・ドイツがヨーロッパのユダヤ人を組織的に抹殺した。これは今までのヨーロッパ史には類例のない恐怖であった。このようなことがどうして起こったのだろう。

今まですでに紹介されてきた二つの力が大きな役割を果たしてきた。そのひとつは知的な起源をドイツに持つナショナリズムであり、もうひとつはイギリスで生まれた産業化である。

ナショナリズムは国民の国家への結びつきを強化し、戦いと死の意欲を高めた。ナショナリズムは国を持たない人々を、自分たち自身の国を創造するための闘争へと駆り立てた。そしてこのナショナリズムこそがヨーロッパの中部と東部の国々における紛争の最大の原因であり、今もなお、これらの国々はヨーロッパの歴史の担い手となっている。

産業化は人々を農村部から引き離し、都市の、より匿名性の高い社会へと導き入れた。人口は急激に増加し、人々はこれまでにない規模で集まるようになった。人々は読むことを学び、学校や新聞で社会のことを学んだ。その社会では、蒸気を動力とする機械によって大量生産で作られた安物が満ち溢れていた。二〇世紀になると人々はラジオを聴き、映画を見た。ヒトラーはラジオでよく聴く人物であり、新しいタイプの映画スターだった。古い社会的絆は弱まり、教会は少しずつ重要度を失っていった。学校で叩き込まれ、新たなメディアによって広がった国家感情は人々を強く結びつけた。ナショナリズムは宗教の代替品となり、個人個人に永遠のコミュニティを提供した。キリスト教世界におけるクリスチャンではなく、フランスにおけるフランス人、ドイツにおけるドイツ人たらんとするようになった。国歌と国旗があり、男女を問わず英雄が存在し、聖なる時と場所があり、この新しい宗教に帰依することで安心感が生まれるようになった。

ナショナリズムは戦争の元となったが、産業化は戦争をもっと恐ろしいものにした。新しい製鉄所・製鋼所は、より大きくより破壊力のある武器を生み出した。それも恐ろしい数で。銃はかつて人の手で一丁ずつ作られ、職人たちがすべての部品を丁寧に組み立てていた。しかし、精密な機械や道具が開発されて、全部品が正確に組み立てられるようになり、とてつもなく速く、大量の生産を可能にした。実際、銃こそ自動車生産に先駆けること六〇年という、機械による生産品の第一号だった。

ヨーロッパでは人間の行為に新しい尺度が生まれていた。大量生産、大衆社会、大量殺人、すべてが「大量」である。

産業化はヨーロッパ社会の内部に新たな脅威をもたらした。農民は暴動を繰り返し、いとも簡単に鎮圧されていった。新しい工業都市に住む労働者たちはより密集した環境の中で暮らしていた。彼らは読むこと・書くことを学習し、自分たちを支配している権力のことを理解するようになり、恒久的な組織を結成した。この組織を通じて彼らはより良い暮らしを求め、自分たちで社会を経営していきたいと発言するようになった。

労働者たちは政治的権利を求めて抗議運動を起こ

し、なかでもとくにすべての男性に投票権を与えるように主張した。彼らはより良い賃金と労働条件を求めて、彼らの雇用主と闘うために労働組合を作った。彼らは経営者の追放と彼らの利益を奪うことを目的に、働く者たちの福利のための産業経営を求めて、政党を結成した。これはまさに社会主義のプログラムだった。そして平和的な手段ではいかなる変化も生じないことに失望した労働者たちは、経営者を追放し、労働者による国家建設を目指して革命を計画するようになった。これらの共産主義革命家はヨーロッパでは成功することは叶わなかったが、それをロシアで成功させた。ロシアで実現した共産主義支配への恐怖はヨーロッパ全土に強い影響を及ぼした。ナショナリズムの信奉者は共産主義者を憎んだ。なぜなら、彼らは地球上のすべての労働者たちは、経営者および経営者を保護する政府を打倒するために共闘すべきだ、と主張している、つまり、労働者は自国のために戦わないからだ、というのがその理由だった。

産業化は、商人、銀行家、製造業者、サービス業者など、中産階級の人々を増加させた。これらの人々は古くから存在していたが、貿易と産業が発展し始めると、彼らの存在が重要になったのだった。かつて絶対君主たちは彼らの富を頼りにして、彼らを自分たちに奉仕させた。一九世紀と二〇世紀において、その数と信頼性を増した中産階級は、代議政治、法の支配、個人の権利と自由、報道と団結の自由、営利を目的とする職業の自由を標榜するリベラルな政策を支持した。これらの政策は王や貴族の支配に真っ向から挑戦するものだった。その一方で、自由主義者は民衆《ピープル》に大きな権限を委ねることを望まなかった。彼らは民主主義者ではないからである。

民衆《ピープル》の要求に対して、彼らはどれほど賛成または反対してきたことだろうか。これは常に繰り返されるジレンマだった。労働者たちも同じ問題に直面していた。さまざまな特権との戦いの中で、自分たちは中産階級の自由主義者による指導を受け入れられるだろうか、それとも彼らにいいように使われて最後は裏切られるのか……。

一九世紀のヨーロッパ主要三か国において、これらの諸勢力がどのように関わりあったのか、まず検討してみることにしよう。はたして産業化は本当に革命を導いたのだろうか。

第9章

産業化と革命

マンチェスターの古い住宅では、労働者とその家族が狭い空間内に押し込められて生活していた。

イギリスの産業革命は計画もなく始まったものであり、新しい工場の周辺にできた都市にも計画は一切なかった。労働者を収容するために、古い家屋は屋根裏部屋から地下室まで貸部屋として利用され、残った一部屋が家族全員の生活空間となった。新たな長屋が互いに密着するように建てられ、背中合わせになっているので、玄関はあっても、裏口の扉も裏窓もない、といった造りになっていた。道路は舗装されず、下水溝も排水溝もなく、通りにはありとあらゆる種類の汚物が溜まって荒れ放題だった。

一八四〇年代に、ドイツからやってきた若者がこれら都市労働者の生活実態を調査し、弾劾と予言の書『イギリスにおける労働者階級の状態』を執筆した。この著者の名はフリードリヒ・エンゲルス。

彼は父の紡績工場の経営を手伝うためにイギリスにやってきたのだった。彼は理論として共産主義を学んでいたが、イギリスで自分の理想を実現させてくれそうな力を発見した――少なくとも彼はそう感じたのだった。彼は、この時のイギリスの人々ほどひどい生活をしている者は、いまだかつてなかった、と書いた。機械で商品を作ることは社会を二分化させる。新しい町にはたった二種類の人間しかいない。中産階級の工場経営者と労働者だ、と彼は説いた。労働じたいが単調で人間の品性を貶めるものだった。労働者は生きるために仕事をやり続けるしかなく、すぐれた労働者でも悪質な労働者と同じように、業績が悪化すれば貧窮のどん底に陥った。労働者たちが住む家ときたら、まるで実験現場のようなものだ。つまり、人間の活動空間はどれくらいまで狭くできるのか、人間が呼吸するための空気はどれくらいまで減らせるのか、文明の恩恵はどこまで小さくできるのか、それでも人間は生き続けられるのか……。エンゲルスはこんな劣悪な状態がいつまでも続くわけがないと結論づけた。

フリードリヒ・エンゲルス

カール・マルクス

Manifest

der

Kommunistischen Partei.

Veröffentlicht im Februar 1848.

Proletarier aller Länder vereinigt Euch!

London.

Gedruckt in der Office der „Bildungs-Gesellschaft für Arbeiter"

von J. E. Burghard.

46, Liverpool Street, Bishopsgate.

『共産党宣言』表紙

科学的に見ても不満が爆発する、つまり、フランス革命が子どもの遊びに見えるほどの労働者の反乱が起こることは確実である。

エンゲルスはこの本をドイツ語で出版した。これを読んだ最も重要な読者がカール・マルクスだった。ドイツの哲学者から革命のジャーナリストに転向した人間である。マルクスとエンゲルスは論文を共同執筆し、一八四八年に『共産党宣言』という題名をつけて出版した。同書ではすべての歴史は、エンゲルスがイギリスで述べたような状況へと向かっており、中産階級がかつて貴族と闘ったように、今度は労働者が中産階級を打倒する番であり、共産主義による労働者のための国家を建設しなければならない、と主張されていた。この本の冒頭には「すべてこれまでの歴史は階級闘争の歴史だった」と書かれている。その結論部分では、法律や宗教、彼らを圧迫する既存社会などを鉄の鎖に例え、社会の転覆によって労働者が「失うものはこの鉄鎖しかない」と彼らを鼓舞した。現在我々が人権と呼ぶもの、すなわち個人の権利は、これもまた欺瞞であり、それらは資本家の恩恵にこそなれ、労働者には何の価値もないものだ、とも述べている。

この小冊子は一九世紀と二〇世紀の二〇〇年間において最も社会に影響力を及ぼした政治パンフレットだった。ただし、その理由はこの本の予測が正しかったからではなかった。彼らの理論によれば、労働者革命は最も資本主義が発達した国で起こるはずだった。それはイギリスである。しかし、イギリスではそのような政治変動はなかったし、労働者革命も起こらなかった。

イギリスが一七世紀に経験した革命は憲法を生み出し、君主は議会による統制を受けることが定められた。議会選挙に定まった制度はなかった。選挙の投票に関しては異なった場所で異なった規則が適用されていた。投票できるのは六人に一人で、労働者は排除されていた。人口が減少した都市や、ひどい場合は消滅した都市からでさえ、一人か二人の議員を選出する制度が続いていた。町が無くなってしまったら、選挙はどのように行われたのだろうか。その町があった選挙区の地主が立候補するのである。その一方で、産業革命によって生まれた新たな都市からは議員を一人も出すことができなかった。

議会改革の動きは一八世紀後半から始まった。しかし、一七八九年以降のフランス革命を観察して改革がいかに手に負えなくなるものであるかを実感して、改革運動は停止した。改革者自身が「鍋をかき混ぜる」ことを望んでおらず、フランス革命の人権思想を採りいれたイギリスの労働者階級の改革運動は抑圧された。しかし一八二〇年代になると、改革運動は再開された。中産階級にとっての改革は、議会の大多数を貴族や地主階級が占める時代が終わったことを意味していた。これによって、より多くの議席が都市〔実際に機能している都市〕に配分された。さらに無記名秘密投票の導入は、いかに大地主階級が借地人たちに自分への投票を強要していたかを示すものでもあった。労働者が何よりも改革に望んでいたことは、すべての男性に投票権が与えられることだった。

イギリス議会では野党がまず改革に乗り出した。それはホイッグ党であったが、この党は、それ自体中産階級の政党ではなかった。それどころか、与党のトーリー党に比べても貴族的な構成だった。ホイッグ党はカトリックの王ジェームズ二世に対抗した一七世紀革命を遂行した政党だった。彼らはすべてのイギリス人の権利と、イギリス式の立憲君主制の守護者であることを自認していた。長い野党時代を経て、激しい選挙戦のすえ一八三〇年の選挙で与党となったホイッグ党は、一八三二年に最初の選挙法改正を行った。これに対してトーリー党と、トーリー党が与党となっている上院は激しく反発したが、改革は実施された。改革を支持する労働者たちが大集会や行進などデモを展開し、改革が拒否されれば、ただちに暴力事件や革命に移行するような動きを見せたからだった。

一八三二年の第一次選挙法改正は中産階級に投票権を与え、極小選挙区や幽霊選挙区を一掃した。彼ら労働者は、自分たちには選挙権が与えられなかったにもかかわらず、この選挙法を支持した。彼らは旧体制への攻撃に快哉を叫び、さらなる改革が続くものと期待をかけたのだった。

しかし、次の改革が行われなかったため、労働者階級の指導者たちは完璧な民主主義国家を目指して、独自なプログラムを推進するようになった。「成年男子普通選挙」「平等な選挙区」「無記名秘密投票」「議員の財産資格廃止」「議員有給制」「議会の毎年改選」という六項目から成る、一八三八年の人民憲章を議会が承認するように求めた。この運動を支持した人々はチャーティストと呼ばれた。

チャーティストの方法は、代表者を選出して全国大会に送り、議会に嘆願書を提出してチャーターの採用を訴え、数百万単位の署名を集めることだった。しかし、議会がこの請願を拒否したらどうなるのだろう。その先はチャーティストたちも意見が分かれた。大多数はそのまま「道徳的な圧力」を継続することを望んだが〔理性派〕、少数派は、そこから「物理的な圧力」に変えることを主張した〔暴力派〕。この議論はその後も長く続いた。議会が一〇年以上にわたり、請願を三回拒否したからだった。

エンゲルスはこのあたりまでは正しかった。チャーティストの中でも最も断固としていたのは、北部に新しくできた工業都市の出身者だった。彼らは二回目の請願が拒否された時にゼネスト決行を試みたが、失敗に終わった。計画では、チャーターが受け入れられるまで、ストライキは継続されることになっていた。

暴力に関する噂の多くは「はったり」にすぎなかった。チャーティストたちは、政府が彼らと話し合いを持つよう脅しをかけようとしていた。しかし政府は恐れなかった。いまや政治的に国家の重要な一部を為すようになった中産階級が貴族や地主階級と手を組んで、チャーティストに何も譲歩すまいと決めていたのである。支配階級が分裂した時こそ、革命家にとって大きなチャンスである。チャーティストたちは自分たちにはほとんど勝ち目がないことを知っており、理性派が勝利を収めたのはこれが理由だった。互いに反駁し合ったのち、彼らは元の道である請願運動へと戻っていった。

1842 年のチャーティスト請願運動。300 万人以上の署名が集められて議会に届けられた。

政府はチャーティスト運動を禁止しなかった。抑えつけるのではなく、うまく操ろうと考えたのである。政府も裁判所も市民集会がまったく問題なく合法であることを宣言していた。成年男子全員に選挙権を求める運動も合法だった。請願もまた、古くからある権利だったので、合法である。非合法とされたのは、集会を暴動に発展させること、政府を侮辱したり暴力にさらしたりするような集会における扇動的な発言、新聞記事などであった。これらの行為は犯罪と見なされ、チャーティストたちは逮捕され、公開裁判所で通常の証拠を基に裁かれた。彼らはほとんど有罪とされたが、その刑は軽く、半年から一年の拘禁とされた。

政府はチャーティストたちに死刑を与えないことを決めていた。世論の怒りを買ったり、憤慨した者たちが彼らの追随者になったりしないように配慮してのことである。これはイギリスが、真の意味での自由な社会に達したことを示すものだった。イギリス以外においては、貴族や中産階級を喜ばせたのは、労働者階級という敵を残酷につぶすことにほかならなかった。政府はチャーティストたちを鎮圧するために軍隊を派遣したが、この任に当たった将軍は彼らに共感し、手荒なことをしないよう軍隊に命じた。

チャーティストが請願中の間も、指導者たちは彼らが望むのは政治的権利だけではないと考えていた。チャーティストたちの中には、労働者教育の推進者、禁酒運動の活動家、小土地所有の推進者たち（小規模な土地の個人私有を拡大させ、労働市場に公正をもたらし、土地を地主の独占から労働者の手に戻すことを目的とした）、労働組合の推進者、社会主義的な生活協同組合の組織者などがいた。こうした手段を通じて、労働者たちは市民社会の中の尊敬されるべき一員に変貌しつつあった。こうした動きは、チャーティスト運動が完全に消滅した一八五〇年以後になっても、継続していた。

一八三〇年代から一八四〇年代にかけて行われた、チャーティストの三回の大きな示威運動は不況期と一致しているが、一八五〇年以降は好況に向かったため労働者たちの生活水準も上がった。一八六六年、ほとんど外圧を受けなくなった自由党（ホイッグ党の後身）の政府は、選挙権を拡大する提案を行った。それからのち、自由党を凌駕する力をつけたトーリー党は、一八六七年に都市の労働者のほとんどに選挙権を与える第二次選挙法改正を行った。次いで一八八四年、自由党政府は農村労働者に選挙権を与える第三次選挙法改正を行った。この第二次・第三次の改正でも、男性普通選挙権は確立されなかった。選挙人は、住居の所有者か借地人である必要があったからである。第一次世界大戦でイギリスのために戦った多くの兵士たちには、投票権がなかったが、この大戦の終わり頃になって投票権が与えられた。一九一八年の第四次選挙法改正で、成年男子普通選挙が達成され、女性にも三〇歳以上という制限がつけられていたものの、選挙権が認められたのである。

イギリスの統治者たちは、政治的混乱を伴うことなく、産業革命による社会的混乱を収めることに成功した。古い憲法は段階的に労働者に門戸を開いていき、イギリスは最も安定した国家という評判を得たのであった。

＊　＊　＊

フランスでは産業革命は起こらなかった。織物工業は機械化されたが、石炭産業と鉄鋼産業は急速に拡大することはなかった。一九世紀においてもフランスは農業社会であり、多くの土地が農民のも

1870年	1848年	1830年	1815年
普仏戦争に敗退	**二月革命**	**七月革命**	**王政復古**
民主的共和政 1870〜1940年	民主的共和政 1848〜1851年	オルレアン家 による君主政	ブルボン家 による君主政
パリ・コミューン 1871年に排除される	社会主義革命の失敗	ルイ=フィリップ	ルイ18世 シャルル10世
君主政の試みが失敗	ナポレオン3世 皇帝 1852〜1870年		
共和国の存続 1879年			

図47

のであり、彼らは一七八九年の革命以来ずっとみずからの農地の所有者となっていた。

一七八九年以後の一〇年間、フランスはさまざまな政治形態を体験した。絶対君主政の後に、立憲君主政、民主主義共和政、土地所有者による共和政、そして軍事独裁である。フランスは一九世紀になって、これらの政治諸形態をもう一度ゆっくりしたテンポで再生した。最初の革命から始まった分裂の流れは長い間かけても癒されない傷となって残った。フランスはいつまでも不安定な状態が続いたため、どのような政治形態も国民の同意を得られなかった。誰もが敵の能力を見抜いていた。カトリック教会は一七八九年から一七九一年にかけての「あまり過激ではない革命」でも攻撃されたため、教会とその信者は、復古王政か、次善策としてナポレオンのような強い権力をもった男しか安全ではないと考えていた。自由主義者たちはカトリック教会に対して容赦なかった。それは反動をもたらし、自由の喪失につながると考えたからだった。自由主義者の有力な同盟者候補は労働者だったが、労働者は何をしでかすかわからない

ウジェーヌ・ドラクロワ「民衆を導く自由の女神」1830
七月革命を描いたこの作品は、革命の伝統を表している。

という恐怖心もあった。一七八九年の革命がより民主主義的になればなるほど、より専制的になったからだった。

体制の転換が常に選択肢のひとつとなり、革命やクーデターの相つぐ失敗がついてまわった。リベラルな政権ですら危機にさらされたので、新聞の発行は止められ、政治結社が禁止され、これらが新たな革命を生むことにつながった。失敗した革命の中には、労働者国家の建設という試みも含まれていた。じつに産業の発展が限定的で、労働者階級が小規模でしかなかったのに、である。

ここに一九世紀フランス政治史の略図がある（図47）。

一八一五年にナポレオン一世が敗退したのち、彼と戦っていたヨーロッパの同盟諸国は、ブルボン家をフランスの王位に戻した。こうして即位したのがルイ一八世だった。この王は絶対君主ではなかったが、しかし国民《ピープル》は政治的発言をする権利をまったく持たなかった。ルイ一八世は、議会はあってよいとしたが、権力をほとんど持たない議会を志向し、投票権もきわめて限られた者にしか与えなかった。彼の弟で真の反動主義者のシャルル一〇世が次の王位に就いたが、この王は一八三〇年の七月革命で追放された。

次の王は立憲君主政を奉ずる王でなければならなかった。こうして選ばれたのが「市民王」ルイ＝フィリップだった。この王はブルボン家と縁戚にあるオルレアン家の人で、進歩的な人物だった。彼の父は一七八九年革命の支持者であり、革命が起きると「フィリップ・エガリテ」〔フィリップ平等公〕と自称した。ルイ＝フィリップは社会を平等にする政策は取らなかった。より多くの人々に投票権を与えたが、なお労働者はその対象外だった。一八四八年の二月革命によってルイ＝フィリップは王位から追放され、より民主主義的な第二共和政政府が成立した。憲法には大統領の選出を選挙によって行うことがうたわれた。フランス初の大統領選挙に勝利したのはルイ・ナポレオン、あのナポレオン一世の甥だった。ナポレオン三世が大統領として執務にあたったのは四年間で、新たな改革には何一つ着手しなかった。任期終了が近づくと彼はクーデターで実権を握り、以後は皇帝としてフランスを統治した。伯父の栄光にあやかろうとしたのだが、彼はものの見事に失敗した。一八七〇年、彼は愚かにもプロイセンに宣戦〔普仏戦争〕したが、捕虜となってしまった。ただちに民主的共和政〔第三共和政〕が設立され、帝政の廃止を宣言した。

共和政は困難にみちたスタートを切った。最初の国民議会の投票で反共和派の票が多かったことから、一時期は議会も王政復古を視野に入れていた。ライバルであるブルボン家とオルレアン家が王位復活を争う形となった。反共和派による支配を望まなかったパリ市民は、武装蜂起して短期間のうちに自治政府「パリ・コミューン」を樹立した。しかし、これはわずか二か月後に臨時政府に鎮圧されてしまった。以後、愛国的な共和派の得票率が上がり、第三共和政政府は一八七九年までには安定するようになった。

パリ・コミューンは、パリの人々が革命を本当に自分たちの物にするための、最後にして最も決然とした行動だった。一七八九年以来、すべての革命において市街戦の光景が見られた。彼らにとっては、実力行使が合法か否かということは議論の余地がなかった。かつては、動きが始まりかければ、銃砲店から武器を奪い、共和国の成立を叫び、「ラ・マルセイエーズ」を歌い、通りをバリケードで塞いで戦闘に備える人々がいたものだった。しかし、新しく生まれた体制はみな決まって彼らを失望させた。一八三二年、二年前にルイ＝フィリップを政権につけるために協力した人々は、今度は彼を打倒するために決起した。この蜂起によって、何百人もの命が奪われた。一八四八年、労働者と彼らの代表者は最初の革命政府の一員となった。彼らが歓迎したのは、毎日の労働時間がパリでは一〇時間に、地方では一一時間に減らされたことであり、国立作業場ができたことだった。この作業場は利益目的ではなく、失業労働者に仕事を供給するための施設だった。しかし、第一回選挙の結果、共和政政府は保守的になり、国立作業場は閉鎖された。怒った人々は反乱を起こしたが、少なくとも三〇〇〇人の犠牲者を出して鎮圧された。

パリ・コミューンを一〇週間にわたって支えたのは、共和主義者、反教権主義者、そして社会主義者などだった。彼らの教会と聖職者に対する攻撃は苛烈で、教会は武器収蔵庫や政治集会の場として使われ、人質の一人だったパリ大司教を教会で処刑した。彼らは共同作業を奨励し、未払いの手形や賃借料は支払う必要がないことを宣言した。パン屋は夜を徹して仕事をする任務から解放された。なんと、社会主義のパリには新鮮な朝食のパンはなかったのである。

パリ・コミューンを率い、支えた人々は工場労働者ではなかった。パリは工業都市ではなかったからである。彼らは肉体労働者、建築労働者、小さな工房の熟練工であり、ここに学生やジャーナリスト、プロの革命家たちが合流した。この頃、社会主義は労働者の検討すべき課題項目の一部となっていた。それは労働条件が変化したからではなく、革命の中心地であるパリが労働者階級を解放するさまざまなアイデアの本拠地となっていたからである。

しかしフランスはパリの労働者の目標が叶うような方向には決して進まなかった。彼らは何回も革命を起こした。しかし選挙になると、人口の大部分を占める農民は、私有財産の保全や教会の存続などを訴える候補に投票した。一八七一年、コミューン政府は農民の意志を理解し、自分たちがパリを統治するように、フランスの各地域の人間はそれぞれの手で自分の地域を統治すべきであると宣言した。コミューン政府は全国に自分たちの流儀を押し付けることはしなかった。一方、当面ヴェルサイユに本拠をすえた新共和政府は、王党派が多数を占め、コミューンのような考え方を受け入れること

パリ・コミューン期に倒壊されたヴァンドーム広場の円柱（ナポレオン一世がアウステリッツの戦いでの戦勝を記念して建てた）

はまったくなかった。彼らはフランスのためにパリ奪還を目指し、軍隊を送った。二万人のコミューン支持者が市街戦で殺され、これに続いて略式軍事裁判により死刑が執行された。これは単なる軍事作戦ではなく、階級憎悪からの政治的な浄化行為だった。

社会主義者と共産主義者は、ほんの一時期とはいえ労働者による政府ができた、という事実に大きな希望を抱いた。マルクスはフランスで階級闘争が勃発したことを歓迎した。その原因は彼とエンゲルスが予測した通りではなかったが。マルクスは、コミューン支持者たちは非情さに徹し切れなかったと考えた。彼の考えでは、生まれたばかりの新しい共和政政府が足場を固めて自分たちの支配を全フランスに押しつける前に、コミューン支持者たちはヴェルサイユに向かって行進し、新政府を崩壊させるべきだったのである。支持者を求めるのではなく権力を保持すること、そのためには何よりも非情でなければならない、それがレーニンが引きだした教訓でもあった。この男がやがてロシアで共産主義革命を率いることになる。

コミューン政府を暴力的に押しつぶしたことによって、労働者がフランス社会に与えていた脅威は収まった。共和政が安定すると、労働組合や社会主義政党が認められるようになった。一部の労働者はまだ革命に関わっていたが、落ち着きを取り戻した共和政は、権威の崩壊という状況におちいることはなかった。これまで労働者にチャンスを与えてきた状況はなくなったのである。それでも、労働者に投票権を与え、それを維持し続けたのだから、この体制は民主的共和政であるといえた。この第三共和政は、第二次世界大戦でフランスが敗れる時まで存続した。

＊＊＊

ドイツでは産業革命が起こったのは一九世紀後半のことで、これはかなり遅いスタートだった。具体的に言えば、繊維産業が中心の第一次産業革命、石炭と鉄鋼が中心の第二次産業革命にすぐ続いて、化学と電気の産業を中心とする第三次産業革命が起こった。ドイツの産業労働者はヨーロッパ最大の社会主義政党の支持者だった。この党は、長い間マルクスの教えを堅持していた。したがって彼らは、ヨーロッパで最も有効な兵器を保持した社会にあっても、戦争に反対する態度を表明していた。

ドイツは一八七一年まで統一国家ではなかった。ちょうどその頃、まさに産業革命が本格化していた。それ以前のドイツは、いくつかの国家がゆるく結び付けられた連邦だった。一八一五年、ナポレオン軍を打ち破った同盟諸国によって「ドイツ連邦」が造られた。これはナポレオンが滅ぼした神聖ローマ帝国に取って代わるものだった。ドイツはそのナショナリズム、そのルーツ、その必要性について深遠な思想家を輩出したが、これら思想家が執筆にあたっていた時に、統一的なドイツ人国家が存在していなかったことも原因のひとつだった。

ドイツがひとつの国家となるにはさまざまな障害があった。ナショナリズムがますます大きくなっているにもかかわらず、それぞれの国は独立を尊重し、国民もまた各国家に愛着を感じていた。これらのドイツの国々の中に、プロイセンとオーストリアという二つの強国があった。両国はライバル同士で、ともに相手と組んでドイツという国家を組織するつもりもなければ、そのための主役を演ずる気持ちも持っていなかった。しかしドイツ統一が実現すれば、ヨーロッパに新たな強国《パワー》が生まれることは確実であり、他のヨーロッパ諸国はドイツ統一に向けた動きに対して非常に注意を払っていた。

一八四八年、突然新たな統一への道が開かれた。パリで起こった革命は、その年のうちにドイツを含むヨーロッパ全土に革命の火花をまき散らした。イギリスは例外だった。チャーティストが別な請願を集めていたが、警察が大集会に向かって、力ずくで議会に請願を提出することはできない旨を告げると、群衆は散会した。ヨーロッパでは、群衆に押し込まれて恐れをなした支配者たちは、自由主義的で民主主義的な譲歩を示したのだが、その多くは革命の時期が過ぎると撤回された。そして自由主義者たちは民主主義者を恐れるようになった。こうして時代が動く間に、ドイツ人による統一国家を建設するために、ドイツの諸国家から選出された代表者がフランクフルトに結集した。

このフランクフルト国民議会には大物や才能ある人々が集まった。参加者は大学教授、裁判官、高級官吏、いくらかの実業家など、おおむね政治的にリベラルで、少数の民主主義者も含まれていた。彼らが最初に決めなければならなかったのは、新国家の境界線をどこに引くか、であった。もしもオーストリアの全体を含めてしまうと、多くの非ドイツ系住民を新国家に引き入れることになる。そこで彼らはオーストリアを除外することを決めた。彼らは基本的な権利を宣言し、議会の下院議員を男子普通選挙で選出することをうたった新憲法を採択した。しかしそのトップに戴くのは、選挙で選ばれた大統領か君主なのか、あるいはどこかの王にその役割を担わせるのか。彼らが選んだのはプロイセン王だったが、本人に断られてしまった。プロイセン王は、自由主義的な憲法のもとでは君主となってもほとんど意味がないこと、さらにこの議会が主張するような権力が実際には伴われていないことをよく理解していた。——もしも自分がドイツの支配者になったら、オーストリアはどう考えるだろう。またそれ以外の列強はどういう態度に出るのだろう。

この権力の空白という事態に対して議会は討議に入ったが、彼らが結論を下した頃、ドイツの君主や大公たちは「正気を取り戻し」て、議会を無視することにした。一部の民主主義者は議会を継続して革命にまで発展させ、古い支配者を取り除き、新国家を樹立すべきだと主張したが、リベラル派は受け入れなかった。革命が始まれば、行き着く先がどこになるのか、大きな不安を感じていたからである。フランクフルトでのリベラル派の失敗は、国家の建設者になるにはあまりにも大きなダメージを彼らに負わせた。

フランクフルト国民議会

国家は演説と多数決ではなく、鉄と血によって建設されるべきである、と主張したのはプロイセンのオットー・フォン・ビスマルクだった。ビスマルクは一八六二年からプロイセン王のもとで首相を務めた外交と戦争の達人だった。彼は一八六六年、プロイセンをオーストリアとの戦いに持ち込み、短期間で勝利を収めた。和平調停において、プロイセンを支持した北ドイツ諸国と、オーストリア支持という間違った判断を下した国々は、プロイセンが主導する北ドイツ連邦に組み入れられた。次いでビスマルクは、フランスをけしかけてプロイセンに対する宣戦布告を出させ、両国の間に戦争を起こした。この普仏戦争こそ、ヨーロッパの外交と戦争の転機となる出来事だった。ビスマルクは自分の思うままにフランスを操った。彼はスペインの王位継承問題に関するプロイセン国王から送られ

「鉄血宰相」オットー・フォン・ビスマルク

た電報の文章を利用した。ビスマルクは電報の文章を意図的に編集して、国王がこの問題においてフランスを拒絶したかのように読める内容にして、新聞や各国に発表した。これは我が国に対する侮辱である、とフランスは激怒した。フランスの名誉が危機にさらされている……、こう感じたナポレオン三世はプロイセンに対して宣戦布告をしたのだった。

ビスマルクはこのタイミングでの戦争を望んでいた。彼はフランス以外の列強がこの戦争に介入してこないことを正確に認識していたし、この戦争を隠れ蓑にして南ドイツの諸国を自分の連邦に加盟させられるからだった。フランスは、名目上は独立の保護者であるため、あまりにも巨大すぎるドイツ人の国の誕生を阻止しようとした。フランスはプロイセン国境に侵入したが、たちまちフランス軍と不運な皇帝はプロイセン軍に包囲され、一時期フランスは完全に無力化した。南ドイツ諸国は連邦に加わった。南ドイツのバイエルン王国の王は、すべてのドイツ諸国の支配者の前で演説し、プロイセン王がドイツ皇帝になるべきだと提唱した。もちろんこれはビスマルクの台本によるものだった。こうして、ヴェルサイユ宮殿でプロイセン王のヴィルヘルム一世がドイツ皇帝として即位した。

ドイツ帝国の本質はプロイセンによる帝国だった。プロイセン王ヴィルヘルム一世とその首相のビ

アントン・フォン・ヴェルナー「ヴィルヘルム一世の即位」1877

スマルクは、ドイツ皇帝とドイツ首相でもあった。ドイツの軍隊と公務員は主にプロイセン人で構成され、プロイセン流の方針で運営された。プロイセンの首都ベルリンがドイツ帝国の首都となった。ビスマルクは新国家のために国会〔帝国議会、ライヒスターク〕を開いた。国会は、首相とその政策には影響力がなく、法律を通し、年間予算を承認するだけの機関にすぎなかった。軍事予算は七年ごとに承認されることになっていた。国会が軍事費に疑問を呈すると、ビスマルクはそのたびに国家危機を口実にして成立させていた。

プロイセンは、ドイツの東の端、現在のポーランドにあたる地域で小国家としてスタートした。この国の特徴を決定づけたのは地主貴族ユンカーだった。彼らは自分たちの秩序を厳しく守る、自由主義と民主主義に対する強力な敵対者だった。彼らは軍隊の指揮を執り、規律・奉仕・名誉を重んじる理想を掲げて軍隊生活を送った。プロイセン軍の優秀さは、辺境の地にある国家を偉大なものにしていった。新たなドイツ帝国の性格はプロイセンの性格そのものだった。市民の手で造られ、運営される国を望んでいた自由主義者たちも、そのほとんどがビスマルクによる統一を受け入れた。ビスマルク自身もユンカーだった。しかしユンカーたちといえば、ビスマルクのような日和見主義的で融通無碍な人間によって彼らの身分が守られていることなど、理解も評価もできてはいなかった。

ビスマルクは民主政に反対していたにもかかわらず、男子全員に国会への選挙権を与えた。ビスマルクが普通選挙権支持を最初に表明した時、皇帝はぞっとした。「それは革命ではないのか」と皇帝が言うと、ビスマルクはこう答えた。「普通選挙権が、決して水の届かない岩の上に陛下を置くものだとしたら、何か問題があるでしょうか」。こうして民主的に選出された国会では、自由主義者たちも民主主義者たちも静かにしていた。ビスマルクの計画は彼らを巧みに扱うことで、これにより、皇帝と首相は望み通り彼らを支配することができたのである。国会はビスマルクを解任することができなかったが、ビスマルクは自分のやり方を押し通すために支援者を必要としていた。彼はそれぞれの場所でそれを見つけた。彼は帝国内の貿易制限を取り除きたい時や、カトリック教会の力を制限したいと思った時（プロイセンは大部分がプロテスタントの国だったが、新しく南部のカトリック諸国を帝国内に編入させていた）にはリベラル派を利用した。農産物に保護が必要な時や社会主義者たちを統制下に置きたい時には保守派を利用した。ビスマルクは自分が国会で妨害されることは想定もしていなかった。国会を少しずつイギリスの議会のような政府を統制する機関にしようとする気持ちを、彼はまったく持っていなかった。国会の中のリベラル派の議員は理論上そう望んだだろうが、彼らはあまりにも権威に弱かったし、また民主主義は手に入れるまでに闘争がつきものであるということを恐れていたのだった。

国会では社会主義の政党、すなわち社会民主主義政党が次第に力を増していったが、この党はビスマルクを決して支持しない唯一の政党であった。ビスマルクはといえば、社会主義者を嫌っていた。プロイセン軍がフランスに侵入した時、コミューン政府がパリ市を乗っ取っていたため、パリ・コミューンに恐怖を感じたのである。さらに国会で社会民主主義の指導者が公然とパリ・コミューンを称賛したため、余計にそれを嫌うようになった。一八七八年、皇帝暗殺未遂事件が起きると、ビスマルクは社会主義者による結社と出版を禁止する社会主義者鎮圧法を制定した。しかしそれでもなお、社会主義者たちは国会議員に選出され続けた。ドイツはこうした労働者階級の挑戦に対して、イギリスとは反対の道を選んだ。イギリスでは、チャーティストたちの結社は認めたが、投票は認めなかった。ドイツでは、社会主義者たちの投票は認めたが、結社は認めなかった。これはドイツ社会から社会主義支持者を疎外する効果があった。社会主義の団体は存続するものの、これ以後は地下組織となった。

その後ビスマルクは、国家による社会福祉の開拓者となることにより、労働者たちを味方につけて、社会主義から切り離そうと試みた。彼は老齢年金支給制度や、傷害保険・健康保険をドイツに導入した。しかしこの二つの施策は効果が上がらなかった。社会主義政党への投票は増え続けたのである。

一八八八年、新たな皇帝ヴィルヘルム二世が即位した。ヴィルヘルム一世の孫にあたる新皇帝は、明るく活動的でこの国に対して大きな野心を抱いていた。しかし性格は直情的で、欲求と気分に関して幼稚な部分があり、慎重さも熟慮もなく、この国を統治するために老人ビスマルクの支援など不要とする非常な自信家だった。皇帝とビスマルクは社会主義をめぐって対立するようになった。ビスマルクは社会主義に断固反対する永続的な法律を制定しようとした。もちろん皇帝も社会主義には反対していたが、その措置についてはより穏やかな方法を模索した。ここに至って、ビスマルクは引退した。社会主義者鎮圧法は廃案となり、労働時間と労働条件を規制する新しい法律が採択された。

この頃から社会民主主義の政党〔ドイツ社会民主党〕は非常な勢いを得ていた。二〇世紀初頭にはドイツで最大の政党になり、有権者の三人に一人はこの党に投票したが、政治的には依然としてほとんど影響力がなかった。政治方針は皇帝と首相が決定していたからである。社会民主党の党員は閣僚になれなかったし、この政党自身、社会主義ではない政府に参加する気がなかった。党は支持者に対して、個々人が世間からは距離をおいて、党が運営する文化やスポーツの団体で活動することを奨励していた。これは中産階級の社会の中で労働者が堕落しないよう保護することが目的のひとつだったが、もうひとつの理由は、いかなる場合においても、中産階級の人々は労働者と交わらなかったからだった。ドイツ社会に生まれたこの新しい一大勢力＝労働者は、依然として孤独であり、別枠に置かれていたのである。

この政党は政策をめぐって分裂した。マルクスは社会主義に偉大なインスピレーションを与えてきたが、この段階で「修正主義者たち」はマルクスの予測は当たっていないと主張するようになった。労働者がさらに貧しくなることはなく、生活水準は向上した。社会は「資本家と労働者」という単純な二つの階級に収斂していくこともなかった。その理由は、「ホワイトカラー」と呼ばれる新しい労働者が次第に増えてきたことだった。また国家は、労働者の待遇を改善してきた。これは、党が既存のチャンネルを通じて社会主義のために活動すべきであり、危機や決裂や革命を目指す必要がなくなったことを意味していた。国会のほとんどの社会民主主義者は事実上この見解を認めていたが、このような修正主義は党によって公式には否定された。党に気に入られるためには、革命を話題にしなければならなかった。このことは、社会民主主義が、ドイツ社会のそれ以外の人々にとっては恐怖の対象であり続けていることを意味した。

ここに、二〇世紀初頭の時点でイギリス・フランス・ドイツの三国で、産業化と革命がどのような動きを示したかを略図にまとめた（図48）。

イギリスとフランスの政治状況は、ある種の安定期に入っていた。しかしドイツでは、新しい労働者階級が国家の中でどのように適応していくのか、その落としどころが見つけられないままでいた。

＊　＊　＊

マルクスは万国の労働者に団結を訴えた。マルクスの提唱により、一八六四年に最初の国際的な労働者の社会主義的な組織が結成された〔第一インターナショナル〕。しかしこの組織は、社会主義者と無政府主義者の論争が激化して分裂した。次いで一八八九年に二回目の国際組織が結成され〔第二インターナ

イギリス

・立憲君主政の歴史
・産業革命
・中産階級に投票権が与えられた
・労働者の民主主義的要求は拒絶されたが、後に認められた

フランス

・革命の歴史
・限定された産業化
・労働者革命の失敗
・民主主義的だが社会主義的ではない共和政

ドイツ

・独裁政治の歴史
・急速な産業化
・巨大な社会主義政党が革命を説き続ける
・独裁による社会民主主義の囲い込み

図48

ショナル〕、ヨーロッパ諸国の代表と、ヨーロッパ以外の一部の国からの代表が定期的に集合して大会を開いた。代表者たちは、社会主義者は戦争に対していかに行動すべきか、そして労働者は資本家の利益のために虐殺されてはならないことなどを議論した。この問題に関する選択肢は、社会主義者は各国議会において戦費拡大の投票を拒否する、戦時においてゼネストとサボタージュを実行する、というものだった。しかしロシア共産主義の指導者レーニンは、別の方法を考えていた。ロシアでは経済的な後進性から産業化がほとんど進まなかったため、レーニンは戦争を止めるために労働者の支持を多くは得にくい状況にあった。その代わりにレーニンは、戦争の要請が政府を弱体化させ、これによって決然とした意志を持つ労働者たちに、革命を起こし、資本主義を破壊するチャンスが生まれるのだ、と表明した。

ロシアは専制的な支配者ツァーリ〔皇帝〕によって支配されていた。一九〇五年、皇帝ニコライ二世が議会創設を迫られ、この要求を認めた。こうしてできたドゥーマ〔議会〕の役割は、皇帝を輔弼《ほひつ》する

というもので政府を統制するものではなかった。皇帝ニコライとその閣僚たちは、西ヨーロッパ諸国に追いつくために必死だった。ロシアでは政府主導による限定的な産業化が進められ、サンクトペテルブルクやモスクワなど巨大都市には新しい重工業の工場が集中するようになった。しかし、首都に重工業設備を建設し、工場労働者を集中させるのは、西ヨーロッパの産業化には通常ありえないかたちだった。これは皇帝を一層攻撃されやすくさせるものだった。

一九一四年八月、ヨーロッパの列強は戦争に突入した〔第一次世界大戦〕。ロシアはフランスとイギリス側について、ドイツとオーストリアを相手に戦った。ロシアは第一次世界大戦の重圧で崩壊した最初の国となった。戦争があまりにも多くの人員と資材を要求したからである。一九一七年初頭、サンクトペテルブルクとモスクワの複数の工場でストライキが起こり、兵士が反乱を起こした。労働者と兵士は評議会（ソヴィエトと呼ばれた）を結成し、権力を我が物にしようとした。皇帝は退位し、臨時政府が設けられた。臨時政府は憲法を制定する議会のための選挙を準備した。この政府は戦争の継続を計画していたが、改革が約束されてから兵士たちの反乱や脱走が急増した。農民は武器を捨てて、故郷に帰ってしまった。

共産主義者たちにチャンスが訪れた。レーニンは小規模で緊密に構成された組織を作り、権力を掌握してロシアを戦争から離脱させる準備を整えた。彼が共産主義運動で組織した集団は、ボルシェヴィキ〔多数派〕と呼ばれた。一方、メンシェヴィキ〔少数派〕は他の改革派と協力する道を選び、革命を望まなかった。ボルシェヴィキは労働者・兵士ソヴィエトの支配権を握り、一九一七年一一月にレーニンはほぼ無血状態で革命を達成し、臨時政府を打ち倒した。流血事件は革命の後に起こった。ボルシェヴィキは憲法制定議会を閉鎖し、独裁的権力をにぎると、補償なしで企業と財産を没収し、教会を襲撃して聖職者を殺害し、自分たちの支配を押し付けた。秘密警察によって人々は拷問に掛けられ、殺されていった。こうした状況でありながら、レーニンは大衆向けのスローガンを展開した。すなわち、「平和・パン・土地」――これは戦争が終わり、より多く食べられ、望めば農地も手に入ることを意味していた。共産主義者は個人の私有財産保持には反対だったが、当時の農民は土地を与えられるはずであった。こうしてロシアで共産主義が企てられたのだが、これは、共産主義革命は最初に資本主義が最も発達した国々で起こるだろう、そして後進国はその準備ができていないと主張したマルクスの予言に反するものだった。しかしレーニンは間違っていなかった。マルクスの理論には書かれていなかった戦争の緊張が、革命に絶好の機会を与えることになったのだった。

労働者の名において共産主義者が巨大な国家を支配したロシア革命は、世界史における大事件だった。マルクスは、自分が考えたことを科学として提起していた。それによれば、産業社会は労働者革命によって転覆させられるであろう、と。しかし、マルクスの言う「科学的」な予測は間違っていた。彼の「科学」がなしたことというのは、共産主義者たちに革命は不可避であること、歴史は彼らの味方であると教え込み、彼らは無慈悲に支配する権利を持っているのだ、と思い込ませることであった。結果として、マルクス理論によればほとんど成功はありえない場所で成功が現実になった。ロシアが一九一七年に行ったことは「驚き」であり、さらに中国の一九四九年となると「奇妙なこと」だった。

兵士と労働者に向かって演説するウラジーミル・レーニン

レーニンは農民中心の後進国において共産主義を樹立するのはかなり難しいことを知りぬいていた。彼は、ロシアの革命がヨーロッパ全土に革命への拍車をかけ、資本主義を破壊し、労働者がどこにいても共産主義社会を打ち立てることができることを望んでいた。どの地域の過激な労働者でも労働者の国家建設を心から称賛し、それを模倣することを願っていたのである。ドイツにおいて彼らは、ほんの一時期ながら成功したことがあった。これもまた第一次世界大戦を原因としたものだった。より正確に言えば、ドイツの敗北によって生まれたものだった。

さて、我々はその戦争の起源を詳しく検討することにしよう。それがいかに共産主義者にチャンスを与え、恐ろしい反応を生み出したのかを見てみることにしよう。

第10章 二つの世界大戦

ビスマルクがドイツ帝国を創設すると、彼の戦争にかける冒険主義はひとまず終了した。彼はヨーロッパにおける平和の保持を希望していた。ヨーロッパには五つの列強が存在していた。ビスマルクの目的は、常に三つの国々からなる同盟に加わっていることだった。

ドイツ統一後のヨーロッパ諸国は、地図に示した通りである（p.271、図49）。

一八七一年に生まれた新ドイツ帝国は、現在のドイツよりもかなり大きい。二つの世界大戦により、ドイツは東部において広い領土を失った。かつてのプロイセン東部だった地域は、現在ポーランドになっている。

イタリアもドイツ同様、ごく最近になって統一された国であり、その統一までの道のりはドイツとよく似ている。一八四八年の革命によって既存権力が崩壊すると、イタリアの民主共和政体宣言がローマで行われたが、これはすぐに弾圧された。すると北イタリアのピエモンテ王国の首相カヴールが見事な外交的手腕を発揮し、力づくでイタリアを統一し、彼の王ヴィットーリオ・エマヌエーレ二

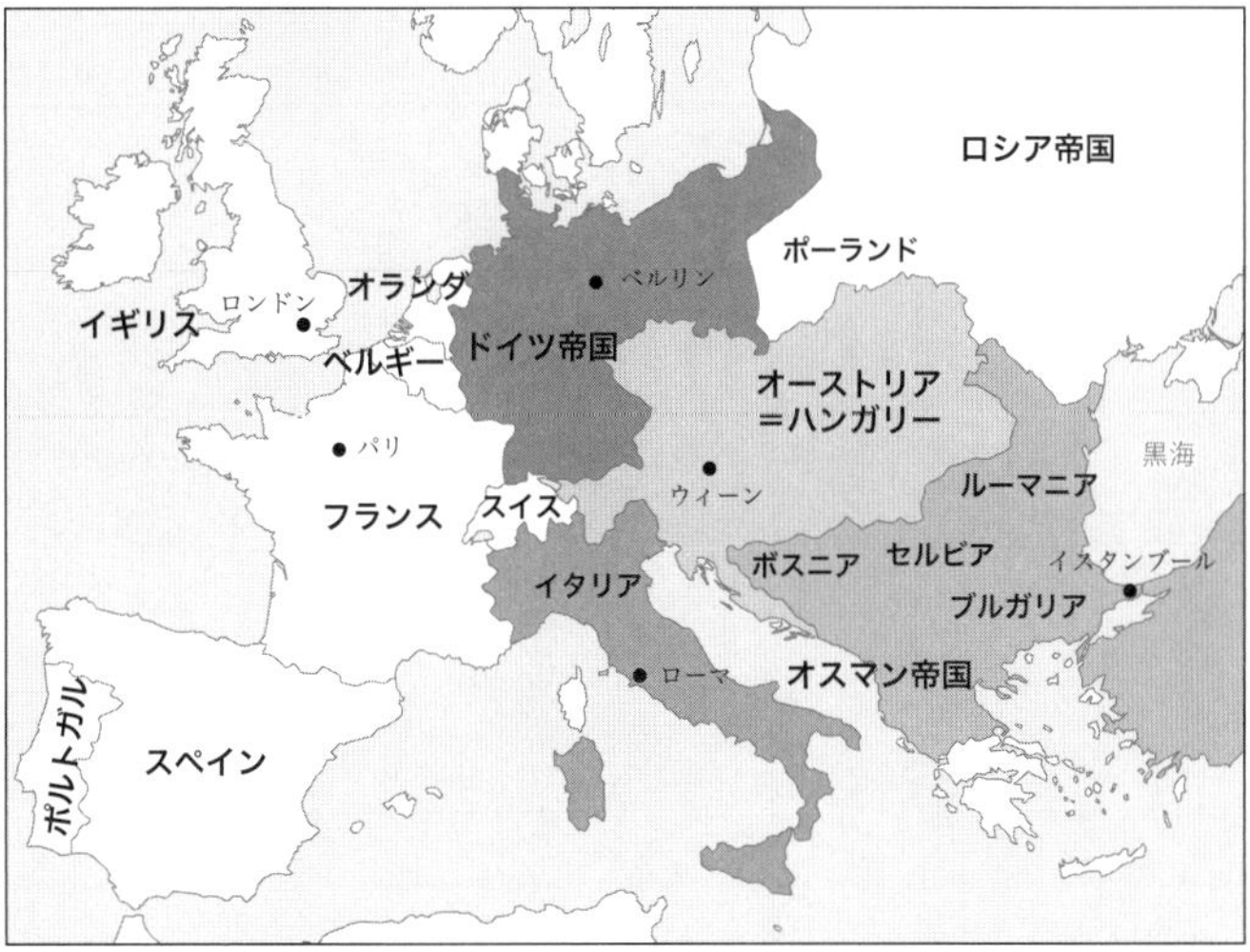

図49　ドイツ統一後のヨーロッパ諸国

世が一八六一年にイタリア王国の王となった。この新国家によって統一された最後の国家は、ローマ教皇領だった。その領土は、その時もなおイタリア半島中心部を横断する帯状の土地で、かなりな面積を有していた。一八四八年の諸革命後、フランスのナポレオン三世は教皇を保護するため、イタリアに軍隊を送った。しかしナポレオン三世は普仏戦争でプロイセンに敗北したため、イタリアはローマを奪還することができたのだった。

　ドイツとイタリアという二つの新国家の東には、不規則な広がりを持つロシアとオーストリアという二つの帝国が存在していた。しかしこの両国は経済面では西ヨーロッパ諸国より遅れを取っていた。しかもこの両国は多民族社会であり、その中には、いまや自分たちを被支配民族とみなす人々も含まれていた。ハンガリーのマジャール人はオーストリアに対して自国を認めるように迫り、一八六七年にオーストリア＝ハンガリー二重帝国の名のもとに権力を分かち合い、君主政体を共同で支える合意がなされた。

ヨーロッパにはさらに第三の多民族帝国があった。それはイスタンブール〔かつてのコンスタンティノープル〕を首都とするオスマン・トルコ〔オスマン帝国〕である。この巨大な帝国はいまや没落しかけており、支配下のバルカン半島の人々に独立の希望を抱かせるようになっていた。しかし、それはかなり危険な道だった。トルコはこれら諸国に独立した権利を認めたものの、依然として彼らを支配したがっていた。オーストリアとロシアはトルコ人の帝国の解体を歓迎したが、特にこの地域に強い関心があるため、ここに新国家がいくつも独立することを望まなかった。ヨーロッパにおけるトルコに取って代わるという野望を持つロシアにとって、黒海から地中海に抜ける二つの海峡を経由するルートが中断されることは断じて許されなかった。オーストリアは北ヨーロッパでプロイセンに敗北した経験から、自国領の南東部においてロシアに負けたくなかった。このように、バルカン半島は「ヨーロッパの闘鶏場」に他ならず、紛争が絶えることがなかった。オスマン帝国はますます衰えていき、ナショナリストたちに希望を与えた。トルコの支配を脱して生まれた新国家は、依然としてオーストリアやロシアの支配下にある国々を勇気づけた。しかしこうした民族解放の力は列強の戦略的利害と衝突することになる。さらに新国家や新国家を希望する民族は、互いに主張し合って譲らなかった。多民族から成るこれらの国では、領土に関して複数の主張が存在していたのである。

当時のヨーロッパの強国は、イギリス・フランス・ドイツ・オーストリア・ロシアの五か国だった。

その六番目の地位に就きたかったイタリアは、同盟のシステムのプレーヤーではあっても、大きな重みを持たなかった。ビスマルクにとって、ドイツの最高の同盟相手はロシアとオーストリアだった。両国ともドイツと同じように皇帝が支配する国だったからである。一八七〇年の普仏戦争の敗戦国である共和政国家フランスは、何があってもドイツと同盟を結ぶことは考えられなかった。ことに自国東部の二つの地方、アルザスとロレーヌを奪われたことにより、フランス人の心にはドイツに対する深い復讐心が育まれていった。この地域の住民の大半はドイツ語を話し、ドイツの将軍たちは、ライン川を越えた地域にドイツの領土を持つことの有利さを感じていた。イギリスはヨーロッパに対しては孤立主義を取る傾向があった。その関心の方向は海外にあったが、ただひとつの権力がヨーロッパ大陸を支配することは決して許さないという政治方針だけは定まっていた。

ロシアとオーストリアはビスマルクのドイツと組んだが、三者が協調関係を保持することは非常に困難だった。露・墺両国はバルカン半島で争いあっていたからである。ビスマルクはいやおうなしにバルカン問題に取り組まざるを得ず、しかも両国とは良好な関係を維持し続けなければならなかった。もしもドイツがバルカン問題でオーストリアを強く支援したら、ロシアはフランスと手を組むかもしれず、ビスマルクの恐れていたことが現実になる可能性もあった。もしも戦争が起こったら、ドイツは東西両戦線で闘うことになるかもしれなかった。この曲芸のような外交ができる人間は、ビスマルク以外にいなかった。彼はまさに辞任する直前まで、三国の協調関係を生かそうと努力し続けた。

ヴィルヘルム二世とその閣僚は、それまで継続してきた露・墺両国との同盟関係を打ち切り、ドイツを全面的にオーストリアの側につけることにした。当然の結果として、一八九三年にロシアはフランスと同盟を結んだ。そして一九〇四年には、イギリスがフランスと協商〔条約〕を結んだ。この条約は細部において、ヨーロッパ以外で両国が主張していた領土の紛争解決に関する部分に言及されていた。ヨーロッパで戦争が起きた際にイギリスがフランスを支援するという誓約はなかったものの、フランスはイギリスにとって古くからの宿敵だったため、この新しい同盟は非常に重要なものであった。今やドイツとオーストリアは、ヨーロッパの五強のうちのたった二つになってしまった。ここにイタリアを引き入れたとしても、たいした力にはならなかった（しかも第一次世界大戦ではイタリアは敵になった）。

ドイツの力を信じきっていたヴィルヘルム二世とその閣僚は、同盟国としてのロシアを失ったことを深く悔いてはいなかった。ドイツ語を話すオーストリア人は、後進国のロシア人より馴染み深かったし（実際、ドイツ人はロシア人を東方の野蛮なスラヴ人と見なしていた）、プロイセン主導のドイツ統一を確保するためオーストリアと戦争を行ったビスマルクのことをあまり重要視する必要はない、と考えていた。しかし、このような事態になると、ドイツは二方面で戦線を準備する必要に迫られた。こうして、まずフランスを奇襲攻撃で打ち倒し、その後ただちに反転して、全力でロシアに向かうという計画が立てられた。

プロイセン、および新生ドイツは、兵士を短期間で動員して素早く動かす物流方法をマスターしていた。彼らは軍隊の移動手段として列車を利用し、情報の監視や命令の指示に電信を使った。一八七〇年にプロイセンがフランスに勝利した際には、かけた時間はわずか六か月だった。次の戦争では、六週間で終わる戦闘計画であった。ドイツ以外の列強もドイツの例を踏襲し、迅速な動員計画を立てていた。こうして両陣営とも戦争の準備を整えていた。

ヨーロッパの陸上で圧倒的な力を保持していることに満足せず、ドイツは強力な海軍の建設に着手した。それはこの分野におけるイギリスの卓越性に我慢がならなかった皇帝の肝煎りの計画だった。食糧自給率が低いイギリスにとって、制海権は帝国の存亡とイギリス本国自体の存亡に不可欠なものだった。ドイツの造船はイギリスの制海権を脅かすものであり、さらに彼らを上回る可能性もあった。海軍力競争が始まり、両国民はある時は喝采したり、ある時はパニックに陥るという状況を交互に体験した。新聞と政治家は愛国精神をおおいに煽った。それは防衛計画における新たな要素だった。イギリスの大臣ウィンストン・チャーチルが新しい軍艦が六隻必要だ、と発言すると、経済学者たちは、できるのはせいぜい四隻なのだが、「結局我々は八隻で妥協するだろう」と述べた。

誰もが戦争が間もなく始まるであろうことを予測していた。そして、むしろ戦争を歓迎するかのようにも見えた。人種主義や適者生存といった新たな思潮が、戦争を正当な国民国家のための資格試験であるかのように見せていた。そして人々のほとんどは、戦争が始まったとしても、短期ですぐに終わるだろうと考えていた。

列強の中でドイツだけが不安要素だった。経済力が高まるにつれて、より大きな影響力を求めるようになっていたが、一九一四年七月には、その軍事指導者たちはヨーロッパの全面戦争で勝利を目指すという賭けに出た。彼らが飛びついたのはバルカン半島の危機的状態だった。将来のオーストリア＝ハンガリー帝国の皇位継承者であった皇太子フランツ・フェルディナント大公が、帝国の最南部にあたるボスニアでセルビア人ナショナリストによって暗殺された。ボスニアは多くのセルビア人たちの本拠地であり、彼らはオーストリアの支配に対する反乱を企てていた。セルビアは当初オーストリアの援助を得てトルコからの独立を果たしたが、この頃になるとオーストリアはセルビアを不穏勢力と見なすようになっていた。オーストリアを脅威と感じるようになったセルビアは、ロシアに保護を求めた。

オーストリア政府は、セルビアが暗殺の責任を負いきれなくなるとロシアに頼り、そこから対ロシア戦争が誘発されかねないことを理解していた。ドイツは事態が深刻化することを望み、皇帝自身はオーストリアがどのような行動に出ても支持することを約束していた。そこでオーストリアは、セルビアに強く反発させるためにあえて厳しい要求を突き付け、戦争の口実をオーストリアに与えるように仕向けた。他の列強各国は、セルビアが抵抗し、さらにロシアがそれを支持するようになれば、大きな脅威になると見た。ロシア自身も含む列強各国は、なんとか戦争を回避する道を模索した。ドイツは、セルビアに対するオーストリアの厳しい要求とドイツは無関係であると訴え、さらに平和的解決のためのすべての試みは失敗した、と他国をあざむいた。ドイツの軍事指導者は、ロシアがオーストリアと戦争に入ることを望んでいた。ドイツはロシアの軍備強化計画が完成する前に、ロシアと戦いたかった。もしもロシアが強くなりすぎると、二正面作戦の勝利は不可能となる。皇帝は戦線の拡大した戦争を望んでいなかったが、首相と軍隊はもはや彼抜きで動き出していた。

ドイツ陸軍の参謀総長モルトケは、開戦は早ければ早いほど良いと考えていた。彼はロシアが軍備を整える前に、フランスを速攻で打ち倒そうとしていた。ロシアにしてみれば、ドイツが侵略者として自国を襲う前に、まず軍隊を動員することが最優先事項だった。ドイツの社会民主党は戦争に反対していた。彼らはセルビアに対するオーストリアの要求が過酷すぎると非難していたが、ロシアが侵略者となれば防衛戦を支持する態度を示していた。ロシアはオーストリア抑止のための動員を達成した。これを歓迎したのはドイツの軍人たちで、ことここに至り、ドイツはロシアに対する宣戦布告が可能になった。ドイツはロシアを戦争の侵略者であるという旨を表明した。これはベルリンの政府の企みにほかならなかった。フランスは自国防衛のため、ドイツに宣戦布告を行った。

フランスを六週間で征服する計画が実行に移された。ドイツ軍はベルギーを横断して、北部からフランスに侵入することになっていた。そこからドイツ軍はさらに南に展開して巨大な弧をつくってパリを包囲する。そこか

サラエボ事件　フランツ・フェルディナント大公暗殺後の混乱する様子

らさらに東に向かい、独仏国境を越えて攻撃していたフランス軍の背後に回る、という作戦だった。ドイツはベルギー国内をドイツの軍隊が通過することを認めるようにベルギー政府に求めたが、拒否された。それにもかかわらずドイツ軍はベルギー国内を行進し、これによってドイツも保証国のひとつだったベルギーの中立性が破られた。このドイツの冷酷無慈悲な行為はイギリスを憤慨させた。このベルギーにおけるドイツの違反行為は、戦争に対する態度をあいまいにしていたイギリスを参戦の方向に舵を切らせることになった。

ドイツの帝国議会における演説でヴィルヘルム二世は大きな嘘をつき、ドイツは戦争回避のためにできることすべてを行ったと宣言した。皇帝を信用していなかった社会民主党の議員たちも含め、国会議員たちは戦費の最初の支出に満場一致で賛成した。彼らはロシアが戦争に勝利すればドイツの状況は悪化する、と信じ込んでいた。ヨーロッパの各国には社会主義者たちが国会に議席を持っていたが、彼らもみな戦争支持に回った。ナショナリズムの勝利である。結局、労働者たちは互いに戦い合うことになった。

＊　＊　＊

ドイツのフランス侵攻作戦は失敗した。掃討作戦に投入された軍事力が十分とはいえなかったからである。ドイツ軍はパリを包囲することなく、北へ向かい、結果として、英仏二か国の軍隊によって自軍の側面に攻撃を受けることになった。両軍はすぐに膠着状態に陥った。ベルギーと北フランスを横断し、中立国のスイスにまで伸びる長い塹壕線ができ、敵対する両軍は向かい合った。それから三年間、両軍は数百万の尊い命を犠牲にして互いに押し合ったが、この塹壕の線が動くことはほとんどなかった。何よりも守る側が有利だったからである。塹壕から這い出て突進する兵士は、相手方の塹壕から発射される機関銃に撃たれ、上空には両軍の砲弾が飛び交う。両陣営の間には有刺鉄線の輪が張りめぐらされた。こうした状況での攻撃は自殺行為に等しい。やっと最後の年になってイギリス軍の発明した戦車が、身の安全を確保しながら攻撃することを可能にした。

この戦争は、兵士と武器を最後まで補給し続けられる側が勝利を得ることになる。戦争を支えるためにすべての経済活動が組織され、そしてこの大義を信じてすべての人々が戦い、また労働についた。これはまさに総力戦だった。

イギリス海軍は、海外からの物資を入国させないようにドイツの海域を封鎖した。これに対抗してドイツ海軍は潜水艦Uボートを海域に送り込み、イギリスへの物品(ことに最も重要な食糧品)の供給を断つために、船舶を沈めていった。この当時、まだアメリカ合衆国は中立を保っていたが、もしもドイツがアメリカの船舶を沈めれば戦争に新たな危険が生まれることは明らかだった。一九一七年二月、戦闘の膠着状況を打開するために必死だったドイツは、無制限の潜水艦攻撃を命じた。これによってアメリカが参戦してくることはドイツにとって想定内だった。実際、アメリカは同年四月に参戦したのだが、アメリカ軍がヨーロッパに到着する前にイギリスを飢えさせて、戦争に勝利するとい

第一次世界大戦は総力戦となり、イギリスでは女性たちも軍需工場で働いた。

うのがドイツの作戦だった。皇帝や首相はこの作戦には懐疑的だったが、決定権は軍人に握られていた。ヒンデンブルクとルーデンドルフという二人の将軍が、もはやこの時のドイツ政府そのものとなっていた。彼らは後になって、ヒトラーに接近していくことになる。ルーデンドルフは一九二三年の未遂に終わったミュンヘン一揆の際にはヒトラーを支援し、ヒンデンブルクは一九三三年にヒトラーを首相に任命した。

この時、ドイツは思いがけない幸運に巡り合った。ロシアで革命が起こったのである。皇帝ニコライ二世は退位した。臨時政府は戦争続行を考えていたが、ドイツはロシアの共産主義者の指導者レーニンが戦争に反対するであろうことを見抜いていた。当時レーニンは亡命先のスイスにいた。ドイツ政府は彼を「封印列車」に乗せて、ドイツ国内経由でロシアに送り込ませた。レーニンがロシアに到着すると、希望通り彼は戦争を中止させた。ドイツ政府内の将軍たちは史上初めての共産主義の勝利に貢献したことになるのだが、レーニンがいなければボルシェヴィキは権力を握れなかったのだから、その意味で軍人たちの判断はきわめて妥当なものだった。

ロシアを戦争から離脱させるために、レーニンはロシア西部のかなり広い領土を求めるドイツ側の厳しい条件を呑まなければならなかった。こうしてドイツは全精力を西部戦線に集中できることに

ルシタニア号事件　ドイツは、アメリカの市民と軍用品をニューヨークからリヴァプールに輸送するルシタニア号を沈め、アメリカ国民の激しい怒りを買った。

なった。一九一八年初頭、ドイツは最後の急襲をかけた。これにより英仏両軍は後退を余儀なくされたが、突破は許さなかった。英仏両軍はアメリカ軍の支援を受けて反撃した。アメリカ兵がこれほど早く、これほどの人数で参戦してきたことは、ドイツの予想を越えるものだった。ドイツ軍は完全撤退に向かった。八月になると、ドイツの軍人たちは完全に勝機を失ったことを知った。

アメリカ合衆国大統領ウィルソンは、自国を戦争に参加させるのに大変な苦労を負った。アメリカには、ヨーロッパのいざこざや紛争には関わらないという伝統が強く残っていたからである。ウィルソンは、征服や復讐のための戦争ではなく、「民主主義を守るため」の戦争であることを宣言することにより、戦争支持への国民の理解を得ることと成功した。支配されていた民族集団がそれぞれ別の独立国となることで将来の平和が保証されるだろう、国家間に密約が交わされた時代は終わり、紛争を解決するための新たな国際的な組織が誕生するだろう……、これらが一四か条の平和原則としてウィルソンが提示したものだった。

敗北に直面したドイツの将軍たちは、復讐を求めるイギリスやフランスよりも、ウィルソンの平和原則に従うほうが得策であると判断した。彼らは、ウィルソンが軍人主導のドイツとは交渉しないことを正しく理解していたので、皇帝ヴィルヘルム二世に対して、帝国議会に責任を持つ首相や閣僚と一緒になって正しい議会政治を導入するのは皇帝自身であることを告げた。こうして一八四八年以来、自由主義者たちが為し得なかったことが、軍の最高指揮官からもたらされたのである。ウィルソンはこの突然の変化を全面的に信用することができなかった。彼は軍の大物と専制君主がまだ実権を握っていると感じていた。ウィルソンは皇帝の退位を求めたが、一度は拒絶された。

上からの革命の後に、恐るべき革命が下からやってきた。敗戦が明らかになると、ドイツの船員と兵士が暴動を起こし、労働者はストライキを行った。彼らはさまざまな要求を掲げた評議会を結成した。彼らはみな戦争の続行は欲せず、皇帝の退位を望んだ。この評議会はロシアの「ソヴィエト」〔評議会〕に倣ったものであり、労働者の革命のために評議会の利用を望む社会主義者たちの手本はロシアだった。ボルシェヴィズム〔ロシアの共産主義〕は誰からも恐れられた。ロシアにおける共産主義の蛮行はよく知られていた。その攻撃の矛先が一般的な財産保有者だけでなく、他の改革者や社会主義政党にも向けられたからである。ドイツの社会民主党のような政党が、まさにその対象になる。ロシアの共産主義の拡大を食い止めることが、やがてヒトラーの政策の最も有力な目玉となる。しかし、革命運動はすべての権力の行使を制限することで達成できることをヒトラーに教えたのは、やはりロシアのボルシェヴィキ支配に他ならなかった。

ヴィルヘルム二世に任命された最後の首相は、革命を食い止めるには二つの方法が必須であることを確信していた。それは皇帝を退位させること、そして社会民主主義者に権力を与えることだった。こうして皇帝は追放され、社会民主党（ＳＰＤ）の党首フリードリヒ・エーベルトが首相の座に就いた。エーベルトはいまだ社会主義の道を模索していたが、テロや内戦で彼や彼の仲間たちが犠牲になる革命ではなく、通常の議会によって達成されることを望んでいた。革命的社会主義者たちは、巨大な企業複合体、軍隊、公務員、裁判官が以前と同じようなかたちで残る社会であれば、新しい民主的なドイツとはなりえないと、エーベルトに進言していた。しかしエーベルトは、これらに対して強圧的に迫ることはまったく考えていなかった。

しばらくの間、エーベルトは労働者評議会と歩調を合わせつつ彼らを統治していったが、戦後の混乱の数年間で、革命的社会主義者たちがさまざまな場所で社会主義共和国を宣言した時は、エーベルトはそれらを抑圧すべく決然とした行動に出た。軍隊は彼に全面的に協力し、多くの労働者を殺害した。兵士たちが労働者を射殺するのを躊躇すると、軍隊と社会民主党出身の国防相は「ドイツ義勇軍」と呼ばれる非公式の武装親衛隊を組織した。これは革命を鎮圧することを切望する将校と元兵士からなる志願兵組織だった。彼らは復讐の意味合いも込めてその任務を遂行した。

ドイツの革命的社会主義者とその支持者は、この社会主義者に対する裏切り行為を行ったエーベルトと社会民主党を決して許そうとはしなかった。彼らはロシア以外では最大の共産党を組織し、世界中の他の共産主義政党と同様、モスクワからの指示を受けて行動した。共産主義者たちは帝国議会において大きな存在感を示したが、ロシアの共産主義の脅威を現実的かつ身近に感じさせること以外は何もできなかった。

一方、パリでは講和条約締結のために大戦に勝利した国々の代表が集結した。彼らはできる限り力を尽くして、東欧に生まれた新国家の境界線を確定させたが、これは平和の確保には結びつかなかった。さまざまな民族は混ざりあって存在しており、国を発展可能にすることと、国民としてひとつにまとめることとは別物だったからである。一九二〇年に国際連盟が設立されたが、提唱者であるアメリカの参加をアメリカ上院が否決したため、そのスタートから先行きが危ぶまれていた。ドイツについてはウィルソンも妥協せざるを得なかった。それが厳しい平和となることが明らかだったからである。ドイツが失った東部の領土は新国家ポーランドになった。西部ではアルザス・ロレーヌという領土を失った。またライン川の両岸から五〇キロメートル以内には軍隊や軍備を持たないこと、と定められた。さらに防衛に関しても人数や装備に厳しい制限がつけられた。また空軍の保持も禁じられた。戦争がもたらした損害のため、大量の賠償金も支払わなければならなかった。講和条約〔ヴェルサイユ条約〕では、ドイツが開戦したことを有罪とする旨が明記されていた。

ドイツは講和会議に参加しておらず、ここに示された条項はドイツ政府に提示され、これに署名するように求められた。これらの条項の内容にドイツ国民は憤慨した。落胆、混乱、敗北の怒りに、罪悪という永遠の烙印がここに追加されたのである。ドイツがこの戦争に勝利したとしたらもっと状況は厳しかったかもしれないが、戦争の発生にドイツが大きく関与したのは事実だとしても、講和会議がドイツにこのような厳しい条項を突き付けたことは、次の戦争の種を蒔いたことは明らかだった。ドイツはこうした厳しい制限と恥辱を受けたまま生き続けることはできなかった。何らかの形で、ドイツ人は修正を迫られることになるだろう。

戦前、ドイツの労働者運動は参加者の数は多かったが、影響力は弱かった。国内でこの運動がどれほど受け入れられたのかは、よくわからなかった。敗戦から一年経ち、その答えが見えてきた。権力の座に押し上げられた社会民主主義者は、社会主義者を抹殺するよう迫られた。社会主義者たちは革命を選択し、この国にこのような恥辱を与えた重い責任があるという理由からである。しかしこの汚れ仕事をした社会民主主義者は、社会の中層・上層階級からも軍隊からも感謝されなかった。彼らはドイツの敗北の責任者であるかのように非難されるようになった。ヒンデンブルクは、軍隊を背後から一突きしたのは政治家たちだった、という作り話を語るようになった。戦闘停止になった時点で、フランスとベルギーの地においてドイツ軍はしっかりとした状態にあった、という事実からして、この主張にはある程度のもっともらしさがあった。しかし、ヒンデンブルクとルーデンドルフは、自分たちは敗北した、と確信していた。もしも英仏両軍がドイツに進軍したとすれば、ドイツ国内に革命が起こるだろうと危惧されたゆえに、この時点で戦闘を止めたいと希望していたのは彼らだった。しかし「背後からの一刺し」は突き刺さったままとなった。そして、ヒトラーの最大の武器のひとつとなった。彼は社会民主党を「一一月の犯罪者」と呼んだ。

革命的社会主義者を処刑しようとするドイツ義勇軍

＊＊＊

一九一八年一〇月、ドイツの憲法は、アメリカのウィルソン大統領を喜ばせるために、大急ぎで修正された。一九一九年一月には、新たな共和国のための完全な憲法を作成するために憲法議会が国民によって選出された。その議場はベルリンではなかった。ベルリンだとストライキを計画されたり、悪くすると社会主義革命が起こったりする可能性が高かったからである。憲法議会が開催されたのはヴァイマル〔ワイマール〕という小さな都市だった。この都市の名は新憲法や、憲法によって確立された新共和国に冠されることになった。まだ起こってもいない革命の脅威を背景に、新たな民主共和国は異例の特徴を持っていた。七年ごとに市民(すべての成人男女)の投票によって選出される大統領は、混乱が生じた場合に共和国を守るためには基本的人権を停止し、軍隊を使用できる、と定められた。そして憲法議会はその初代大統領として、社会民主党の党首のエーベルトを選出した。いくつかの機会においてエーベルトはこの緊急特権〔緊急立法権〕を行使した。通常の政治運営は大統領が選んだ首相が担当し、首相は国会の多数による支持を得る必要があるとされた。

どのような新政権であれ、正統性を獲得するために奮闘するものである。しかしヴァイマル共和国は、敗北と屈辱というドイツ国民の負の感情と関係づけられるというハンディキャップを負ってスタートした。さらに、共和国の敵は最初から国会内に確実に存在していた。政党間に意見の一致が見られなかったため、すべてをひとつにまとめて機能させる役目は憲法しかないという状況だった。左翼には共産党がいて、ソヴィエト〔評議会〕型ドイツを樹立するための革命を唱え、ソヴィエト連邦（ロシアはすでにこう呼ばれていた）からの指示を受けていることを公然と表明していた。一方右翼では、保守的でナショナリズムを標榜する政党が、皇帝の復位を望み、民主主義を抑制し、ヴェルサイユ条約によって押し付けられたさまざまな制限を撤廃しようとしていた。そしてその中間に、社会民主党、カトリックの支持を受けた中央党、リベラルな中産階級が支持する民主党がいる、という構図だった。

ヴァイマル共和国が発足して二年目、ドイツ社会はハイパー・インフレーションによって混迷の渦に叩き込まれた。物価が高騰し、通貨がほとんど無価値になったのである。手元に金があれば、負債の返済は簡単にできた。しかし多くの中産階級がしていたように、貯蓄をしていた者は破産した。政府は紙幣を大量に印刷したが、人々は店で物を買うために、山ほどの紙幣をスーツケースに入れるか、手押し車に載せて運ぶことになった。一年後、政府は新通貨を発行することで事態を鎮静化したが、制御なき社会や尊敬すべき人々が没落していった時の忌まわしい記憶は長く残った。次なる危機が訪れた際には、中産階級の人々は絶望的な措置をも支持する心構えができていた。

どの政党も国会で過半数の議席を取ることができなかった。常に連立政権がつくられ、首相は少しでも多くの支持が得られる道を模索したが、脆弱な連立はすぐに崩壊して、不安定な状態が長引いた。政党間の争いは決して美しいものではないが、過半数の議席を持つ政党が出現して強力な政権が成立すればかなり魅力的に映るだろう。しかし、ヴァイマル体制のドイツにおいては、そのような状況は一度も経験されなかった。こうした分裂と口論が果てしなく続く状況は、共和国を非難するヒトラーには実に好都合だった。

暖房用に燃やされる旧紙幣

戦前には最大の党だった社会民主党が過半数を獲得するように見えたが、彼らはロシアの共産主義支配とドイツに生まれた共産主義が新たな脅威となってきたため、その勢力は後退した。共和国に尽くすすべての献身の中で、彼らはマルクスを非難することはなかった。それは彼らが労働者階級以外のところで支持を広げようとしなかったことを意味していた。しかし労働者階級のかなりの部分が共産党を支持するようになった。共産党は社会民主主義者を資本主義の追従者と見なし、彼らと組むことを拒否していた。社会民主党と共産党はともにナチズムには反対していた。しかしこの両者が手を組まないことで、ヒトラーの動きを止める好機が失われてしまった。

共産主義者はあまりにも視野が狭くなっていたため、エーベルトの死を受けて行われた一九二五年の大統領選挙で、まったく勝てる見込みのない独自候補を擁立してしまった。彼らは中央党か社会民主党の候補に投票すべきだった。こうして右翼から立候補した者が選ばれた。それがヒンデンブルクである。権威主義の保守派の将軍であるこの男は、ドイツの敗北の責任を政治家に押し付けた。そして一九三三年、ヒンデンブルクはヒトラーを首相に任命するのである。

＊　＊　＊

一九二〇年代を通じて、ヒトラーが率いていたのは弱小政党だった。その名は国家社会主義党。「社会主義」は労働者にアピールするためだったが、「国家」はマルクス社会主義の国際主義とは別物であることを明らかにする目的があった。ヒトラーは、労働者に国家は必要ないとするマルクスの主張に強い憤りを感じていた。労働者が第一に忠誠を誓うのはその階級であり、そのため労働者は国を分断してでも階級闘争を行うべきだとするマルクスの主張に、彼は反対していた。ヒトラーの党の綱領〔プログラム〕にあった社会主義的な内容は着実に骨抜きにされ、この政策に真剣に取り組んでいた人々は党から追放され、ヒトラーの首相就任後には殺された。ヒトラーはドイツ国内の大企業を攻撃することを望んでいなかった。それらはドイツの再武装化の際におおいに役立つからである。他方でヒトラーは労働者に職を与え、彼らがより多くの休日を手にし、より快適な住環境で暮らせることを望んだ。ただし、労働組合の結成は禁じた。ヒトラーは「国民車」という意味をもつフォルクスワーゲンの生産を計画した。ただしヒトラーの時代には国民の手に届くものにはならず、代わりに軍隊に提供されたのだが。

ヒトラーの党の綱領は「社会主義的」ではなく、より「国家的」なものであった。ヒトラーの目的は、政党の分断を終わらせて、臆病な政治家が認めてしまったヴェルサイユ条約の厳しい制限を打ち破るほど強力な統一ドイツを、みずからの指導下に創出することであった。ヒトラーは、ドイツ国家のための「生存圏」を東に求めた。そこは、ポーランド人、ウクライナ人、ロシア人など「劣等人種」であるスラヴ人が住む土地だった。またドイツ国内にいる敵も排除すべきだった。それは社会主義と共産主義双方のマルクス主義者、そしてとりわけユダヤ人だった。文明の担い手である「高等人種」を貶めるユダヤ人の世界的陰謀が存在している、とヒトラーは信じ込んでいた。マルクスはユダヤ人であり、ロシアのボルシェヴィキの指導者たちの中にもユダヤ人がいる。つまり、ボルシェヴィズムは「ユダヤ人のボルシェヴィズム」になっている。ヒトラーは、第一次世界大戦の責任はユダヤ人にあると考え、さらに彼らをすべてガス室送りにしてしまえば、彼らから来る苦痛もなくてすむだろう、とすら夢想した。

ヨーロッパには、イエス・キリストを殺害したのはユダヤ人である、という古くからの偏見が存在していた。そして一九世紀には人種思想が強くなり、ユダヤ人は「人種の健康」に対する直接かつ潜在的な脅威であるとするアンチ・セミティズム〔反ユダヤ主義〕が広まっていった。すなわちユダヤ人が

「高等人種」と結婚することは、高等人種の生存競争に大きな損失となるというのである。このような偏見はドイツ一国にとどまらず、広く浸透していた。しかもこの偏見は「科学的な」理論武装を伴った。ヒトラーはこのような根拠のない危険に対して異常なまでの偏執狂的なこだわりを持ち、その解決手段を追求する姿勢はまったく非人道的であった。

ヒトラーはナチス党の創設者ではなかった。この政党は一九一九年一月、ドイツ南部のミュンヘンで「ドイツ労働者党」という名前でスタートした。ヒトラーは何箇月かののちに、この党の集会にはじめて参加し、この党が議会制民主主義に反対しているにもかかわらず、投票によって決定を下していることに驚いた。ただちにヒトラーは彼らに別のやり方を示した。彼は誰もが認める指導者となり、委員会を禁止し、党の演壇は以後二度と議論の場にしないことを定めた。彼はその類まれなる演説能力で権力を手に入れた。彼は演説で聴衆を魅了し、説得し、興奮させ、彼らに活力を注ぎ込むことができた。戦前には社会からドロップアウトして放浪していたような、この復員兵士は、ついにその能力を発揮する場を見つけたのだった。彼の才能は小政党をミュンヘンの政治においてかなめとなる勢力に仕立て上げ、影響力を持つ人々を次々に彼の支持者にさせていった。

一九二三年、ヒトラーは政権奪取を目指して支持者と少数の地方軍人を引き連れ、ルーデンドルフ将軍の支援を得て、ベルリンへの進軍を計画した〔ミュンヘン一揆〕。これは一九二二年にイタリアでムッソリーニが独裁者となった「ローマ進軍」を模倣したものだった。ムッソリーニの行動は、数本の棒を束ねた「ファスケス」をシンボルにしたことから、「ファシズム」と呼ばれた。このファスケスは古代ローマの権威の象徴だった。ファシストたちの目標は分断の撤廃、とくに労働者が主張していた階級分断を撤廃することであり、強者すなわち独裁者の指導の下で、国力を強化することにあった。

ヒトラーはムッソリーニのファシズムを賞讃していたが、彼を真似て権力を掌握する試みはひどい失敗に終わった。警官たちはヒトラーの進軍を抑え込んだのである。両者の間に短い銃撃戦が起こり、警官側に四人、ヒトラー側に一四人の死者が出た。ヒトラーは反逆罪で裁判にかけられたが、ヴァイマル期の擾乱《じょうらん》における右翼ナショナリストの反乱と同様に、愛国的な心情が行動の理由とされ、五年の禁固刑という軽い量刑が言い渡された。社会主義者や共産主義者による反乱では通常裁判にかけられることはなく、すぐに銃殺されていた。ルーデンドルフは彼の意志に反して無罪となった。

ヒトラーは政治犯であるという理由から、彼が監禁されたのは牢獄ではなく、住み心地の良い古い城館だった。ヒトラーには読むこと、考えること、書くことが自由に許された。彼はとりとめのない長い本を書き上げた。その書名は『わが闘争』で、この本は以後彼の運動のバイブルとなった。内容は彼の半自伝、政治観、人種闘争の過去と未来などの寄せ集めだった。彼のオリジナルな意見はまったくなかったが、群衆の心を変えさせる方法としていかに群衆をつかむかを摸索して、「群衆への示唆」や「群衆効果」というような彼の発見を綴った部分もあった。話すことこそが最も重要で、印刷物はあまりにも冷たすぎる媒体だった。理性は働かない。演説者は群衆の前に立ち、彼らを圧倒しなければならない。そしてさまざまな個人の意志の総体をも上回る圧倒的な説得力で自分の意志を通さなければならない。集会では時間と舞台も重要である。昼よりは夜が良い。いくつかのホールは演説

ミュンヘン一揆に向かう突撃隊

雄弁の達人だったアドルフ・ヒトラー

に向いているが、不向きなホールもある。ヒトラーは最初ミュンヘンのビアホールを演説会場にしていたが、そこを卒業して、大規模な野外集会で話すようになった。会場の設営は念入りに行い、大衆にアピールする身振り手振りまで考案した。ヒトラーはこれらがいかに効果的であるかを知り抜いていた。孤独で不確実な人間が集合して一緒に巨大な群衆の一部となり、群衆になると士気が高揚する。

ヒトラーは自著の中で、彼の集会を混乱させるために来た共産主義者たちをやっつけたことを自慢している。警官たちに守られているように見せてはならない。集会はそれ自身で管理ができているように見せることが重要なのである。ヒトラーは「突撃隊」を考案した。それは揃いの茶色のシャツを着た筋骨たくましい集団で、集会や街頭におけるその存在は巨大な私兵による軍隊のように見えた。ヒトラーは中産階級を軽蔑していた。彼らは共産主義を憎んでいるのにその対処法がわからないからだった。「恐怖に対しては、ただ恐怖のみが勝つ」、これが彼の信条だった。

ヒトラーは一年も経たないうちに解放された。ヒトラーは非合法手段は取らない、と宣言した。彼の運動は憲法に沿った手法を用いて権力を手にすることになるだろう、しかし、ひとたび権力を手に入れれば、憲法を別なものにする、いかなる政党も権力争いをすることはなくなり、彼と彼が率いる政党こそが唯一の権力となり、彼は「総統」として君臨する。こう明言した。彼は権力を入手する過程において、力による脅威を振るうようになった。彼の突撃隊員は常に厳しく任務を遂行した。ヒトラーは犬の鞭を常に携えていた。

ヒトラーのナチス党はすべての階級の人々を惹きつけた。労働者、事務員、小売店経営者、学生、農民、中産階級、上流階級、これらすべてである。他の政党はひとつの階級か信条、または地方を代表するものだった。しかしナチス党だけが唯一の、真の国民政党となり、他のいかなる政党もそうはなりえなかったので、絶大な権力を手に入れた。ヒトラーが考えたのは、ナチス党をただの政党ではなく、国政の担当を主張するダイナミックな国民運動そのものへと発展させることだった。ナチス党内には非常に多様な党員がいたが、彼らの立場は平等であり、それはいまだステイタスが厳しく問われる社会において非常に斬新なものだった。党員たちは国を愛することにおいて平等であり、また優秀なアーリア民族の一員でもあり、そして彼らが服従する総統は、そのプロパガンダが仰々しく宣伝するごとく、「普通の男」だった。

＊　＊　＊

大恐慌が起こらなければ、そしてそれによってドイツがひどい損害を受けなかったら、ナチス党はさほど重要な結果をもたらすことはなかったに違いない。一九三〇年、大恐慌の二年目、ドイツ政権は（いつものように連立であったが）崩壊した。社会民主党員は、ドイツ国内の何百万人もの人が頼りにしていた失業給付の引き下げには同意することを拒んだ。それは悲惨な立場だった。それに続く選挙でナチス党は、過去の投票での二・六パーセントから一気に一八・三パーセントへと驚異的に得票率を上げた。さらに一九三二年に行われたその次の選挙では、大不況のどん底にあって、ナチス党は三七・三パーセントにまで得票率を引き上げ、ドイツ帝国議会の最大の政党となった。ナチス党の得票は、まず右翼のナショナリストを切り崩し、次に中道の中産階級の政党の議席を奪った。労働者階級の政党、すなわち社会民主党と共産党とは得票を合わせると、よくもちこたえていた。それらの党の支持者は、それほどヒトラーに魅力を感じたわけではなかった。しかし労働者は、一九三二年の選挙では四人に一人がヒトラーに投票した。投票したのは小都市や農村部の人々だった。ヒトラーは階級を越えた人々から支持されたのである。

一九三〇年以降、ヒンデンブルク大統領は政権を支持するために「緊急の権力」を行使するようになった。当時の国会は、多数派から成る政権を作れなかったからである。社会民主党は社会保障を削減する政策を支持せず、共産党とナチス党は自身の政策しか支持しなかった。大統領とその周囲の人々は、国会に依存しない権威主義的な政権を確立する方法を考えるようになった。そのような政権であれば、経済危機に対処し、共産主義者が盛んに誘いをかけている失業者たちの反乱を食い止めるために必要な厳しい措置をとることができるからである。大規模土地所有者、軍隊、それに大企業の一部は、大統領に民主主義を制限するか、または停止させるように促していた。

ナチス党が他の右翼のナショナリスト政党と連合を組めば帝国議会で大多数を得ることになったが、ヒトラーは自分を首相にしなければ政権入りを断ると主張した。彼はただの大臣か補佐官などになる気はなく、またそうなれるはずもなく、自分自身を国家指導者へ格上げさせたのだった。ヒンデンブルクは、そのような不寛容な男を首相に任命することは絶対にできないと誓った。しかしヒトラーこそは権威ある政権をもたらすことが可能だ、という民衆からの支持は、最終的に無視しがたいものとなった。そこで、首相としてのヒトラーの危険性を避けるため、ナチス党からの閣僚入りは三人までと制限された。それ以外の閣僚には、ヒトラーを監視するため他のナショナリスト政党の人間が充てられた。何という誤算を犯したのだろう。ナチスは獲得した権力を無慈悲に使用し、ヒトラーはたちまち人気を得て、結果的に古い政治家たちは疎外された。ヒンデンブルク大統領が抑制力となっていたが、彼が一九三四年に世を去ると、ヒトラーは自身を首相兼大統領に任命した。

見かけ上の合法性をもって、ナチス党の独裁が打ち立てられた。法律は政府が作るという法律を帝国議会で承認させようという計画が画策された。つまり、それは帝国議会の存在を無意味にすることだった。このような重大な憲法改正に関しては、帝国議会で三分の二以上の賛成票が必要だった。ヒトラーは帝国議会でナチス党の議席数を増やせるように、早期選挙を大統領に迫り、その要求を叶えた。投票日の前日、オランダ人の共産主義者が国会議事堂に放火した。ヒトラーは、この事件を共産主義者による権力奪取の試みの始まりであると明言し、大統領に対して、市民権と政治的自由を停止

水晶の夜　燃えるシナゴーグ

する緊急特権を行使するよう迫った。共産党は活動禁止となり、共産主義者は強制収容所送りとなった。しかし、ここまでのことをしても、ナチス党は過半数を得られず、選挙で獲得できたのは四三・九％だった。ナチス党が全権委任法〔授権法〕を成立させるには、ナショナリスト政党とカトリックの中央党の支援が必要となった。中央党の支持者はナチスの台頭には反対していたが、その中央党は、教会の独立性に関する口頭の保証をもらって、彼らに不承不承賛成した。その後この口約束は、破られたのだった。唯一、社会民主党だけが勇気をもってナチス党に反対票を投じた。共産党の代議士はすでに拘束されるか、あるいは逃亡していた。議場の周囲には突撃隊員たちが立ち並び、投票の間、国会議員たちを威圧していた。政府は新たな権力を獲得し、その最初の行動として社会民主党やその他の政党の活動を禁止した。合法的な政党はナチス党のみとなった。

マルクス主義政党の排除がただちに実行された。何よりも、これこそ独裁政権をつくろうとしてきた人々が求めていたことだった。

ヒトラーの執着の的であるユダヤ人対策については、ナチス政府はもっと慎重な動きを見せた。突撃隊員は直接行動を取ったため、その動きは制限された。ユダヤ人のビジネスに対するボイコットは多くの人々を驚かせ、経済混乱を招いたので撤回された。その後、一九三五年のユダヤ人に関する法律によって、彼らの市民権を剥奪し、ドイツ人との婚姻や性的関係が禁止された。一九三八年、ナチス党は党の支持者に対して、ユダヤ人の商店・企業・シナゴーグを襲撃するよう合図を出した。この事件は夜に多くのガラスが割られたことから、「水晶の夜」〔クリスタル・ナイト〕と呼ばれた。最初のうち、強制収容所送りとなった人々の収容理由は政治組織のメンバーだからというよりは、ユダヤ人であること、というものだった。しかしその後は法律により、彼らの財産を奪い、公共の場から締め出し、子どもを学校から追放することが「合法」とされた。ユダヤ人の国外移住が推奨された。彼らの完全な排除がどのような形をとるのか、まだこの時点では決まっていなかった。

首相に就任してから数年後、ヒトラーはヴェルサイユ条約の制限を撤廃するという約束を実行に移した。ヒトラーは軍役につかせるため徴兵制を再導入し、軍隊をヴェルサイユ条約で規制されていた数値の五倍まで拡大する計画を立てた。さらに彼は空軍を組織した。彼はさらに非武装地域のライン川沿岸部に軍隊を進軍させた。英仏両国には、彼の行動を止めるために戦争を仕掛ける気持ちはなかった。英仏両国は第一次世界大戦の恐怖が再び訪れることを望まなかったし、とりわけイギリスは、ヴェルサイユの講和条約がドイツ国民に厳しいものであり、彼らが他のヨーロッパ諸国に追いつきたいと願うのも無理はない、という感情をもっていた。彼らの方針は宥和政策であり、ドイツに合理的なものを許せば、ヒトラーの侵略は止まるだろうと考えた。しかし、イギリスにおける最も苛烈な反宥和政策の筆頭にいたウィンストン・チャーチルはこう言った。「宥和主義者は、食われるとしても自分が最後だと期待してワニに餌をやる人間のようなものだ」と。

ドイツ語を母国語とするオーストリアにはナチス党の強力な支持者たちがいて、オーストリアがドイツと合併されることを望んでいた。ヴェルサイユ条約は古いオーストリア＝ハンガリー帝国から新しい諸国家を造り出したが、それらの大きな領土を減らされて残ったのはドイツ語を話す国、オーストリアであった。しかしオーストリアは講和条約によって、ドイツに融合することを禁じられていた。ヒトラーはオーストリアを併合することを決心した。地元のナチス党の圧力下にオーストリアの首相は、この問題の解決を国民投票の結果に委ねた。投票が行われる前に、ヒトラーはオーストリアに彼の軍隊を進軍させ、ウィーンと、帰国後のドイツでも大歓声を受けた。

ヴェルサイユ条約の制約撤廃を主張したヒトラーがこれほどの人気を得た理由は、ドイツ国民が受けた屈辱感という傷の深さだった。国民の中には、良い時が来るまでずっと辛抱しようという人々もいれば、自分たち自身をただちに変えなければならないと考える人々もいた。そこにヒトラーが登場して彼らは「持ち上げられた」。そしてヒトラーに投票した人も彼に反対した人も含めたあらゆる種類のドイツ人は、自国を復興させて偉大な力をもたせるべく、誇りをもって団結した。その後、ヒトラーが勝利ではなく敗北を重ねるようになると、彼の人気は急落したが、その頃にはすでに抵抗する者を「処理する装置」を備えていた。そうした人々は秘密警察、すなわちゲシュタポによって排除され、強制収容所で消されていった。

ヴェルサイユ条約によって誕生した新国家――チェコスロヴァキアとポーランドの国内にはドイツ人のコミュニティがあり、ヒトラーはそこがドイツのものであると主張した。イギリスとフランスはチェコスロヴァキアの保護を誓約していたが、ヒトラーが戦争をちらつかせながら、「ドイツ人のチェコ」をドイツ帝国に編入するという脅しをかけると、英仏両国は腰砕けになり、チェコスロヴァキアに譲歩するように告げた。イギリスの首相ネヴィル・チェンバレンは、平和を維持できたがゆえに、意気揚々とドイツから帰国した。ヒトラーはヨーロッパにおいてこれ以上は領土的野心を持っていないことを宣言したが、チェンバレンは自国の防衛準備を急がせた。

一九三九年九月、ヒトラーがポーランド国内に侵攻すると、英仏両国はついにドイツに対して宣戦を布告した。戦争で二正面作戦を避けたいヒトラーは、共産主義国ソヴィエト連邦と不可侵条約を結んでいた(ヒトラーはこの国をユダヤ人のボルシェヴィキの毒の温床として毛嫌いしていたのだが)。今度は〔第一次世界大戦と違って〕、フランス征服作戦がうまく進んだ。ドイツは地上の戦車と空からの飛行機によって守られた軍隊で一気に敵を急襲する「電撃戦」により、わずか五週間でフランスを打ち破った。

ヒトラーに敵対する国はイギリスだけとなった。イギリス侵攻作戦はすでに計画されていた。しかしまず、ドイツは制空権を握らなければならなかった。しかし「バトル・オブ・ブリテン」〔英国空中戦〕は、イギリスのパイロットの勝利に終わった。時のイギリス首相ウィンストン・チャーチルは、彼らをこう称えた。「人類の戦史の中で、かくも少ない人が、かくも多数の人を守ったことはない」。ヒトラーは、「ドイツがヨーロッパを自由に支配することを認めるなら、イギリスはそれ以外の世界をすべて支配しても良い」とする、自分の提案した条件をイギリスが受け入れないことにとまどった。ヒトラーはその理由をユダヤ人の金権政治の影響のせいにした。イギリスを打ち倒せなかったヒトラーは、次の攻撃目標をソ連に定めた。これは結果的に彼が二正面作戦を選択したことになった。これは軍事作戦上の計算ミスだったが、ヒトラーは「ユダヤ人のボルシェヴィスト」が繁栄する土地を放っておくことはできなかった。彼はそこをドイツ人の「生存圏」としたかったのである。イギリスの統治集団の中には、ヒトラーがロシアの共産主義勢力を破壊することを非常に魅力に感じる人々がいて、ヒトラーの提示条件に関心を示すようになった。しかし、もちろんチャーチルは違った。

ヒトラーは五か月でロシアを敗北させることを確信していたので、二正面での戦争が起こることを予測していなかった。これが彼の最大の計算違いだった。フランスには通用した「電撃戦」も広大なロシアではあまり効果が上がらず、またロシア側の人員補給は無尽蔵にも見えた。ロシアの独裁者スターリンは情け容赦のない性格で、また恐怖という手段を用いて、共産主義者たちが奪取した後進国を工業化した。こうしてドイツ軍と戦う戦車、飛行機、大砲をいくらでも供給することができたのである。ドイツ軍が巨大な勢力でロシアに侵攻すると、ロシア軍は後退した。しかし、一九四三年二月、スターリングラードでロシア軍はドイツ軍を包囲し、ドイツ兵全員を捕虜にした。ヒトラーは明らかに負けがはっきりしてきても、ドイツ兵たちに退却や降伏を許さなかった。それからのロシアは攻めに攻めたが、ベルリンまで攻め込むには二年以上かかった。

ヒトラーにとって東部における戦いは戦争以上の意味があった。彼自身はこの地で大量の殺戮と奴隷化を行う十字軍遠征を行っているつもりでいた。スラヴ人とユダヤ人の土地は、「支配民族」の定住のために用意された場所だったのである。最初のうち、ユダヤ人は大量に集められては銃殺されていたが、これは時間のかかる不愉快な作業だった。そこでナチスは工場のような殺人マシンを建設した。ユダヤ人をガス室で殺し、その遺体を焼却炉で焼くという殺人システムが稼働し始めると、ナチスが占領していたすべての土地からユダヤ人が集められ、命を奪われていった。ヒトラーへの戦争が激化してもユダヤ人の収集と輸送は行われ、ヒトラーの資産は底をついていった。ヒトラーにとってユダヤ人の抹殺は最優先事項になり、ドイツの将来を確保するために必要なこと、人種にとって正しい罰であり、彼の目にはこれこそが戦争を起こした原因であり、そして最後に為すべき作業と映っていた。こうして実に約六〇〇万人ものユダヤ人が殺され、この悪行は「ホロコースト」と呼ばれた。ナチスはこの破壊が最善のものと考えていたが、彼らがしていたことを広く知らせることはしなかった。しかし、ナチス党の党員であろうとなかろうと、何千何万というドイツ人がこのことを知っていた。なぜなら彼らは直接この行為に関わっていたからである。

ユダヤ人が世界的な陰謀を企てているというヒトラーの信念は、彼のもうひとつの軍事上のミスを説明することに役立つ。それはドイツの同盟国である日本が、一九四一年一二月、ハワイの真珠湾のアメリカ海軍の船舶を攻撃したことにより、アメリカ合衆国が参戦したことである。合衆国大統領のローズベルトは当然のごとく日本に宣戦布告したが、アメリカはヨーロッパの紛争には介入しないという方針を堅持していたので、ドイツに対する宣戦布告はしなかった。しかし、ヒトラーはただちに合衆国に宣戦布告を行った。こうして世界で最も強力な敵を相手に戦うことになってしまった。しかも彼は、ローズベルト大統領はユダヤ人の「悪質な狡猾さ」に支えられていると非難した。ユダヤ人根絶のために、ヒトラーはアメリカと戦わざるを得なくなったのだった。

ローズベルト大統領は以前からヒトラーのドイツがアメリカにとって脅威となるものと見ていた。しかし、アメリカ人の多くはそのように考えていなかった。しかし、ここでアメリカが参戦すると、ローズベルトとチャーチルは、最初に打倒すべきはヒトラーで、日本との戦いは継続させる、という方針で合意した。そこで一九四四年、アメリカ人兵士の大軍勢をドイツ占領下のフランスに上陸させ、その指揮をアメリカの将軍ドワイト・アイゼンハワーが執ることになった。

ここにきてヒトラーは二正面作戦で戦うことになった。戦況は明らかに敗色濃厚だったが、ドイツ軍は断固として最後まで戦った。一九四五年四月、西から攻めてきたアメリカ軍と東から攻めてきたソヴィエト軍はドイツで合流した。ベルリンの中心部に向かって突撃したのはロシア人たちだった。この都市のどこかの掩蔽壕《えんぺいごう》にヒトラーとその関係者が避難しているはずだった。ヒトラーは自分が起

ダッハウ強制収容所、右はその焼却炉

こした戦争がドイツにもたらした被害によっても、動じることはなかった。責任は、彼を失敗させ、生き残るのに値しなかったドイツ人民にこそある。そう考えたヒトラーは、捕虜になるよりも、自ら死を選んだ。

ドイツで生まれたナチス党はこの時期のヨーロッパのあり方に適合していたが、それでありながら同時に非常に変わった存在だった。両大戦間期には、ヨーロッパのほぼすべての国で民主化が失敗し、ファシストや独裁政権がそれに取って代わった。民主主義は言うまでもなく、代議制政体の根も浅かった。民主主義は、ヴェルサイユ条約によって生まれたまったく新しいいくつかの国家において独自の道を歩まざるを得なかった。しかし、ナチス党はそれらの国よりさらに危険かつ破壊的な力を持っていた。彼らは復讐すべき理由を伴いつつ、ヨーロッパで最大の軍事力を有しており、さらに比類なき悪の天才ヒトラーの支配下にあった。このような人間が権力を握るのは、わかりやすいことである。しかしユダヤ人の絶滅という決意を貫き通すことができたことには、我々の想像を絶するものがある。ホロコーストは常に我々に多くのことを問いかけると同時に、我々を恐怖に陥れる。

＊　＊　＊

ヒトラーが破壊に失敗したのはロシアの共産主義だけではなかった。ヒトラーの行為は、中央ヨーロッパに赤軍を導入する結果となった。ロシア人はナチスから解放された土地に共産主義政府を設置した。それがポーランド、チェコスロヴァキア、ハンガリー、それにギリシャを除くバルカン諸国だった。ドイツは戦後、共産主義の東ドイツと民主的な資本主義の西ドイツに分裂した。一九四六年、チャーチルは、ヨーロッパを東西に分断する「鉄のカーテン」と表現した。

一九五一年、別の障壁が崩れはじめた。ドイツとフランス、この古くからの敵同士が、石炭と鉄という資源を共同利用して、鉄鋼を作る際の競合を避けることに合意した〔ECSC〕。この最初の動きからは、欧州経済共同体〔EEC、一九五八年〕が生まれることになった。これはフランスとドイツを核とする、ヨーロッパの六か国による連合体だった。こうした経済協定は、ドイツを再び諸国から成る共同体に受け入れ、そして平和的な関連で結びつけるための手段でもあった。経済的協力はやがて一九九三年の欧州連合〔EU〕へと発展していった。ヨーロッパを連邦にしようという政治組織である。

一九八〇年代後半、ソヴィエト連邦が改革を開始し、東ヨーロッパの共産主義体制への支援をやめると、これらの東欧政権は急速に崩壊した。元共産主義国家は欧州連合への参加を希望し、受け入れられた。共産主義体制が崩壊したことで、何百万人もの多くの人々が専制政治から解放された。そして、それが主張する文明は単なる抑圧のシステムにほかならず、無慈悲な独裁が労働者の完全に平等な社会を作りだすなどという、この有毒な教義から、ヨーロッパはついに解放されたのだった。

どれほどの権限が欧州連合に与えられるのかについては、まださまざまな議論がある。連合自体は、戦争の源となるナショナリズムを統制する方法のひとつとなるが、国を維持する共通の感覚がなければ、どうやって国を運営することができるのだろう。ヨーロッパの精神を、完全なるヨーロッパ連邦を維持させるまで発展させることは、可能なのだろうか。

二〇〇四年、欧州連合加盟国は正式憲法〔欧州憲法〕を制定し、欧州連合を動かすための諸条約に取って代わる単一の文書として作成し、より統合性の高い内容にした。新憲法が発効するには、各加盟国がその内容を受け入れなければならなかった。しかし、フランスとオランダの人々が国民投票で新憲法を拒否したことで、先行きが不透明になってしまった。新憲法が意図していたいくつかの内容に関して、別の条約の作成が必要となった。欧州連合は、通貨に責任をもつ中央政府がまだないのに、共通の通貨「ユーロ」を作ることによって、やはり無理をした形になっているのかもしれない。

欧州憲法は、批准までには程遠いが、通常の憲法と同様、「前文」を備えている。さまざまな起源が混在するヨーロッパ文明においては、前文に盛り込まれる内容についても当然議論が為されてきた。ローマ教皇はキリスト教の承認を求めた。ドイツ人はこれを受け入れようとしたが、啓蒙主義の母国であり育ての親であるフランスは激しく反対した。したがって憲法で言及されているのはキリスト教ではなく、より漠然と、ヨーロッパの宗教的な遺産についてであり、それがルネサンス時代のヒューマニズム〔人文主義〕と、より一般的にはその文化に結び付けられている。啓蒙主義は支配的な影響力を持っている。なぜならヨーロッパが「進歩と繁栄の道」を歩むことができたのは、「人間の不可侵にして譲渡できない権利の普遍的価値」にずっと関わってきたからである。自国のアイデンティティと歴史に誇りを保ちつつ、ナショナリズムを超越すれば、ヨーロッパの人々は「過去の分裂を超越し、ますます緊密に結合して、共通の運命を創造することを決意する」〔欧州憲法〕だろう。

後記

ヨーロッパの命運は東方にあり

フィリップ・スラヴェスキ

著者ジョン・ハーストは、本書『超約 ヨーロッパの歴史』を楽観的に締めくくった。二〇〇四年、欧州連合（EU）は、かつて鉄のカーテンの向こう側にあった東欧諸国を加盟させ、二〇世紀におけるひどい分裂の末にヨーロッパ統合の「勝利」を収めたばかりだった。この新しい統一ヨーロッパは、「人間の不可侵の権利という普遍的価値」にコミットしており、「自国のアイデンティティに誇りを持ちながら」、ナショナリズムを超越し、「進歩と繁栄」に向かって、より緊密な連合へと発展していくだろう、EUはこう宣言したのだった。しかし、ハーストは、このEUの「統一」という決まり文句は、二〇〇四年のEU憲法（未採択）の前文においてキリスト教を欧州の中核的価値と認めるべきかどうか、をめぐって加盟国間で行き詰まった結果、生まれたものであることを指摘していた。この特定の問題をめぐる行き詰まりに続いて、アイデンティティと国家主権をめぐる、ヨーロッパ史におけるより深刻な分裂という、つまずきが生じた。それが、その後二〇年にわたるEUの、いやヨーロッパ全体の、特に「東」と「西」のヨーロッパ間の存亡にかかわる危機を形成することになった。実際、アイデンティティと国家主権の問題が、二〇〇九年から二〇一〇年代半ばまでのユーロの通貨危機、続く二〇一五年の難民危機、二〇一六年のブレグジットを招き、二〇一四年のクリミア危機以降のロシアによるウクライナ戦争に対するEUの対応を方向づけた。このように、ハーストの『超約 ヨーロッパの歴史』は、その出版後のヨーロッパ史の重要なストーリーを理解する上でも、適切な洞察力を備えている。

また、EUが共通通貨ユーロを採用する際、その責任を負う中央政府の設置なしに、欧州中央銀行（ECB）に委ねることを心配した点でも、ハーストは正しかった。ユーロの通貨危機はEU経済を脅かし、EUの加盟国間の緊張や、特に欧州中央銀行やEUの主要機関（所在地である「ブリュッセル」の名で略称される）との緊張関係を悪化させた。危機に対処するためにブリュッセルがEU加盟国の国民経済に課した大規模な緊縮政策は、多くの一般市民の零細な家計を圧迫し、日常生活に関する（しばしば悪質な）決定を下す、ほとんど説明責任を持たない「遠く離れたテクノクラート」の権力を浮き彫りにしたのである。二〇一五年以降のEUの難民危機への対応、すなわち何百万人もの難民のEU諸国への入国を許したことは、多くの人々の無力感を悪化させた。ただでさえ厳しい社会福祉の構造が、人口増加の圧力でさらに疲弊し、社会の構成がより急速に変化していったのである。

当然のことながら、生活水準の低下と大規模な人口・社会変動というこれらの危機に対する民衆の反応は、EUの結束を脅かした。イギリスは二〇一六年、国民投票により、加盟国の中で初めてEUから離脱した。イギリス人の大半がこのブレグジットを支持した理由については依然として議論の余地があるが、貧困、移民、主権といった問題が主要な要因であることは間違いない。第二の不統一の主要な原因は、ＥＵ自体の内部から、すなわち二〇〇四年に編入された「東欧」による、いわゆる「新欧州」から生じている。ポーランドとハンガリーにおける右翼ポピュリストの反乱は、ハンガリー人とポーランド人のＥＵに対する不満に煽られて、近年非常に勢いを増している。

これらの反乱によってＥＵの統一にもたらされる危険性は、間違いなくブレグジットよりもはるかに大きい。少なくともブリュッセルの多くの人々の目には、こうした反乱は、自由主義、民主主義、個人の権利、および政治的多元主義という、欧州社会の核となる共有価値を脅かしているように映る。ポーランドの「法と正義」、ハンガリーの「フィデス＝ハンガリー市民同盟」という、両国それぞれの与党は、ともに民主的に選ばれて政権を握っている。しかし、ポーランドでは司法の独立性を低下させ、ハンガリーでは政敵を攻撃するなど、自国の自由民主主義を解体している、と広くヨーロッパ全般からは見られている。フィデスのリーダーであるオルバーン・ヴィクトル首相は、「キリスト教に基づく非自由主義的な民主主義」の創出に尽力しているのだ、と具体的に表明している。「法と正義」が掲げる、伝統的なポーランドのカトリック社会というヴィジョンと同様に、その綱領では何を受容するかよりも何を排除するかの方が明確である。どちらの政権も、非キリスト教徒、特にイスラム教徒の自国への大量移住を望んでおらず、性的マイノリティの人権も支持していないが、いずれもＥＵが主要な取り組みとして掲げているものである。ポーランドとハンガリーは、ＥＵの超国家的・世俗的秩序に反する国家的・宗教的プログラムを支えるために、（数十億ユーロのＥＵ資金を使って）ブリュッセルから権力を奪還しようとしている。二〇〇四年、ＥＵ憲法前文において、キリスト教をヨーロッパ文明の根源と認めることをめぐって起こった行き詰まりは、こうした根の深い問題を反映している。この問題は今後も続くだろう。

ハーストは本書の中で、ポーランドやハンガリー、さらにはそれ以外の東ヨーロッパについては、ほとんど触れていない。なぜなら、彼が一貫して書いているのは「最も短いヨーロッパ史（超約ヨーロッパの歴史）」であって、（「はじめに」にあるように）ポーランド分割はルネサンスほどには重要でないからだ。しかし風向きは変わり、ポーランドとハンガリーのＥＵに対する挑戦は、直近のヨーロッパ史の展開において中心に位置してきたのである。二〇一四年のクリミア併合によるロシアのウクライナ分割、および現在進行中のウクライナ戦争の結果は、さらなる分割の可能性をもたらすとともに、ヨーロッパの直近の将来に直結する最も差し迫った問題となるかもしれない。ハーストの「超約ヨーロッパの歴史」をさらに現代にまで進めるには、「東」をもっと真剣に考慮する必要がある。「東欧」と「西欧」というこれらのカテゴリーが、今日まさに何を意味するのかを考えるべきである。

ハーストの言う「西欧」は、「かつてのヨーロッパ」だった。それは、ギリシャ、ローマ、ゲルマンという各世界の融合に起源を持つ、小国同士の数世紀にわたる対立の中で生まれたものである、それが彼の主張だった。王は支配するものの、決して絶対的な存在ではなかった。それぞれの王たちは貴族に支えられていた。貴族は税金を徴収し、他の王から自分たちの王国を守るために軍勢を提供したのだが、貴族たちはその忠誠の対象をいつでも他の王と取り換えることができた。国王同士の絶え間ない対立と貴族たちとの微妙な関係は、宗教改革や啓蒙思想によって促進される形で、さまざまな政治構造の競合と協調の源泉となり、やがて多くの人々が理解する「近代」ヨーロッパの多くの要素を形成し、特徴づけることになった。このヨーロッパは議会制民主主義が運営する国民国家によって構成され、法の支配と法に保護された個人の権利によって枠付けされるものであった。

ハーストの言う「東欧」は、西欧よりもアジアに近いものだった。この「東欧」は暗黙のうちに、ビザンティン帝国、ロシア帝国、オスマン帝国の要素を内包しており、主に絶対主義的な君主によって国家経営が行われ、内戦がなく、貴族への依存度も低かったため、王国の近代化や王国内での権力共有に対する動機が希薄だった。この「東」は「西」とは別の源泉から形成されたものであり、それが「東欧」という社会を作り上げた。「西」の偉大な知的運動と、それらが生み出した「近代的」な社会的・経済的・政治的発展の恩恵をあまり受けなかったため、東欧は「後進的」と評価されるようになったのである。

しかし、単に歴史的に見て疑問があるからといって、「近代的な」西欧と、「後進的な」東欧として認識される二項対立を、取りさげればよいわけではない。「後進的な」(つまり、農業中心の)東欧には、一九世紀最大規模の工業地帯のいくつかがあった。[*1] 現在、多くの研究者は、この二項対立を固有の歴史的発展と捉えるのではなく、かつて啓蒙思想家たちが自分たちの西欧を「近代的」と見なすにあたって、その対照として「後進的」東欧を想定したことによって、生み出されたものだと捉えている。[*2] こうした二項対立は、不正確であるにもかかわらず、重要な意味を持ち続けている。なぜなら、それがヨーロッパとは何か、特にヨーロッパはどこまでで終わるのかという点で、ヨーロッパ人の思考に浸透し続けているからである。ブリュッセルのEU官僚たちは、「モア・ヨーロッパ」、つまり、より大きなEUで、より多くの加盟国が、より統一された超国家的な組織になることを延々と語っているが、西欧の各国首都では、異なる見方をする政治家たちとしばしば対立している。ウクライナやバルカン半島西部の東欧諸国をEUに統合するための正式な議論や、官僚的なプロセスが進められている一方で、それらの国々は「ヨーロッパ外」の存在であるか、あるいはその歴史からみて、EU加盟国に値するほど「ヨーロッパとして十分」ではない、あるいはまだそこまでになっていない、と見なされているのである。

ハーストが現代の西欧国家の主要な特徴として挙げた基準──「法の支配」「個人の権利」などは、東欧では固有に備わっているものとは見なされていない。しかし、それらこそが、東側諸国が「ヨーロッパ的」であるかどうか、EU加盟の候補になるかどうかを見極めるための、ゴールポストなのである。EUの楽観主義者にとっては、二〇〇四年以降のEUの東方拡大の成功が、こうした東西の分裂を克服する可能性を示している。[*3] しかし、皮肉屋にとっては、ポーランドやハンガリーのEUへの挑戦は、しばしばこれらの基準を否定するものであり、楽観主義に水を差すものといえよう。ロシアによる二〇一四年の最初の侵攻（クリミア併合）から次の二〇二二年の侵攻までの間にウクライナが味わった経験は、ウクライナの加盟に対するEUの最初の熱意が、加盟をめぐる政治的駆け引きという現実の中でたちまちつまずき、これらの国々が前進してもその都度ゴールポストもより遠くへ移動してしまうという、皮肉屋たちの考えを確認させるものとなった。北マケドニアは、二〇〇五年から二〇二二年まで、EU加盟候補から実際の交渉に進むまで一七年間も待った。バルカン半島の政治の複雑さを反映して、近隣諸国が加盟に拒否反応を示したものだが、これほど長く待たされたのには多くの理由がある。しかし、北マケドニアがただちに、あるいはこれからも、正式な加盟国になれる見込みはほとんどない。北マケドニアや他の「複雑な」ケースで、加盟を支持するEU重鎮国間の決定的な団結はなく、東欧の「ヨーロッパ的な未来」は、「東側の歴史的な後進性」という西側の認識に拘束されたままなのである。

ヨーロッパはどこから始まり、どこで終わるのか、EUはどの程度の規模であるべきか、誰がヨーロッパ人なのか、少なくとも誰が「良い」ヨーロッパ人なのか……、こうしたテーマは、ヨーロッパの学者やEUの識者たちにとって長く絶え間ない議論の対象だった。これらの疑問は、ロシアによるウクライナ戦争、特に二〇二二年二月のロシアの全面侵攻以降、致命的な結果を招いた。今回の侵攻は、二〇一〇年代のEUの存立危機以来、EUの結束にとって最大の試練であり、これらの問題について大きな再考を迫るものとなった。また、ロシアに対するものを含め、その統合と協力の政策を通じて、ヨーロッパにおける国民国家間の紛争に取って代わるというEUの公理についても、再考を余儀なくさせた。約一五万人のロシア軍がウクライナに侵攻すると、EUはこの公理をただちに考え直した。プーチンは侵攻の理由を、とりわけ、ドンバスのロシア語話者の「ジェノサイド」を阻止するためとしている。一九三八年にズデーテン地域のドイツ人を保護するためにチェコスロバキアに侵攻した、というヒトラーの根拠のない正当化と、同じ考え方である。何千人ものウクライナ市民がロシアの銃で倒れる中、ウラジーミル・プーチンのロシアの蛮行に対して、ウクライナは自分たちだけでなく民主主義やヨーロッパの価値を守っている、というのが一般的な認識である。今回は、二〇一四年にロシアが「代理部隊」によって最初にドンバスに侵攻した時とは大きく異なる。二〇一四年の際は、ロシアが、これはウクライナに対する戦争ではないと否定することを可能にし、ヨーロッパの指導者がロシアとの直接的な対立を避けるための口実を提供していたからである。二〇二二年には、ほとんど一夜にして、EUはウクライナを「東」としてではなく、プーチンの蛮行という新たな「東」に対するヨーロッパの新たなフロンティア、断固たる親欧州で民選のウォロディミル・ゼレンスキー政権のもとにあるヨーロッパのフロンティアとして、語りはじめた。チェコのペトル・フィアラ首相は、「ウクライナ人は私たちのためにも戦ってくれている」と強調した。[*4]ドイツのオラフ・ショルツ首相は、この「私たち」をEUのことだと拡大して発言した。ショルツは、ウクライナの事例は、EUが設立された際の基本原則を反映しており、ルールに基づく秩序は、ヨーロッパ史の大惨事を引き起こした「力は正義なり」という原則に勝るべきである、と主張した。

この問題の核心は、力が法に勝つことが許されるかどうか、ということである。それはつまり、プーチンが列強の時代である一九世紀に時計の針を戻すことを許すかどうか、あるいは、プーチンのような主戦論者を抑え込むだけの力がわれわれにあるかどうか、ということだ。[*5]

ドイツは、まさにそのように実行した。ウクライナの自国防衛のためにEUとアメリカが提供する数十億ドル相当の武器提供に加えて、他国への軍事援助に制限をかけていた数十年来のドイツの方針を撤廃したのである。二〇二二年六月、EU加盟国の全首脳は、この「法」の側に立つことを共有したようで、「ウクライナのEU加盟立候補を全会一致で支持する」というEU委員会の勧告を支持した。

ウクライナの人たちがロシアと戦うのに十分なだけの支援を与えるのは拒否しながらも、民主主義と独立のために闘うウクライナの士気を強化するのに十分なことは実施するという、二〇一四年以来の古いパターンからの脱却[*6]

このことに、EUはこのとき、決定的に成功したということかもしれない。

ウクライナを軍事的・経済的、さらにその他の面でも支援するという前代未聞の事態が発生した。この支援については、大いに議論されているEUとアメリカによる「ウクライナ向けマーシャルプラン」に結実するかもしれない。つまりそれは、かつてのマーシャルプランが第二次世界大戦後の西ヨーロッパを再建し、戦後の繁栄を実現させたのと同じく、ウクライナの再建を目指すものである。このウクライナへの継続的な支援が、二〇一四年からの古いパターンを壊すとしたら、EUが二〇一〇年代の危機を乗り越えたように、EUとウクライナは、より強く、より団結した存在として戦争を乗り越えることができるかもしれない、と楽観主義者は主張している。[*7] ウクライナ人の大多数や多くのヨーロッパ人が現在望んでいるように、ウクライナはEUの一員として、プーチンのロシアという「東」に対抗する新たなフロンティアとして、比喩的なものから実際のものへと移行するのだろうか。ウクライナ自体において、プーチンの戦争は、特にウクライナ東部での無差別爆撃によって、より多くのウクライナ人をヨーロッパに向かわせなかっただろうか？……その結果、この地域の伝統的に根強いロシアへのシンパシーと文化的結びつきは減少している。

もしもウクライナで正義が勝つのなら、私がこの原稿を書いている最中にも、多くの人が望んでいるように、すべてがうまく運ぶかもしれない。しかし、ハーストが本書で行ったように楽観的な論調で締めくくろうとするなら、この後記も修正すべきことになるだろう。というのは、EUのウクライナ支援は、現在のEUの連帯感を支えている加盟国間の結束そのものを崩壊させる恐れがあることが、明らかになりつつあるからである。EUのロシアに対する大規模な経済制裁は、EUの経済にもダメージを与えている。EU経済の大半を支えるロシアの石油・天然ガスの輸入禁止措置は、代替供給源が見つからないまま施行されたため、ヨーロッパのエネルギー価格の高騰とインフレの悪化を招いた。ハンガリーはすでにこの包括的な禁止措置から外れ、ロシアの化石燃料を購入する政治公約を継続させている。さらに、戦争によってEU諸国に避難している五〇〇万人以上のウクライナ難民を支援するために必要な数十億ユーロの拠出については、言うまでもない。ウクライナへの支援は、二〇一〇年代のユーロ通貨危機や難民危機と同じく、決定的な意見の相違により頓挫する可能性がある。紛争が長期化し、戦争がウクライナの存亡をかけた争いから消耗戦に変わるにつれ、戦局は悪化する可能性が高い。ウクライナが全面的な侵略から自らを守るのではなく、二〇一四年のロシアの最初の侵略以来争われている東部領土を解放するために反撃に転じれば、ＥＵ加盟国に「ためらい」が生じることは十分あり得る。ウクライナをロシアから守るためにアメリカとＮＡＴＯが軍隊を提供する見込みは、最初からほとんどなかったのかもしれないが、今はその可能性はなお低くなっているだろう。ウクライナとロシアに対するＥＵの行動には、ウクライナへの支援によって、ロシアに対抗することはできても、打ち負かすことはできないという、新しいパターンが生まれつつあるのだろうか？　その結果、紛争が継続することで、ウクライナの国力とＥＵの支援能力は、さらに低下するのではないだろうか？

二〇一四年と二〇二二年という新旧のパターンは、驚くほど似てしまうことになるかもしれない。二〇一四年にウクライナで起こったユーロマイダン革命（「尊厳の革命」）が、親ロシア派のヤヌコビッチ政権を倒したときも、二〇二二年と同様に、当初は、ヨーロッパにおけるウクライナの将来について多くの楽観的な見方があった。この革命は助走期間は長かったけれども、そのきっかけとなったのは、ＥＵではなくロシアとの協力協定に合意するというウクライナ政府の決定だった。この革命に対してロシアは、ドンバスの代理部隊によるウクライナへの攻撃と、クリミアの併合という措置で対抗した。その結果、ウクライナ国民に愛国心の波が高まり、ヨーロッパの「光」によってソビエト／ロシアの影からの脱却を目指す楽観主義が生まれた。ブリュッセルでは、ウクライナのＥＵ加盟に前向きな発言をするなど、この楽観的な考え方は多くの人に受け入れられているように見えた。それは不思議な瞬間だった。ヨーロッパへの統合推進が、ウクライナで新しかったからではなく、またＥＵがそれについて以前には肯定を表明していなかったからでもない。二〇〇五年のウクライナにおけるオレンジ革命は、この点で分水嶺であった。それは、一方で、ウクライナ人の態度に重くのしかかっていた政治に対する冷ややかな見方と、他方で、EUメンバー国としてのウクライナの適格性についてのブリュッセルの冷ややかな見方とが、双方とも同時に解消されたことに、私だけでなく、キーウの街角で多くの人々が思い至ったからである。[*8] ユーロの通貨危機の中、EUの結束が揺らぎ、各国国民の間でEU離脱への支持が高まった。その渦中、ヤヌコビッチ政権がEU加盟方針を拒否したキーウの路上で、EU旗を掲げ、戦い、命を落とした人もいたウクライナ人たちに、ブリュッセルの多くのEU官僚は触発されたのである。

しかし、戦争がウクライナ経済を疲弊させたため、ウクライナでもEUでもすぐに冷ややかな態度が戻り、楽観主義は失墜してしまった。そして、国際社会とヨーロッパは、二〇一四年以降、ウクライナのクリミアとドンバス地方の解放を支援することに興味を失った。その後、EUは対ロシア制裁を徐々に緩和し、通常の商取引を再開するようになった。ドイツのメルケル首相(当時)が、ロシアの天然ガスをドイツにパイプラインで供給する「ノルドストリーム2」協定をプーチンのロシアと締結したことで、ドイツのガス供給におけるロシアへの依存度が大幅に高まった。ヨーロッパに向かうロシアのガスパイプラインをウクライナ周辺に迂回させることで、ドンバスでロシアと戦い続けるウクライナが、ロシアの侵略に対抗してガスの流れを混乱させようとする戦略的能力も失われた。[*9] 二〇二二年二月のロシアによる全面侵攻の前夜までは、EUにとって、ウクライナへの支援よりもロシアとの経済的・戦略的関係の方が重要であることは明らかだった。この「宥和政策」が、プーチン大統領のウクライナ攻撃を後押しした可能性が高く、プーチンは非常に高い確率で、ヨーロッパがこの政策を再開するものと予測している。

今、ヨーロッパにとって鍵となる課題は、プーチンの目論見をくじくことである。ロシアに対するウクライナの戦いを支援することと、最終的にウクライナとロシアの和解を仲介することを、何とか両立させなければならない。特に後者は、数十年にわたって実践してきた平和維持のための協力的かつ統合的な枠組みを回復するための方法でなければならない。ヨーロッパは今、平和のために戦わなければならない。これは信じられないほど困難な挑戦である。ハーストによる本書は、ヨーロッパがこの問題を解決できると信じるに足る理由を与えてくれる。それは特に、「ヨーロッパの奇跡」——いかにしてヨーロッパがその大災厄を通して、時にはその結果として、世界を支配するようになったのか——を重視する彼の歴史感覚である。EUの楽観主義者たちは、ハーストと同じことを言う。すなわち、EUと、より広く言えばヨーロッパは、「前向きに失敗している」と主張するのである。[*10] EUは二〇一〇年代の存亡の危機を乗り越え、傷を負うことなく、「さらに強く」生まれ変わることができた。二〇〇四年のEU憲法をめぐる争いのように、ヨーロッパ史の深い問題が目の前で解きほぐされたが、それと同時に新たな結び目が未来を縛っている。私たちは、ヨーロッパの人たちがそれを解き放つことを期待しよう。

キャンベラにて、二〇二二年七月

引用文献

1. Norman Davies, Europe: East and West (London: Jonathan Cape, 2006), 16.
2. Larry Wolff, "Voltaire's Public and the Idea of Eastern Europe: Toward a Literary Sociology of Continental Division," *Slavic Review* 54, no. 4, 1995.
3. Brigiid Laffan, "The next European century? Europe in global politics in the twenty-first century," *Journal of Contemporary European Research* 14, no. 4, 2018.
4. Stefan Auer, *European Disunion: Democracy, Sovereignty and the Politics of Emergency* (C. Hurst & Co. Publishers, 2022), 193.
5. Ibid., 189–90.
6. Ibid., 190.
7. E. Jones, R. D. Kelemen, and S. Meunier, "Failing Forward? Crises and Patterns of European Integration," *Journal of European Public Policy* 28, no. 10, 2021.
8. For a variety of Ukrainian and European reflections on the historical significance of Euromaidan on Ukraine's relationship to the EU and Europe more broadly, see Mykhailo Minakov, "The Significance of Euromaidan for Ukraine and Europe," *Focus Ukraine*, Kennan Institute, wilsoncenter.org/blog-post/the-significance-euromaidan-for-ukraine-and-europe.
9. The current German government has suspended the project as part of its sanctions package against Russian in response to Putin's invasion of Ukraine.
10. Jones, Kelemen, and Meunier, "Failing Forward?"

訳者あとがき

本書の翻訳を手がけさせていただいたことは、ただ不思議なご縁というしかない。

訳者は、東京書籍で編集者として仕事を続け、二〇一五年に定年退職した。手がけた本は二七〇点ほどあるが、特に記憶に残る大きな仕事のひとつが、『欧州共通教科書　ヨーロッパの歴史』（F・ドルーシュ総合編集、木村尚三郎監修、花上克己訳、一九九四年）である。この本はEU（欧州連合）発足に際して、ヨーロッパ一二か国の歴史家が欧州共通の歴史教科書を作り上げるという大プロジェクトとして出版されたものである。A４判で四〇〇ページ、オールカラーという高額な大著だったが、日本語版の第一版は六刷まで売り上げを伸ばし、一九九八年に増補改訂された第二版も順調に版を重ねた。この意義ある企画に日本語版担当編集者として参加できた経験は何にも代えがたいものだった。

一九九〇年代、ベルリンの壁は崩壊し、ヨーロッパ圏内は自由に行き来できるようになり、やがて単一通貨ユーロも登場した。自身で初めてドイツを訪れた日がたまたま一九九〇年一〇月三日＝「東西ドイツ統一の日」だったのだが、あのときフランクフルトの地で、ひょっとしたら、これからはヨーロッパを中心に、戦争・抗争のない平和な世界が広がっていくのではないか、と甘い幻想（？）を抱いたものだった。

二年前にこの「最も短い欧州史」の存在を教えられ、個人的にも強い興味を抱いたが、その翻訳を仰せつかることになったのは、何かの導きによるものであろう。欧州史に関する大著を担当した編集者が、二十数年後に立ち位置を変えて、欧州史を論ずる本の訳者になろうとは夢にも思わなかった。

本書の面白さはざっとページを繰るだけで、すぐにご理解いただけるだろう。ことに、冒頭に置かれた1章と2章の大胆さ・明解さは特筆すべきであり、「難しいことをわかりやすく、それをさらに面白く語る」という、啓蒙書の理想の姿がここにある。

本書訳出にあたっては苦労もあったが、なにより著者のキレのよい文章が心地よいものだった（ただし、キレがよすぎて、逆に解釈が難しい部分もあった）。この拙訳に丹念に目を通され、細かな指示・指摘を与えていただいた福井憲彦先生にはいくら感謝の言葉を尽くしても足りない。個人的には、本書を通じて、著者と福井先生お二人の講義を受講させていただいたような思いがある。また、編集の労を執られ、見事な日本語版に仕上げていただいた東京書籍の藤田六郎氏に深い感謝の意を申し上げたい。

ＥＵが統一と平和・繁栄の象徴だった時代から、ヨーロッパは分裂と憎悪・排斥の時代に入ってしまった。しかし、こんなときだからこそ、「ヨーロッパの本質とは何か」を確認することが何よりも貴重に思えてくる。本書を多くの読者の方々にお勧めする次第である。

（二〇一九年三月）

増補版　訳者あとがき

本書『超約 ヨーロッパの歴史　増補版』は、二〇一九年に東京書籍から発行の『超約 ヨーロッパの歴史』（以後、初版）に、二〇二二年七月に執筆されたフィリップ・スラヴェスキの「後記」を加えたものである。この「後記」は原書アメリカ版（二〇二二年）の巻末に加えられたAfterwordを訳出したもので、ジョン・ハーストによる本文についても同アメリカ版を参照し、記述を改訂した箇所がある。

「ヨーロッパは分裂と憎悪・排斥の時代に入ってしまった」と、本書初版の「訳者あとがき」を書いた二〇一九年三月以後、ヨーロッパはさらに未曾有の分裂へと突き進んだ。その象徴が二つの大事件である。一つは二〇二〇年一月のイギリスのEU離脱（ブレグジット）であり、もう一つは言うまでもなく、二〇二二年二月のロシアのウクライナ侵攻である。本書の初版邦訳が出た時点で、すでに鬼籍に入っていた著者ジョン・ハースト（二〇一六年二月逝去）は、現在のこの状況をどのような思いで見ていることだろう。

今回のウクライナ戦争は、結果としてプーチン大統領の思惑とは逆方向に働き、これまで中立を貫いてきたフィンランドとスウェーデンをＮＡＴＯに加盟させ、さらにはあのスイスまでもがＮＡＴＯへの接近を試みているという。かつてのヨーロッパの安定は大きく崩れ去った。いま、ヨーロッパはまったく新たな歴史に直面しようとしている。

今年五月のG7広島サミットの様子をニュース映像で見て印象に残ったのは、各国首脳の中に、二人のヨーロッパ代表（シャルル・ミシェル欧州理事会議長、ウルズラ・フォン・デア・ライエン欧州委員会委員長）が加わっていたことである。記念写真などで七人ではなく九人が並ぶ姿に、ヨーロッパの存在感が強く示されていたように思う。

ウクライナ戦争の勃発で第三次世界大戦の危機さえ叫ばれるなか、我々としては「ヨーロッパの理性と経験」を信頼するしかない。このような状況であればこそ、なお「歴史に学ぶ」ことが大きな意味を持つことになるはずである。増補版出版を機会に本書を再読してみると、改めて首肯する箇所がいくつもあった。折に触れて読み返すべき、このコンパクトな好著を多くの方々にお勧めしたい。

二〇二三年七月　　倉嶋雅人

161　ジャック＝ルイ・ダヴィッド「テニスコートの誓い」　提供：アフロ
163　Portrait of Mirabeau, anonymous artist, early 1790s */SHE*
165　クロヴィス一世の墓　提供：アフロ
169　カール大帝の戴冠　提供：アフロ
175　ひざまずいてトスカーナ女伯マティルデ・ディ・カノッサに教皇グレゴリウス七世への仲裁を懇願するハインリヒ四世　提供：アフロ
177　右：Statue of Saint Peter, Saint Peter's Basilica, Rome */SHE*／左：聖ペテロ像（サン・ピエトロ大聖堂）　提供：アフロ
186　図37コンスタンティヌスの凱旋門　写真：GRANGER.COM/アフロ／図38パリの凱旋門　写真：Glasshouse Images/アフロ
187　ジャック＝ルイ・ダヴィッド「ナポレオン一世の戴冠式」　提供：アフロ
211　『ベリー公のいとも豪華なる時祷書』より
213　上：Forked plough, courtesy of Rural Life Centre, Tilford, England */SHE*／下：Heavy-wheeled plough, illustrated by John Thompson */SHE*
215　『スペクルム・ウィルギヌム』より
218　Roman relief of peasants paying taxes, c. 200 AD */SHE*
242　Houses by the Irwell, from *Manchester*, by Alan Kidd, Keele, Staffordshire:Ryburn, 1993 */SHE*
243　上：フリードリヒ・エンゲルス　写真：Universal Images Group/アフロ／カール・マルクス　写真：GRANGER.COM/アフロ／下：『共産党宣言』表紙　写真：アフロ
247　The procession and petition of 1842, from *Images of Chartism*, by Stephen Roberts and Dorothy Thompson, Woodbridge: Merlin, 1998 */SHE*
251　ウジェーヌ・ドラクロワ「民衆を導く自由の女神」
255　パリ・コミューン期に倒壊されたヴァンドーム広場の円柱　写真：アフロ
259　フランクフルト国民議会　写真：アフロ
260　オットー・フォン・ビスマルク　写真：GRANGER.COM/アフロ
261　アントン・フォン・ヴェルナー「ヴィルヘルム一世の即位」　写真：アフロ
269　ウラジーミル・レーニン　写真：TopFoto/アフロ
277　サラエボ事件　写真：Mary Evans Picture Library/アフロ
280　Preparing shells in a munitions factory, c. 1916, from the National Army Museum, London */SHE*
281　ルシタニア号事件　写真：Universal Images Group/アフロ
286　Free Corps troops proudly display a prisoner shortly before his execution, from *Germany, 1918–1933: Revolution, Counter-revolution and the Rise of Hitler*, by Simon Taylor, London: Duckworth, 1983 */SHE*
288　Burning money for warmth, photographer unknown */SHE*
293　右：アドルフ・ヒトラー　写真：picture alliance/アフロ／左：ミュンヘン一揆　写真：Mary Evans Picture Library/アフロ
297　水晶の夜　燃えるシナゴーグ　写真：アフロ
304　右：Dachau cremation ovens, courtesy of Terrazzo */SHE*／左：ダッハウ強制収容所　写真：アフロ

図版クレジット

※冒頭3桁の数字は図版の掲載ページを表す。原書(*THE SHORTEST HISTORY OF EUROPE*)より転載した図版には、原書での表記に加えて /*SHE*(原題略語)を付した。同ページ内に複数の図版を掲載している場合には、図版番号やページ内の位置(上、中、下、右、左)を記した。

018　ラファエロ「アテナイの学堂」　提供:アフロ
023　レンブラント・ファン・レイン「十戒をふりかざすモーセ」　提供:アフロ
027　サン・ピエトロ大聖堂／ヴァチカン美術館　写真:アフロ
033　ローマ皇帝コンスタンティヌス一世　石像　提供:アフロ
036　アルミニウスに率いられるゲルマン戦士(ケルスキ族)たち(トイトブルク森の戦い)提供:アフロ
040　Charlemagne knighting Roland, from a manuscript of medieval Frenchepic poems /*SHE*
041　写字室で写本筆写をする僧　写真:アフロ
049　図11プラクシテレス「幼いディオニュソスを抱くヘルメス神」　提供:アフロ／図12神と直面するアダムとイヴ(聖マリア大聖堂「ベルンヴァルトの扉」、ヒルデスハイム)　提供:アフロ／図13ミケランジェロ「ダヴィデ像」　提供:アフロ
052　ルーカス・クラーナハ「マルティン・ルター」　写真:Interfoto/アフロ
053　『グーテンベルク聖書』より　提供:アフロ
057　ティコ・ブラーエ「星図　天動説」　提供:アフロ
064　『百科全書』表紙、挿絵(「農業」より)　提供:アフロ
065　アウレリオ・ルイーニ「ノアの方舟に入る動物たち」　提供:アフロ
069　カスパー・ダーヴィト・フリードリヒ「月を見ている二人の男」　提供:アフロ
072-3　ミケランジェロ「アダムの創造」(システィーナ礼拝堂の天井画より)　提供:アフロ
080　ジャック=ルイ・ダヴィッド「ソクラテスの死」　提供:Science Source/アフロ
087　ユスティニアヌス大帝のモザイク画　提供:アフロ
094　ローマへ進軍しようとするオドアケル　Mary Evans Picture Library/アフロ
095　ディルク・ボウツ「皇帝オットー3世の正義　火の試練」　提供:アフロ
097　アルブレヒト・デューラー「カール大帝(シャルルマーニュ)」　提供:アフロ
101　4人の偉大なる錬金術師たち　左から、アル・ジャービル、アルナルドゥス・デ・ビラ・ノバ、アル・ラーズィー、ヘルメス・トリスメギストス　写真:Universal Images Group/アフロ
105　ヴァイキングのロングシップ　ヴァイキング船博物館　提供:アフロ
108　自軍の騎兵を奮起させるノルマンディー公ウィリアム(「バイユーのタペストリー」より)　提供:アフロ
109　ハギア・ソフィア大聖堂　写真:アフロ
117　フィリップ・フォン・フォルツ「演説するペリクレス」
119　アレクサンドロス大王のモザイク画　写真:GRANGER.COM/アフロ
126　ジャック=ルイ・ダヴィッド「ブルートゥス邸に息子たちの遺骸を運ぶ刑吏たち」　提供:アフロ
127　ジャック=ルイ・ダヴィッド「ホラティウス兄弟の誓い」　提供:アフロ
131　アウグストゥス　石像　提供:アフロ
138　Homage, from Dresden *Sachsenspiegel* manuscript, 1220–1235 /*SHE*
140　3つの身分　左から、聖職者・貴族・平民
145　上:大弓とクロスボウ　提供:アフロ／下:ハンス・ホルバイン「パイクの戦い」
148　アンソニー・ヴァン・ダイク「イングランド王チャールズ一世」　提供:アフロ
153　エドガー・メルビル・ワード「ウィリアム三世と王妃メアリー二世」　写真:Universal Images Group/アフロ
157　モンネ／ヘルマン「全国三部会」

索引

ナ

著者
ジョン・ハースト　John Hirst
オーストラリア出身の歴史家。1942年生。オーストラリアのラ・トローブ大学に40年近く所属し、同国の歴史を中心とした研究・教育にあたる。主な著書に*Convict Society and Its Enemies: A History of Early New South Wales* (1983), *The Strange Birth of Colonial Democracy: New South Wales, 1848–1884* (1988), *The Sentimental Nation: The Making of the Australian Commonwealth* (2001) などがある。本書（原題）*The Shortest History of Europe* は、イギリス、フランス、ドイツ、中国、韓国、エジプト、スペイン、ブラジルなど世界18か国で出版され、世界的なベストセラーとなる。2016年没。

著者（後記）
フィリップ・スラヴェスキ　Filip Slaveski
オーストラリアの歴史家。博士（歴史学）。オーストラリア国立大学で、ロシア／ソビエト連邦および東ヨーロッパ史の講義を担当する。主な著書に、*The Soviet Occupation of Germany: Hunger, Mass Violence and the Struggle for Peace, 1945-1947* (2013), *Remaking Ukraine after WWII: The clash of central and local Soviet power, 1944-1953* (2021) などがある。

日本語版監修者
福井憲彦　ふくいのりひこ
歴史家。学習院大学名誉教授、公益財団法人日仏会館名誉理事長。フランスを中心としたヨーロッパ近現代史を専攻。主な著書に、『ヨーロッパ近代の社会史―工業化と国民形成』岩波書店（2005）、『歴史学入門』岩波書店（2006、改訂新版2019）、『近代ヨーロッパ史―世界を変えた19世紀』ちくま学芸文庫（2010）、『興亡の世界史―近代ヨーロッパの覇権』講談社学術文庫（2017）、『教養としての「フランス史」の読み方』PHP研究所（2019）、『物語 パリの歴史―「芸術と文化の都」の2000年』中公新書（2021）などがあるほか、訳書や編著書も多数ある。

訳者
倉嶋雅人　くらしままさと
編集者、翻訳家。早稲田大学第一文学部フランス文学科卒業。早稲田大学エクステンションセンター、中日文化センター、毎日文化センターで、「バラの文化史」と「ケルトの歴史と文化」の講座をもつ。主な訳書に、『ケルト歴史地図』東京書籍（2003）、『ケルトの木の知恵』東京書籍（2003）、『ケルト神話―古代の神々と伝説のガイド』スペクトラム出版社（2018）、『地政学世界地図―超約 国際問題33の論点』（共訳）東京書籍（2020）などがある。

超約《ちょうやく》 ヨーロッパの歴史《れきし》　増補版《ぞうほばん》

2019年 4 月25日　初版　第 1 刷発行
2019年 12月24日　初版　第 5 刷発行
2023年 9 月11日　増補版　第 1 刷発行

著者	ジョン・ハースト　フィリップ・スラヴェスキ（後記）
日本語版監修者	福井憲彦
訳者	倉嶋雅人
発行者	渡辺能理夫
発行所	東京書籍株式会社 〒114-8524 東京都北区堀船 2-17-1 03-5390-7531（営業）　03-5390-7500（編集）
デザイン	榊原蓉子（東京書籍 AD）
DTP	川端俊弘（WOOD HOUSE DESIGN）
編集協力	小池彩恵子
印刷・製本	図書印刷株式会社

ISBN978-4-487-81689-7 C0022　NDC230

出版情報　https://www.tokyo-shoseki.co.jp/